Der Esso-Tiger, der Melitta-Mann, Meister Proper und Frau Antje aus Holland – sie sind die wahren Helden des Alltags, werden innig geliebt oder abgrundtief gehaßt. Sie haben eigene Fanclubs und müssen sich Heiratsanträgen verliebter Anhänger erwehren. Wir kennen sie alle, aber wer kennt schon ihre Geschichte? Wolfgang Hars hat sich intensiv der Erforschung dieser Konsumhelden gewidmet, hat Hintergründe, Anekdoten und Unglaubliches über die bekanntesten deutschen Werbefiguren recherchiert und zusammengestellt.

Wir erfahren, daß die Lila-Kuh unters Hackebeil kommen sollte, Klementine noch heute eine Rente in Form einer monatlichen Ariel-Ration bezieht und Dr. Best wirklich Dr. Best heißt. Wie Herr Kaiser zu seinem Namen kam, Ikea zu seinem Elch, warum der Persil-Mann immer Schlips und Kragen trug und Onkel Dittmeyer in seiner Orangenplantage unschuldigen Kindern nachstellte.

Dieses Buch auf dem Nachttisch, und Sie haben jeden Morgen im Büro etwas Neues zu erzählen und können es den Marketing-Fuzzis mal so richtig zeigen!

Wolfgang Hars, geboren 1961 in Hamburg, studierte Marketing-Kommunikation und arbeitete in der Werbung verschiedener Verlage. Heute lebt Wolfgang Hars als freier Autor in München. Im Argon Verlag erschien 2001 sein Buch ›Männer wollen nur das Eine und Frauen reden sowieso zu viel.‹

Unsere Adresse im Internet: www.fischer-tb.de

Wolfgang Hars
Lurchi, Klementine & Co.
Unsere Reklamehelden
und ihre Geschichten

Fischer Taschenbuch Verlag

2. Auflage: April 2002

Veröffentlicht im Fischer Taschenbuch Verlag,
ein Unternehmen der S. Fischer Verlag GmbH,
Frankfurt am Main, September 2001

Lizenzausgabe mit Genehmigung
des Argon Verlages GmbH, Berlin
© 2000 Argon Verlag GmbH, Berlin
Druck und Bindung: Clausen & Bosse, Leck
Printed in Germany
ISBN 3-596-15074-4

Dieses Buch ist der unveränderte Reprint einer älteren Ausgabe.

Erschienen bei Fischer Digital

© S. Fischer Verlag GmbH, Frankfurt am Main 2014

Printed in Germany

ISBN 978-3-596-30062-4

Inhalt

ADO-Gardinen-Frau
Die Dame mit der Goldkante   21

Afri-Cola-Nonnen
Nonnen im Brauserausch   23

Amourette-Mädchen
Die außengesteuerte Wäsche-Venus   27

Andy, der Schmutzkiller
Der Cowboy mit dem Schuß Salmiak im Rohr   29

Angelo
Der Nescafé-Cappuccino-Mann   30

Aral-Kanistermann
Kurzgeschichten aus dem Autofahrerleben   33

Avon-Beraterin
Schönheitsexpertin mit mittlerer Reife   34

Axe-Mann
Der die Frauen provoziert   35

Bac-Deo-Expertin Inge
Die Fachfrau für Achselschweiß   38

Bärenmarke-Bär
Schutzpatron der Kaffeesahne   40

Bananenexperte Juan
Der Bananero mit dem Strohhut 43

Bausparfuchs
Schlitzohriges Stichtagstier 46

Bello von Dual
Besserverdienender Reklamehund 48

Bernhardiner Bruno
Verbündeter der Hausfrau 49

Bertis Handymen
Sportliche Telefonfreunde 50

Biobauer Hipp
Der Trachtenträger 51

Butler Tommy
Der Hausfreund aller Kaffeekränzchen 52

Calgonit-Nachbarin
Die Dame mit den Kalkrückständen 54

Camel-Kamel(e)
Jodelnde Kultkamele 56

Camel-Mann
Dschungelkrieger mit Bundesliga-Hochfrisur 60

Campari-Paar
Das einsame Paar 66

Care-Mann
Der erste nackte Mann der Werbegeschichte 68

Inhalt 7

Cliff-Klippenspringer
Acapulco-Todesspringer 71

Coca-Cola-Eisbären
Werbestars vom Nordpol 73

Darmol-Männchen
Opfer der Freßwelle 74

Dash-Reporter
Waschmittel-Mime 75

Dentagard-Biber
Ein tierischer Kräuterexperte 80

Die bei DEA
Die sechs von der Tankstelle 81

Dogge Fido
Die beleidigte deutsche Dogge 84

Die Beine von Dolores
Trickreiche Werbung 85

Dr. Best
Deutschlands meistgehaßter Zahnklempner 89

Erdal-Frosch
Der Schuhwerbefrosch 91

Esso-Tiger
Kultkatze aller Autofahrer 93

Fernet-Branca-Vampire
Vampir-Gruselserie 97

Fewa-Johanna
Die freundliche Waschfrau 100

Flat Eric
Flacher Erich 102

Frank S. Thorn und der Puschkin-Bär
Wodka-Helden unter sich 103

Frau Antje
Die holländische Käse-Königin 108

Frauengold-Frauen
Die Krone der Schöpfung 110

Frau Middelstädt
Gebißträgerin 112

Frau Mühsam
Die sympathische Putzfrau 114

Frau Renate
Karin Sommer der fünfziger Jahre 115

Fünf unbestechliche Hausfrauen
Stiftung Warentest 118

Fuji-Dicke
Pralle Schönheit 119

Gard-Haarstudio
Deutschlands bekanntester Friseursalon 120

Die Generalin
Die Putzfrau mit dem Funkenmariechen-Touch 122

Gold-Dollar-Seemann
Der singende Seebär 124

Gummsky-Komplott
Die tollkühnen Gummibärchen 125

HB-Männchen
Das cholerische Zigarettenmännchen 128

He-Man von Dynamic-Tension
Der Körperkulturist 132

Henne Berta
Die Eierexpertin 134

Herr Darboven
Idee-Kaffee-Hersteller 136

Herr Kaiser
Deutschlands bekanntester Klinkenputzer 137

Herr Ohnemichel
Stinkstiefel 142

Herr Unrentabel
Kohlenfresser 143

Hörzu-Mecki
Der Redaktionsigel 145

Hustinetten-Bär
Der Bär mit dem Lutschbonbon 147

Ikea-Elch
Werbestar aus Skandinavien 148

IMI-Männer
Verkleidete Saubermänner 150

Johnnie Walker
Ein Gentleman in Rock und Frack 152

Käpt'n Iglo
Schutzpatron aller Fischstäbchen 154

Karin Sommer
Das Kaffeegewissen der Nation 155

Katja und Anna
Reklame-Zwillinge 159

Klementine
Waschfrau der Nation 160

Knorr-Familie
Deutschlands bekannteste Fernsehfamilie 164

Knorr-Fußballer
Frühe Suppenstars 166

Krawatten-Muffel
Das Schlips-Drohmännchen 167

Kuh Hilde und Schwein Knut
Tierische Bauernhofbesatzung 171

Lenor-Gewissen
Die Schizophrene von Lenor 174

Lenor-Mann
Der Kerl für den letzten Waschgang 176

Levis-501-Hintern
Knackige Kleiderständer 177

Lila-Kuh von Milka
Die heilige Kuh der Nation 179

Lüpi, der Heidschnuckenbock
Der wildeste Bock der Lüneburger Heide 185

Lurchi
Liebling aller Kinder 187

Lux-Filmstars
Der Seifen-Club der Beauty-Stars 190

Maggi-Kochstudio
Deutschlands Küche Nr. 1 193

Mainzelmännchen
Die Pausenfüller des ZDF 195

Marlboro-Cowboy
Bewohner von Marlboro-Country 197

Meister Proper
Popeye des Wischwassers 202

Melitta-Mann
Der Mann mit der Tasse 204

Michelin-Männchen
Das Reifenmännchen 207

Milka-Alm-Öhi
Der coole Kult-Opa 209

Mister L.
Männer dieser Welt　　　　　　　　　　　211

Mon Chéri – Kirschexpertin
Die anonyme Kirschdame　　　　　　　214

Monsieur Hennessy
Cognac-Animateur　　　　　　　　　　216

Nivea-Jungen
Werbestars aus den zwanziger Jahren　　220

North-State-Mann
Der Mann, der die ganze Welt sah und
bei North State blieb　　　　　　　　　222

Obstgarten – Deckenkracher
Eine durchschlagende Werbeidee　　　　224

OMO-Reporter
Der rasende Wäschemann　　　　　　227

Onkel Dittmeyer
Saftonkel　　　　　　　　　　　　　　230

Pepsi-Affen
Tierische Cola-Tester　　　　　　　　　233

Persil-Mann
Werbe-Polit-Profi　　　　　　　　　　235

Persil-Mann Beppo Brem
Der erste Star des Werbefernsehens　　　238

Pirelli-Mädchen
Das deutsche Fräuleinwunder 240

Pril-Ente
Der erste Tierversuch in der Werbung 242

Rama-Mädchen
Die Margarine-Dame 245

Red-Bull-Strichmännchen
Die Kult-Cartoons 248

Reyno-Liebespärchen
Häschen im Grünen 251

Rexona-Sibylle
Das Mauerblümchen 252

Sarotti-Mohr
Der Schokoladen-Prinz 254

Tchibo-Kaffee-Experte
Der Dicke neben dem Massai 256

Telegate- und Spinat-Frau Verona Feldbusch
Die Frau mit dem Blubb 261

Telekom-Aktionär Manfred Krug
Liebling Telekom 263

Tilly
Geschwätzige Maniküre 265

Tony, der Tiger
Kellog's Animal 267

Toyota-Affen
Die Werbestars der Neunziger　268

Uncle Ben
Reisonkel　270

Vielfliegerin von Drei Wetter Taft
Die fliegende Fön-Frisur　271

Villariba und Villabajo
Der Spülwettstreit　272

Waschbär Felix
Der sozialistische Reklameheld　273

Waschmaschinen-Fachmann
Die Seifenschlacht　274

Weiße Persil-Dame
Persils berühmteste Werbefigur　276

Weisser Riese
Der freundliche Helfer der Hausfrau　279

West-Trucker
Der größte Werbeflop der Nachkriegsgeschichte　282

West-Zigarettentester
Ibiza – Pauschaltouristen und Pantoffelhelden　284

Zigarrenmann
Ein Mann, der etwas gilt　288

Register　291

Vorwort

Sie sind die wahren Helden des modernen Alltags, werden innig geliebt oder abgrundtief gehaßt, haben eigene Fan-Clubs, müssen sich Heiratsanträgen verliebter Anhänger erwehren und sind so bekannt wie J. R. oder Mutter Beimer – die Stars aus der schönen Warenwelt. Das allabendliche Konsumtheater in der Flimmerkiste, die Auftritte in Werbespots machten aus der Waschpulver-Frau, der Kaffeetante oder dem Saftonkel Fernsehstars, die jeder kennt.

Aber wußten Sie, daß **Klementine**, die Waschfrau der Nation, die 16 Jahre lang jeden Abend kurz vor der »Tagesschau« die Wahrheit aus der Waschküche verkündete, den Ariel-Job nur ergatterte, weil ihr Hund gerade Junge bekam? Wußten Sie von dem Protestsurm, der über das idyllische Simmenthal hinwegfegte, als ein braver Bauer dort die **Lila-Kuh** unters Hackebeil bringen wollte, und wie das heilige Rind der Nation dann durch die einsetzende nationale Empörung zu einer lebenslangen Rente kam? Wußten Sie, wie **Meister Proper** zur Kultfigur der Generation X aufstieg, nachdem seine Karriere als Handelsvertreter für Reinigungsmittel bereits im Sande verlaufen war, wann das **HB-Männchen** erstmals in die Luft ging und warum **Karin Sommer** immer ein Päckchen Jacobs Krönung dabeihatte?

Werbehelden sind keine Erfindung des Fernsehens. Schon vor über hundert Jahren marschierte **Johnnie Walker** im Reiterdreß für den Scotch, warb Michelin mit seinem dicken **Reifenmännchen**, demonstrierte Salamanders **Lurchi** die Qualität seiner Markenschuhe beim Eintreten von Türen oder machte der **Sarotti-Mohr** Appetit auf Süßes – damals noch auf Plakatwänden und in Zeitungsinseraten. Der erste Star des aufkommenden Werbefernsehens war in den Fünfzigern der bayrische Volksschauspieler **Beppo Brem**, der, nachdem er eine Tischdecke vollgekleckert hatte, Liesl Karlstadt belehrte: »Der gebildete Mensch sagt bloß Persil! Persil und nichts anderes!« Die weltweit bekannteste Werbefigur ist der **Marlboro-Cowboy**. Mitte der fünfziger Jahre ritt er in den USA erstmals in Richtung Freiheit und Abenteuer. Es dauerte aber zehn Jahre, bis er seinen Auftrag erfüllen konnte, aus dem »Damenkraut« Marlboro – das die Zigarette beinahe ein Jahrhundert lang war – eine echte Macho-Kippe zu machen. Der beliebteste deutsche Reklameheld ist das cholerische **HB-Männchen**, das 1959 erstmals in die Luft ging. Doch erst, als ein realer Schauspieler kläglich an dem Job gescheitert war. Ebenfalls in den Fünfzigern wurde auch der **Bärenmarke-Bär** von einem pfiffigen Werbemann zum Filmstar befördert, nachdem er bereits ein halbes Jahrhundert lang ein mehr oder weniger unerfülltes Dasein als Etikettenbär gefristet hatte.

In den Sechzigern schlugen dann vor allem die Schaumberge hoch. Der **Weisse Riese** füllte Wäscheleinen quer durch die Republik mit weißer Wäsche; vom **Phantomwäscher** über den **OMO-Reporter** bis hin zum **Dash-Reporter** erzählte eine ganze Armada von weißen Lebewesen strahlend schönen Waschfrauen und pseudo-journalistischen Waschmimen die immer gleiche Weiße-Wäsche-Story. Die Werbung wälzte die von Theodor Heuss beschworene Kollektivschuld auf die Hausfrau ab und erfand das **Lenor-Gewissen**. Und während die Deutschen die Freuden des Massenschwimmens an den südlichen Stränden entdeckten, schlug sich der **Tchibo-Kaffee-Experte** im Sonntagsanzug durch die Regenwälder. Der **Krawatten-Muffel** verhöhnte den deutschen Michel als Spießbürger und beendete damit eine seit Jahren anhaltende Schlips-Baisse. **Tilly** tunkte die Hände der Kundschaft in Geschirrspülmittel, **Frau Antje** brachte die Botschaft vom »Echten Käse aus Holland« in deutsche Haushalte, und der **Esso-Tiger** sprang erstmals in den Tank.

In den Siebzigern marschierte sich der **Camel-Mann** Löcher in die Sohlen und lief meilenweit für seine Kippe. Gleichzeitig betraten zwei Lichtgestalten das Zimmertheater, **Karin Sommer** und **Klementine**, die uns den Feiertag verschönten. Sie gehörten einfach dazu. Wie die **ADO-Frau**, die in der guten Stube immer ihre Gardinen in die Höhe raffte, um uns die mit der Goldkante zu empfehlen. Die schnelle Eingreiftruppe gegen Kalkflecken im Bad und Schmutzreste auf den Spülen bestand aus **Meister Proper** und der **Generalin**. Wenn trotzdem einmal etwas schiefging, war da noch Deutschlands bekanntester Versicherungsvertreter, **Herr Kaiser**, der seit 1972 die Klinken der Neubauviertel putzt, um uns seine Policen aufzuschwatzen.

In den Achtzigern hielt dann die Emanzipation auch in der Werbung Einzug, und mit dem **Care-Mann** tauchte erstmals ein nackter Mann auf den Reklamebildschirmen auf. **Onkel Dittmeyer** lauerte unschuldigen Kindern in Orangehainen auf, und der **Persil-Mann** etablierte die Journalisten-Masche fürs Image-Lifting der Konzerne. Immer donnerstags wies er, ganz seriös in Schlips und Kragen, auf den Wert seiner Ware hin und warnte vor falscher Sparsamkeit beim Waschmittelkauf. **Käpt'n Iglo** gelang es dank seiner knusprigen Fischstäbchen, aufkommende Unwetterwolken am Familienhimmel zu glätten, und die **Cliff-Klippenspringer** stürzten sich todesmutig von Acapulcos Klippen, um uns das »überwältigende Frische-Erlebnis« des Dusch-Gels nahezubringen. Die **Knorr-Familie** löffelte währenddessen Tütensuppen und machte Ärger, weil sie bekannter wurde als das Produkt, für das sie warb. Und während **Dr. Best** begann, auf Tomaten einzudrücken, kredenzte das **Campari-Paar** den Aperitif für danach.

Der Mann mit der Tasse, der **Melitta-Mann**, betrat in den Neunzigern die Konsumbühne, trank literweise Melitta-Kaffee und trieb den Filtertüten-Umsatz in ungeahnte Höhen. Nescafé-Cappuccino-Mann **Angelo** wurde mit dem Spruch »Isch ábe gar kein Auto, Signorina« zum beliebtesten Werbeitaliener Deutschlands. Körbeweise flogen ihm Heiratsanträge und Beischlafofferten ins Haus. Die **Camel-Kamele** waren der 60-Sekunden-Brüller in jedem Kino und mußten doch am Automaten dem Cowboy von der Konkurrenz den Vortritt lassen. Bei der **Calgonit-Nachbarin** klappte es nie mit dem Nachbarn, und **Die bei DEA** etablierten die Sitcom fürs Werbefernsehen. Garantiert ohne lästige Werbeunterbrechung. Die Werbestars des Jahrzehnts waren die **Toyota-Affen**. Wenn sie ihr Großmaul rundeten und schauerlich schön intonierten »Nichts ist unmöööglich – Toyoooota«, erkundigten sich Hunderte begeisterter Fernseher bei der Autofirma nach den nächsten Sendeterminen. Der Liebling der Internet-Generation war **Flat Eric**, das quietschende Plüschtier aus der Levis-Werbung. Wie wild wippte er auf dem Beifahrersitz eines verbeulten Ford zu einer Techno-Nummer. Der **Lenor-Mann** gönnte den verzückten Frauen für einige Sekunden den Anblick auf seinen durchtrainierten Hintern und entzückte selbst Feministinnen mit der umwerfenden Botschaft »Selbst wäscht der Mann«. Profilierungsabsichten, die der **Spinat-Frau Verona Feldbusch** (»Wo ist denn der blubb?«) sicherlich nicht unterstellt werden können.

All diese Geschichten, und viele mehr, werden hier erzählt. Die Experten der Branche mögen nachsehen, daß der Schwerpunkt dabei nur am Rande auf markenpolitische Hintergründe oder Produkt-Erfolgsstorys gelegt wird. Das Werk richtet sich an den Konsumenten der schönen Werbebotschaften und die Anhänger ihrer Geschöpfe oder ganz einfach an diejenigen, die neugierig darauf sind, mehr über die Helden aus der Werbewelt zu erfahren. Die Auswahl der Figuren erfolgte nach rein subjektiven Kriterien – sollte eine Lieblingsfigur vermißt werden, wird diese gern später nachgereicht.

Mein besonderer Dank gilt all den kreativen Köpfen aus den Werbeschmieden, deren Phantasie und Schaffenskraft dieses Werk erst ermöglichten. Ebenso danke ich meinem Lektor Holger Kuntze, der viele Ideen beisteuerte und mich von Anfang bis Ende unterstützte. Und dann natürlich Stephanie, Andreas, Karolin und Rüdiger, die immer bereit waren, ihren Kommentar zu der mittlerweile x-ten Version zu geben.

ADO-Gardinen-Frau
Die Dame mit der Goldkante

Zeige mir deine Gardinen, und ich sage dir, wer du bist. In den siebziger Jahren gehörte der Auftritt von Marianne Ado, geb. Koch, als ADO-Gardinen-Frau zu den Glanzlichtern des Fernsehabends. Jedesmal, wenn die dauergewellte Frau Koch mit unverwüstlichem Charme und unverblümtem Hausfrauenstolz uns und dem verzückten Kaffeekränzchen die Vorzüge einer bestimmten Markengardine präsentierte, gab's das große Staunen: »Aaah, Oooh, ...«

In glorreichen 3x9-Tagen (Ratemeister Wim Thoelke mit Hund Wum) gehörte sie ebenso zur Familie wie → Karin Sommer oder → Klementine. Zweimal in der Woche, immer dienstags und donnerstags um 18 Uhr in der ARD und um 17.35 Uhr im ZDF, schaute die Hohepriesterin des freien Gardinenfalls bei uns herein. Und immer gab es zum Schluß die Empfehlung mit auf den Weg: »Achten Sie auf die Goldkante, es lohnt sich!«

30.000 Mark im Jahr ließen sich die ADO-Gardinenwerke Hubert Wulf aus Aschendorf in Schleswig-Holstein Frau Kochs Fürsprache für ihr Markenerzeugnis kosten. Für diese Gage war die bekannte Schauspielerin bereit, »alles zu machen, was zu meinem Typ paßt«. O-Ton Marianne Koch: »Das ist immer noch besser, als in Schweinchenfilmen mitzuwirken.« Wobei da die Meinungen geteilt sind. 1983 wurde die Gardinenpredigt aus Altersgründen abgesetzt. Der Karriereknick dauerte bis 1998. Dann gab's gutgelaunt und frisch gestärkt ein Wiedersehen mit der ADO-Frau und ihren Fenstervorhängen. Die Moral von der Geschichte ist immer noch die Goldkante.

»Wenn es nicht viel zu sagen gibt, laß es einen Prominenten sagen« – seit Kaisers Zeiten schon buhlen Handelsherren um Anerkennung durch Berühmtheiten, die sie dann als Zeugen oder »Testimonials« (so die heutige Branchenbezeichnung) in der Werbung benutzen. Die Auszeichnung »kaiserlicher Hoflieferant« hatte einstmals eine noch größere Breitenwirkung und Attraktionskraft als heute der Neujahrswunsch des Bundespräsidenten; Napoleon wurde unterstellt, er hätte vor jeder Schlacht einen Schluck Eau de Cologne zu sich genommen.

»Goethe speiste mit Bruckmann-Bestecken«, ließ ein Metallwarenhersteller einst verbreiten, und die *Rheinischen Blätter* berichteten am 21. März 1867 unter der Überschrift »Graf Bismarck als Reclame« von einer ähnlichen Vereinnahmung zu Werbezwecken: Ein Londoner Bekleidungsgeschäft habe in einer englischen Zeitung den folgenden Text annonciert: »Graf Bismarcks Verdienste um Deutschland sind jetzt allgemein anerkannt, weniger bekannt dagegen dürfte es seyn, daß der große Staatsmann fast nie ausgeht, ohne sich einen Ueberzieher einzuknüpfen, dessen exactes Gegenstück in Arbeit und Schnitt Moses und Sohn zu 1 Pfd. 15 Sh. zu offerieren sich glücklich schätzen darf.«

Die Prominenten unserer Zeit ließen sich ihr Engagement fürstlich entlohnen. Neben Frau Koch priesen uns in den Siebzigern Stars aus aller Welt so ziemlich alles an, was Verbraucherherzen erfreuen und Herstellerkassen klingeln lassen sollte. Die Starparade begann schon vor dem Hauptprogramm – im Werbefernsehen. Fernseh-Weltraum-Professor Dr. rer. nat. Heinz Haber präsentierte zwölfmal im Jahr »Prof. Habers Tele-Werbe-Magazin« und kassierte dafür ein Vorlesungshonorar von einer halben Million Mark. Für 100.000 Mark pro Jahr zeigten die Kessler-Zwillinge Tanzschritte für die »nur die«-Strumpfhose, was den Umsatz sogleich in die Höhe trieb. Für die gleiche Gage spielte Quizmaster Hellmut Lange (»Kennen Sie Kino?«) eine Rolle, die schon dem Kollegen Dietmar Schönherr mehr Ruch als Ruhm beschert hatte, die des →Dash-Reporters.

Deutschlands beliebtester Quizmaster Hans-Joachim Kulenkampff stand mit einer spektakulären Glückswirbel-Show im Sold des Lebensmittelkonzerns Edeka. Der Werbe-Kuli versprach dem glücklichen Gewinner des Hauptpreises ein Auto. Aber mit einer Gage von 350.000 Mark zog er das große Los selbst. Auch Hollywood-Schauspieler machten gute Kasse. Karl Malden, als Oberinspektor Mike Stone auf den »Straßen von San Francisco« im Einsatz, empfahl für 125.000 Dollar Reiseschecks. Telly Savalas, als Theo Kojak der prominenteste Bulle von Manhattan, schabte sich für 200.000 Dollar den Bart mit einer extra scharfen Rasierklinge. 300.000 Dollar brachten Peter Falk dazu, bessere Anzüge anzuziehen, als sie Inspektor Columbo gewöhnlich trug, und für 1 Million Dollar empfahl Gregory Peck eine Reiseversicherung.

Afri-Cola-Nonnen
Nonnen im Brauserausch

Deutschland 1968. Flower-Power und der Muff unter den Talaren. Dutschke und Genossen schrecken den Wohlstandsbürger mit Sit-ins, Walk-ins und Sleep-ins. Der *Stern* fragt sich besorgt »Machen enge Hosen impotent?«, meldet entrüstet »Prinz betrügt Prinzessin« und registriert irritiert

Afri-Cola-Nonnen

»Zwei Neger werden Bürgermeister«. In Bonn regiert (noch) die Große Koalition und daheim, im Pantoffelkino, das tägliche Einerlei.

»Keine Experimente« hatte Konrad Adenauer schon 1956 propagiert, und immer noch war Robert Lembkes heiteres Beruferaten, 1955 erstmals gesendet, Deutschlands beliebteste Fernsehsendung und erfüllte mit seinen ewig gleichen Ritualen (»Welches Schweinderl hätten S' denn gern?«) genau das, was die Adenauer-Generation von der Mattscheibe erwartete: nur keine Aufregung. Es war Bembelzeit (»Der blaue Bock« mit Oberkellner Heinz Schenk und Frau Wirdin Lia Wöhr) und Goldkehlchen Heintje alias Hendrik Simon stürmte mit »Maaamaa!« die Hitparaden.

Doch der kritische Wind, der durchs Land blies, sollte jetzt auch die Bildschirme erreichen. Afri-Cola produzierte den berühmten Film über die »Jugend im Afri-Cola-Rausch«, der unverhohlen auf einen LSD-Trip anspielte.

Enthemmte Betschwestern verfallen in dem gotteslästerlichen Werk in einen bis dahin unbekannten »Afri-Cola-Rausch«. Untermalt mit psychedelischer Musik drücken junge Damen in keuschen Ordenstrachten lechzende Zungen und brauselüsterne Körper an vereisten Glasscheiben platt: »Sexy ... mini ... super ... flower ... pop-op ... Cola ... alles ist in Afri-Cola«, ist die un(miß)verständliche Botschaft. Im Klartext: tune in, drop out: »Die Afri-Cola-Lust. Die Erde ist ein Paradies mit Afri-Cola. Lustvolle Gefilde Afri-Cola-hungriger Gefühle. Die Frau wird Frau und frei. Girl-Power, Frauen-Lust und Männer-Freiheit. Heirat oder nicht Heirat. Das ist nicht mehr die Frage. Afri-Cola. Trink mich.« Tiefgefrorene, wie Raketen aufgestellte Afri-Cola-Flaschen symbolisieren die »Götterquelle mit dem Afri-Cola-Schlauch«.

Die Kids mußten frühzeitig ins Bett, bevor die aufregenden Clips in der Glotze vor den Nachrichten liefen; die Ewiggestrigen und die katholische Kirche liefen einmal mehr entrüstet Sturm gegen den Zeitgeist, den Verfall von Sitte und Moral und speziell gegen den respektlosen Brausefabrikanten aus Köln, der es, im Dienste des weltlichen Kommerz und schnöden Mammons, an Würde und Anstand hatte fehlen lassen. Aber auch ohne kirchlichen Segen wurde die Afri-Cola-Werbung zum Kult der 68er-Generation und lud eine ganze Generation sinnlich auf. Die Umsätze stiegen wunschgemäß um 40 Prozent.

Genauso durchgeknallt wie die Kampagne war der Mann, der sie ausheckte: der Fotograf Charles Wilp. 1961 hatte er den →Puschkin-Bären auf promilleintensiver Abenteuer-Safari abgelichtet und Deutschland mit einer Wodka-Welle überschwemmt, 1964 dem VW-Käfer (»Er läuft und läuft und läuft ...«) Beine gemacht und in den Siebzigern in seiner Düsseldorfer Kneipe die, insbesondere in sogenannten besseren Kreisen beliebte, Gesichtskontrolle erfunden. Ideen, die den wohl erfolgreichsten und skurrilsten Werber der 60er Jahre zum Eigentümer von fünf Werbefirmen, einem Londoner Zweit-Studio, einer Mühle im Hunsrück und einer Farm in Kenia machten.

Die Eingebung, Ordensschwestern in einen Brauserausch zu versetzen, überkam Wilp in einer Kältekammer der NASA. Wilps Mutter, eine bekannte Pianistin, war mit dem Raketentechniker Wernher von Braun befreundet, der Wilp in den Sechzigern nach Huntsville (Alabama) einlud. Gemeinsam gingen sie über den »Krautshügel«, wo sich die aus Deutschland eingekauften Raketentechniker angesiedelt hatten. Im Cyrochamber, dem Vereisungsprüfstand der Mondraketen, sah Wilp für einen Sekundenbruchteil, wie die Spindtür eines Monteurs hinter dem vereisten Vorhang auf- und zuging. Auf der Tür ein Pin-Up. Das Playmate schien hinter der vereisten Scheibe durch die Luft zu schweben.

Die Afri-Cola-Idee war geboren. Die Mädchen, die Wilp dann in seinem Düsseldorfer Studio hinter kaltem Glas ablichtete, hatten laut Regieanweisung ihre Brüste gegen die Scheibe zu pressen. Wilp: »Für die war das wie ein Orgasmus, die Zungen wären doch nie so weit rausgekommen, wenn der Busen nicht das Eis berührt hätte.«

Der Bürgerschreck, Freund und Weggefährte von Joseph Beuys, war immer für eine Schlagzeile gut. Er trat stets nur in weißen Saffian-Stiefeln und kanariengelbem Overall auf (»Meine elitäre Astro-Montur«). Bevor er auf den Auslöser drückte, ließ er sich mit vorgestreckten Armen wie ein Operationsarzt den Mantel (stets einen Wintermantel) anziehen und auf dem Rücken zuknöpfen. Das Foyer seines Büros schmückte neben einem wandgerecht zerbombten Sportwagen ein Kunstwerk mit dem Titel »Huldigung auf die Nacht der Poeten«: ein Bett mit drei Schaufensterpuppen, in Kunststoffolie verpackt und dementsprechend verschnürt. Für Kunden und Freunde ließ er eine Langspielplatte pressen, die laut Aufdruck der »Akustik im leeren Raum« gewidmet war und Einzeltitel wie »Gefrorener Knall« enthielt. Wer sie abspielte, vernahm außer den Eigengeräuschen des Plattenspielers nichts.

Wilps »Tanz der Leere«, eine Langspielplatte zum Stückpreis von 18 Mark, auf der nur das Kratzen des Saphirs zu hören war, wurde über 20.000mal verkauft. Auch um den Kauf von Lebensmitteln anzuregen, hatte der Werber sich etwas Besonderes einfallen lassen. Mit Pillen und Gerüchen (Duftnoten: Schweiß und Fäkal) wollte er den Umsatz heben.

Heute genügt dem Documenta-Künstler die Erde nicht mehr. Vater Weltraum ruft. Wilp konzentriert sich, mittlerweile an die 70, nur noch auf die Raumfahrt und bezeichnet sich selbst als »Artronaut«. Die europäische Weltraumbehörde ESA bescheinigt ihm Weltraumtauglichkeit, auf der Anwärterliste für einen Mondflug steht er bemerkenswert weit oben. Nebenbei macht Wilp Werbung für Always-Slipeinlagen. Weil die etwas von der »Sinnlichkeit und vom Rausch der Schwerelosigkeit« hätten.

Amourette-Mädchen
Die außengesteuerte Wäsche-Venus

Des deutschen Mannes Herz gierte in den Sechzigern nach dem Amourette-Mädchen (»... zum Verlieben chic«), einem wohlgestalteten Blondchen mit Schrägblick, das in millionenfacher Illustriertenauflage für spezielle Slips, Büstenhalter und sonstige diskrete Damenbekleidung der Firma Triumph warb. Die Dame brachte den Miedermarkt zum Rascheln; Huldigungsadressen und Heiratsangebote verrieten den Miedermachern, daß ihre Reklamebotschaft zumindest beim männlichen Bevölkerungsteil angekommen war.

Um das passende Amourette-Gesicht zu finden, war die Psychologin Carmen Lakaschus der weiblichen Wäschepsyche auf den Grund gegangen. In Hunderten von Einzelinterviews ermittelte sie unter anderem, welche Wäsche-Konsumentinnen mehr oral-erotisch und welche mehr anal-zwanghaft gestimmt sind. Es zeigte sich, daß junge Mädchen, die »forcierter Ablösung« halber aus dem Elternhaus drängen, eine besonders erfolgverheißende Zielgruppe für werblichen Wäsche-Sex darstellen.

Das Amourette-Mädchen, dargestellt von der Pariser Hausfrau und Mutter Brigitta Juslin, einer Hausgenossin von Jean-Paul Sartre, sah dem wissenschaftlich erkundeten Typus verblüffend ähnlich. »Paprika und helle Haut« schrieb die Agentur Troost über ein Inserat mit der ganz in Rot gekleideten, liegenden Wäsche-Venus.

Interessantes über das Amourette-Mädel wußte 1965 das Jahrbuch der Werbung zu berichten. Die Werberfibel plauderte Intimes aus dem Marketing-Nähkästchen: »Die typische Konsumentin gehört der A/B- oder gehobenen C-Schicht an und ist als psychologischer Typ mehr extrovertiert als introvertiert, mehr ›außengesteuert‹ als ›innengeleitet‹, und im Körperbau mehr zur Rundung als zur langgliedrigen Schlankheit neigend. Ausgerüstet ist sie mit einem sinnlich-vitalen Temperament und vielleicht auch mit einem kleinen Hang zum Exhibitionismus, den sie nicht in der Rolle als Hausfrau, sondern (jetzt kommt's!) mehr in der einer Geliebten auslebt.«

»Altersmäßig weist die Zielgruppe für Amourette zwei Schwerpunkte auf: Einmal sind es die Frauen zwischen 22 und 29 Jahren, die auf Partnersuche sind, zum anderen die Frauen zwischen 35 und 40 Jahren, die, sei es auch nur in der Welt des Traums und der Phantasie, noch einmal nach einem (anderen?) Mann Ausschau halten. Die Problemlösung, die Amourette ihnen liefert, heißt: Unten drunter für sich und andere nett angezogen sein, um mit dem in diesen Altersgruppen eben oft wechselvollen erotischen Schicksal fertig zu werden.«

Um der Schicklichkeit Genüge zu tun, fragte sich das Jahrbuch aber auch: »Ist diese Werbung unanständig? Geht sie zu weit?« Um dann zu beschwichtigen: »Die Zahl der unehelichen Kinder und die Zahl der Ehescheidungen war 1964 niedriger als je zuvor.«

Trotz Amourette? Oder wegen?

Andy, der Schmutzkiller
Der Cowboy mit dem Schuß Salmiak im Rohr

1963 war die Welt für die Deutschen noch in Ordnung. Das Wirtschaftswunder blühte, Studenten machten noch keinen Ärger. Der Film zur Ära hieß »Winnetou I«, das bunte Fransenmärchen wurde zum erfolgreichsten Nachkriegsfilm. Jungs träumten von Nscho-Tschis Zöpfen, und Mädchen schwärmten für den edlen Winnetou, oder wenigstens für sein Pferd.

Deutschlands Hausfrauen schwärmten für Andy, den Schmutzkiller. Die Werbemänner hatten den Wilden Westen ins Badezimmer verlegt, und der als Westmann ausgestattete Andy machte reinen Tisch. Das Bleichgesicht stritt für das gleichnamige Putzmittel aus dem Hause Sunlicht. Andy – »er kämpft nur gegen Schmutz« – trug den Colt in der Hand, geladen mit »einem Schuß Salmiak«. Offensichtlich hatte der Held aber nicht genügend Zielwasser im Rohr. Andys Schießübungen führten trotz eines millionenschweren Reklame-Trommelfeuers nicht zu berichtenswerten Markttreffern.

Angelo
Der Nescafé-Cappuccino-Mann

Zur Jahreswende 1991/92 umschmeichelte er in dem TV-Spot »Parkplatz« zum ersten Mal eine genervte Blondine mit den Worten »Isch ábe gar kein Auto, Signorina«. In kürzester Zeit anvancierte der Nescafé-Cappuccino-Mann Angelo zum beliebtesten Werbeitaliener überhaupt.

Der schnelle Angelo führte vor, wie Verwechslungen, Parkplatzsorgen und sonstige kleine Mißgeschicke sich in null Komma nichts wie Nescafé im heißen Wasser auflösen, wenn man sich nur Zeit für ein Täßchen nimmt. Sogar Cappuccino in Tüten wurde Kaffeefreunden auf diese Art schmackhaft gemacht. Nestlé wurde mit Fan-Anfragen überschüttet, mußte Angelo-Autogramm-Karten drucken und Heirats- und Beischlaf-Offerten freundlichst ablehnen. Eine Dame bot sogar an, Nichtautofahrer Angelo einen Sportwagen zu kaufen. Gegen eine entsprechende Spritztour wahrscheinlich.

Cappuccino ist im Ursprungsland Italien ein Espresso mit aufgeschäumter Milch und Zucker. »Cappuccino« bedeutet auf italienisch »Kapuze« und bezieht sich auf die feine Haube aus Milchschaum. Als Nestlé im Herbst 1987 den ersten löslichen, tassenfertigen Cappuccino auf den Markt brachte, war das eine kleine Sensation. Bis dahin kannten die Deutschen Cappuccino nur aus dem Italien-Urlaub oder der italienischen Gastromonie.

Die Werbeagentur Contur engagierte den römischen Schauspieler Bruno Maccalini – der bis heute kaum ein Wort Deutsch spricht – und taufte ihn auf den typisch italienischen Namen Angelo. Per Cappuccino-Genuß sollte er die »italienischen Momente des Lebens« vermitteln, mit einem kleinen, liebenswerten Schmunzeln der deutschen Hausfrau die mediterrane Leichtigkeit des Seins nahebringen. Was ihm offenbar auch gelang. 80 Prozent der Deutschen kennen und lieben Angelo.

Die Erfolgsstory ist schnell erzählt: Angelo bekommt Besuch von einer ebenso erbosten wie attraktiven Dame, einer Nachbarin, die bei ihm Sturm klingelt und ihn beschuldigt: »Sie stehen auf meinem Parkplatz!« Angelo, galant und gastfreundlich, bittet die Nachbarin, auf eine Tasse Nescafé Cappuccino zu ihm hereinzukommen. Mit dem Cappuccinogenuß verraucht ihr Zorn, und lächelnd fragt sie Angelo: »... und wann fahren Sie Ihr Auto weg?« Worauf Angelo mit einem gewinnenden Augenaufschlag bekennt: »Isch äbe gar kein Auto, Signorina.«

1997 kam Angelo dann doch noch zu seinem fahrbaren Untersatz. Bei der Opel-Agentur Lowe & Partner hatte man herausgefunden, daß die gleichen Personen, die Nescafé Cappuccino trinken, auch mit Vorliebe den Opel Corsa fahren: »Junge, lifestyleorientierte Frauen mit hohem Design-Anspruch«. Angelo warb fortan im Doppelpack für Nescafé und Opel. Die Werbeprofis nennen das Co-Branding.

In einem am 24. März 1997 angelaufenen TV-Spot lernt Angelo, unter Vermittlung eines Wäschestücks, eine neue schöne Nachbarin kennen: Angelo kommt mit seinem Einkauf nach Hause. Versehentlich reißt sein Wäschepaket auf, seine frischen Boxershorts verfangen sich in der Fahrstuhltür – doch die Nachbarin findet sie ... Angelo bereitet sich mittlerweile zur Entspannung einen Cappuccino zu, da klingelt es an der Tür. Es ist die schöne Nachbarin, die ihm lächelnd ihr Fundstück präsentiert. Angelo übergeht gekonnt die prekäre Situation mit der Einladung zu einer Tasse

Cappuccino. Dabei fällt sein Blick auf ihr Dekolleté mit dem aparten Top – dasselbe Muster wie seine Shorts –, worauf er lächelnd seine Tasse zu ihrem Wohl erhebt: »Wir haben eben Geschmack!«

Im Folgespot drehte sich alles um den Opel Corsa. Wird es der neuen Nachbarin gelingen, den sympathischen Angelo auf eine Tasse Cappuccino zu sich einzuladen? Schritte ... er kommt ... sie öffnet die Tür – doch Angelo, in großer Eile, stammelt etwas von »Ist dringend ... wartet schon unten auf mich« und stürmt die Treppe hinunter. Neugierig, was es mit dieser geheimnisvollen Verabredung auf sich hat, öffnet die abgeblitzte Dame das Fenster und sieht Angelo zärtlich mit der Hand über den Lack eines funkelnagelneuen Corsa Cappuccino streicheln. Er schaut zu ihr hoch und sagt mit einem entschuldigenden Lächeln: »Isch äbe jetzt ein Auto, Signorina!« – steigt fröhlich ein und rauscht davon.

Nach acht Jahren durfte der Italo-Charmeur 1999 keinen Cappuccino mehr schlürfen. Still und heimlich entsorgte ihn der Nestlé-Konzern, und Angelo trat von der TV-Bühne ab. Dafür ist er inzwischen auch privat ein stolzer Autobesitzer – ein Rover. Die Werbegagen machten es möglich.

Aral-Kanistermann
Kurzgeschichten aus dem Autofahrerleben

Was tun, wenn auf weiter Flur das letzte Benzin ausgeht? Man macht sich auf die Socken und geht meilenweit für den richtigen Sprit – wie der Kanistermann von Aral. Untermalt mit der Musik von Fats Dominos Klassiker »I'm walking« (der dank des Spots wieder in die Musik-Charts wanderte), lief er fröhlich pfeifend durch die Werbeblocks von RTL, SAT.1 und ZDF, ließ alle Tankstellen mit dem falschen Sprit links liegen, um dann bei Aral Station zu machen. Von der Zeitschrift *TV Spielfilm* gab es dafür den »Edgar«, die Auszeichnung für den beliebtesten Werbespot des Jahres 1993. Außerdem den Gold-Effie 1994, Edelmetall beim New-York-Festival und das »Sieger-Megaphon« 1992 vom Jahrbuch der Werbung.

Die Idee zum Kanistermann entstand im Kreativ-Labor der Agentur BBDO, die Premiere flimmerte im September 91 über den Bildschirm. Damals stagnierte der Kraftstoffverbrauch, und den meisten Autofahrern war es sowieso egal, wo sie volltankten. Aral hatte zu allem Überfluß noch Probleme mit dem Image: Die Marktforschung hatte ausgemacht, daß Aral beim Autofahrer als »unterkühlte und unnahbare« Marke galt. BBDO sollte helfen und den Sprit »sympathischer« machen. Das Ergebnis der Überlegungen war eine Reihe von amüsanten Spots mit Kurzgeschichten aus dem Autofahrerleben, die jeder kennt und schon einmal erlebt hat. Die Stichworte lauteten: Läufer (der Kanistermann); Fahrschule, Geldbörse und Abschleppseil.

Der Erfolg: Aral hat mittlerweile die jüngsten Stammtanker aller Benzinmarken, und die Aral-Songs wurden mehrfach zum »Welthit der Werbung« gekürt. Allein an den Tankstellen wurden über 500.000 Aral-Songs verkauft. Und woran erkennt man, daß man Erfolg hat? Wenn man auf die Schippe genommen wird. Wie in der Opel-Astra-Werbung. Dort säumen Hunderte von spritlosen Autofahrern hüpfend die Straße – in der Hand einen blauen Benzinkanister. Bei Aral war man hoch erfreut über die Persiflage, denn Opel bezahlte für Spots, bei denen jeder sofort an Aral dachte.

Und neuerdings schiebt auch der **Corny-Mann** sein Auto durch die Gegend, gönnt sich an der Tankstelle statt einer Benzinfüllung einen Müsli-Riegel, um dann frischgestärkt weiterzuschieben.

Avon-Beraterin

Schönheitsexpertin mit mittlerer Reife

Mehr oder weniger dezent geschminkt steht sie mit einem Kosmetikköfferchen in der Haustür. »Guten Tag«, sagt sie und lächelt freundlich, »ich bin ihre Avon-Beraterin.« Vor 40 Jahren erklang dieser Satz zum ersten Mal in Deutschland. Die anschließende Konversation drehte sich in der Regel um Lippenstifte und Nagellack, Lidschatten und Nachtcremes. Eine ganze Generation von Frauen verbindet mit der Avon-Beraterin die Erinnerung an Wirtschaftswunder und ersten Wohlstand. Gut 75 Prozent aller deutschen Frauen kennen sie, und auch im Werbefernsehen der siebziger und achtziger Jahre war die Avon-Beraterin »immer ein willkommener Gast«.

Die Avon-Idee ist über 100 Jahre alt und stammt von dem amerikanischen Buchverkäufer David McConnel. Der legte dem Lesestoff seiner Kundinnen immer einen Parfüm-Flakon als Dankeschön bei. Bald waren die Beigaben bei den Damen beliebter als die Bücher; McConnel gründete 1886 gemeinsam mit seiner Frau in New York eine eigene Firma. Das Konzept war, die Produkte nicht übers Geschäft, sondern von Frau zu Frau abzusetzen. Schließlich ist Wimperntusche erklärungsbedürftig. Die erste Avon-Beraterin war Mrs. P. F. E. Albee aus Winchester in New Hampshire. Heute hat sie rund drei Millionen Kolleginnen in 135 Ländern der Welt. Die vertreiben neben Kosmetika und Düften neuerdings auch Reizwäsche, eine Tag- und Nachtwäsche-Kollektion. Das freut auch den Gatten.

Noch ein Blick auf die Statistik: 30 Prozent der Avon-Beraterinnen sind zwischen 30 und 39 Jahren alt, 70 Prozent haben einen festen Lebenspartner, 50 Prozent sind Hausfrauen, und 50 Prozent haben Mittlere Reife.

Axe-Mann
Der die Frauen provoziert

Wie kommt auch der Langeweiler zu seinem Quickie? Indem er sich mit dem richtigen Deo besprüht. In dem TV-Spot »Lift« von 1997 legt ein eher unscheinbares Exemplar der Gattung Mann den Duft auf, der Frauen provoziert, und der gewünschte Axe-Effekt tritt sofort ein. Im Fahrstuhl wird der Besprühte von einer attraktiven jungen Frau vernascht. Die Deo-betörte Dame legt nicht nur den Notschalter zwischen zwei Stockwerken, sondern das Milchgesicht gleich mit um.

In einem anderen Spot kommt ein Axe-Kunde während einer Tunneldurchfahrt zu seiner schnellen Nummer. Der Eunuch Abdul erhält durch die revitalisierende Wirkung des Axe-Shower-Gel sogar seine Männlichkeit zurück, was seinen Aufenthalt in einem orientalischen Harem durch und durch zum Erfolg werden läßt.

Die witzig aufgemachten Spots mit den Axe-Männern schlugen bombig ein. Speziell natürlich bei den Herren, die Axe fleißig kauften, zu ihrem Lieblings-Deo erkoren, es sich genauso fleißig unter die Achselhöhle sprühten und häufiger den Fahrstuhl als die Treppe frequentierten. Sie verhalfen dem Deo innerhalb eines Jahres zu einem Umsatzplus von 11 Prozent und brachten 150 Millionen Mark in die Kasse des Herstellers. Kein Wunder, bei der Wirkung. Dankesschreiben beglückter Axe-Männer sind allerdings nicht überliefert. Dafür wurde der Werbefeldzug hoch dekoriert, unter anderem mit einem Goldenen Löwen in Cannes und dem Titel »Witzigster Werbespot des Jahres 97« von SAT.1 und *TV Spielfilm*.

Besagter Fahrstuhl-Quickie war nicht die erste flotte Nummer des Axe-Mannes. 1997 war der Deo-Don-Juan schon ein gutes Jahrzehnt im Einsatz, hatte dem Wohlgeruch, der seinen Achselhöhlen entströmt, schon das eine oder andere amouröse Erlebnis zu verdanken und steuerte geradewegs in die überfällige Midlife-Crisis. Im Gegensatz zum 90er-Jahre-Softie war der Axe-Mann der achtziger Jahre nämlich noch ein ganzer Kerl, der es nicht nötig hatte, sich in Fahrstühlen herumzulümmeln, um zu einem erfüllten Sexleben zu kommen.

1985 hatte Elida Gibbs dem deutschen Mann mit Axe sein erstes Parfum-Deodorant beschert. Das Unternehmen erkannte damals ganz richtig, daß der Mann beginnt, aus »der Benutzung der Familienpflegeprodukte auszuscheren und seine eigenen Männerprodukte haben will«. Ein Wunsch, dem ihm Elida Gibbs gern erfüllte. Die Firma kombinierte erstmals ein Deo mit dem Duft eines männlichen Parfüms. Die ersten drei Duftnoten waren Moschus, Amber und Zeder.

Axe-Mann

Die anstehende Überzeugungsarbeit leistete die Agentur Lintas. Lintas überlegte, was für einen Mann besonders erstrebenswert ist. Die Antwort: daß eine starke und attraktive Frau völlig unerwartet den ersten Schritt macht. Die Marktstrategen hatten drei Kernwerte in ihrem Deo ausgemacht – Männlichkeit, Duft und Verführung –, die zu der kreativen Umsetzung führten: Die Einzigartigkeit von Axe liegt in einem Duft, der den Mann so attraktiv macht, daß die Frau mehr von ihm haben will. Eben »Der Duft, der Frauen provoziert«. In Gruppendiskussionen wurde die Frage beantwortet, wann der Mann ins Axe-fähige Alter kommt: »Axe ist ein Einsteigerduft, der später noch paralell zu einem Edelduft verwendet wird. In dem Moment, in dem ein Pflegebedürfnis aufkommt, ist die Zeit reif für Axe.« Dieser Moment tritt in Deutschland etwa im Alter von 16 bis 18 Jahren ein, in England schon mit 14 Jahren. Als Zielgruppe wurde veranschlagt: »Der nicht domestizierbare, welterfahrene, charmante und erfolgreiche Mann von Welt. Gutaussehend und elegant. Einer, der weiß, was er will. Er liebt Reisen in exotische Länder, hat einen interessanten Beruf und umgibt sich gern mit schönen Dingen.« Nur böse Menschen sehen darin den typischen Ballermann-Pauschalbucher, Opel-Manta-Fahrer und leitenden Angestellten in der Spar- und Darlehnsabteilung der örtlichen Bausparkasse.

Weitere charmante Männer von Welt ließen nicht lange auf sich warten. Bald betörte auch der aufsteigende Achselschweiß des **City-Men** (»Dieser Mann. Dieser Duft.«) und des **Gammon-Mann** (»Mit diesem Duft kann dir alles passieren – Jetzt auch als Deo und Duschgel«) die Damenwelt.

Im Laufe der Jahre durfte sich der Axe-Mann dann gemeinsam mit seiner Kundschaft emanzipieren. Nahm in den frühen Spots die Frau noch zuerst den Duft wahr, hatte sich die Wahrnehmung nun auf »seine gesamte individuelle Persönlichkeit und Ausstrahlung« ausgeweitet. Das verriet uns der Hersteller, und eine Deo-Expertin des Hauses merkte an: »Unser Axe-Mann ist so stark, daß er eine starke Partnerin vertragen kann.«
Mitte der Neunziger war dann der Macho nicht mehr angesagt, und Axe begann, mit ironischen Spots sich selbst ein bißchen auf die Schippe zu nehmen. So verhext der Jüngling aus dem Fahrstuhl-Film nicht mehr nur die Sinne einer aufregenden Dame, sein Duft betört auch einen zusteigenden Schwulen im Leder-Outfit. Auf den Axe-Effekt ist eben immer Verlaß.

Bac-Deo-Expertin Inge
Die Fachfrau für Achselschweiß

Mein Bac – dein Bac. Bac ist für alle da. Schon in den fünfziger Jahren, lange vor dem Axe-Mann, beschäftigten unansehnliche und übelriechende Schwitzflecken, wie sie sich vorzugsweise in der Achselhöhle zu sammeln pflegen, Geist und Gemüt der Werbefachleute.

Wenn man den Reklameaussagen Vertrauen schenken darf, träumte die Frau in den Fünfzigern von einem Mann mit einer netten Stellung und einem hübschen kleinen Auto.

Aber was nützt der beste Job, wenn man sich nicht riechen kann? Es gab Hilfe. Die Kosmetiksensation von 1953 war der Bac-Stift, die »neuartige Pflege unter dem Arm«. Um die Errungenschaft aus den USA weiten Bevölkerungskreisen zugänglich zu machen, gab Bac-Deo-Expertin Inge guten Rat:

»Inge weiß es, das Gewühle, wie es hier ist, fördert Schwüle.«

»Inge weiß es, Kinositzen läßt das Publikum erhitzen. Doch sie sagt vergnügt ›Hinein‹ und genießt es, frisch zu sein.«
»Inge weiß es, Küchenstunden sind mit Hitze eng verbunden. Doch sie stellt sich darauf ein und genießt es, frisch und frei zu sein.«

Geruchsintensiv war auch die Situation junger Damen auf Freiersfüßen in den Bac-Werbefilmen. Sie transpirierten. Und das genierte:

»Beim Federball strahlt dein Gesicht, doch, ach du selber merkst es nicht, man läßt dich bald alleine und Freunde hast du keine. Sie transpiriert. Und das geniert. Und wenn man nicht gut riechen kann, tja, dann bekommt man auch keinen Mann. Was rettet dich? ... nur ein Strich körperfrisch.«

»Dieses hier ist Adelheid, der Chef diktiert zu ihrem Leid recht schnell. Und das macht sie nervös. Oje! Die Folgen sind recht bös'. Sie transpiriert. Und das geniert. Hier tanzt daß hübsche Mädel mit dem Herrn Assessor Städel. Sehr viel. Doch bald ist sie erhitzt. Das hat zur Folge, daß sie schwitzt. Pardon, sie transpiriert. Und das geniert. Und wenn man nicht gut riechen kann, dann bekommt man auch keinen Mann. Was rettet dich? ... nur ein Strich körperfrisch.«

Rexona-Seife machte 1953 die Rettung einfacher: »... frisch und frei von Körpergeruch durch regelmäßiges Waschen.« Und auch Mitwettbewerber 8x4 schrieb 1955: »Das ETWAS ist für mich kein Problem ... ich wasch es einfach weg mit 8x4-Seife.«

Bärenmarke-Bär
Schutzpatron der Kaffeesahne

Gemeinsam mit Salamander →Lurchi und der →Lila-Kuh von Milka gehört der Bärenmarke-Bär heute zu den bekanntesten und beliebtesten deutschen Werbehelden. Und das, obwohl er importiert ist. Die Wiege des drolligpetzigen bärigen Milchmanns stand vor einem knappen Jahrhundert in den Schweizer Alpen. Als Etikettenbär sollte er an knallgrüne Almwiesen erinnern. Im Gegensatz zu dem harmlosen Schmusebären, der heute von der Bärenmarke-Dose lächelt, war der Urbär aber noch ein recht grimmiger Geselle. Wie der heutige Grinsepetzi gibt er seinem Kind die Flasche, die Darstellung jedoch ist deutlich naturalistischer.

Doch was qualifiziert einen Bären zum Milchmann? Schließlich gibt es genug andere Tiere, die besser in die heile

Alpenwelt passen als ein ungelenker Stoffteddybär. Die Kuh beispielsweise, das einheimische Murmeltier oder der Bernhardiner mit dem Rumfäßchen um den Hals. Bei saftiger Alpenmilch denkt dagegen niemand auf Anhieb an einen Bären. Der Grund für seine Wahl liegt im Schweizer Nationalstolz. Die Bundeshauptstadt der Eidgenossen, Bern, führt einen Bären im Wappen, und in Bern wurde 1892 die »Berneralpen Milchgesellschaft« gegründet. Diese wiederum eröffnete 1905 im deutschen Biessenhofen im Allgäu ein Milchwerk, in dem 1912 erstmals Bärenmarke-Kondensmilch hergestellt wurde. Auf der Dose der gezeichnete Werbebär.

Kondensmilch gab es damals nur in Apotheken zu kaufen. Bei 10 Prozent Fettgehalt galt Kondensmilch noch als Stärkungsmittel und nicht als Kaffeeweißer. Der Grund dafür lag beim Bohnenkaffee, denn der war noch ein Luxus, den der Normalbürger sich nicht alle Tage leisten konnte. Erst als Kaffee sich langsam zum Massengut wandelte, stellten die Bohnenfreunde schnell fest, daß Kondensmilch sich auch hervorragend zur Verfeinerung des Kaffees eignet. 1912 flossen im Biessenhofener Milchwerk in bis zu 40.000 Liter Milch täglich. Heute konsumieren die Bundesbürger jährlich über eine Milliarde Packungen an Kondensmilch-Produkten.

Den eigentlichen Siegeszug des Bärenmarke-Bären läutete der bekannte Werbemann Hanns W. Brose (»Im Asbach Uralt ist der Geist des Weines«) Mitte der fünfziger Jahre ein, als er ihn zum Filmstar machte.

Er ließ ihn milchkannenschwenkend über grüne Alpenwiesen tapsen, pflichtbewußt Alpenkühe täscheln und an Milchbehältern schnüffeln. Die Kühe waren zwar noch aus Pappe, dafür erklang bereits erstmals der berühmte Jingle »Nichts geht über Bärenmarke zum Kaffee«. Darsteller war ein Schauspieler im Bärenkostüm.

In einem Alter, in dem der normale Bär schon in die ewigen Jagdgründe eingegangen ist, wurde der Bärenmarke-Teddy noch zum Fernsehstar. 1962, an seinem fünfzigsten Geburtstag und bereits deutlich rundlicher, feierte er seine ersten Auftritte in der Flimmerkiste. In der Kino-Werbung der 50er noch ein geselliger Dorfbewohner, der für jeden Spaß zu haben war, lebte er in den 60ern zurückgezogen in seiner Almhütte, kümmerte sich ausschließlich um seine Kühe und wanderte lediglich zu Inspirationszwecken durchs Emmental. So 1965 als »Dr. Bär« beim Gesundheits-Check des Milchviehs. Eine Ausnahme war 1964 der 3-Minuten-Film »Kleiner Bär auf großer Fahrt«. Darin geht der wanderlustige Geselle auf Dienstreise in die ferne Stadt und verschenkt die gute Alpenmilch, die er von den Bergen mitgebracht hat. Überall wird er mit offenen Armen empfangen: »Von den Bergen her, kommt der kleine Bär, wo das Alphorn erklingt. Jeder freut sich sehr, über unseren kleinen Bär, der die gute Bärenmarke bringt.«

Seit den Achtzigern geht es bergab mit der Karriere des Bären. Seine Präsenz in den TV-Spots wurde heruntergefahren und mehr auf die guten Zutaten in der Alpensahne hingewiesen. Trotzdem ist der Werbeheld heute der bekannteste Bär der Schweiz. 1996 antworteten sogar Intensiv-Verwender auf die Frage »Was ist auf der Dose abgebildet?« mit: »Das ist der Bär, der die Milch aus dem Melkeimer in die große Kanne kippt.« Diese Szene ist aber nur der dramaturgische Höhepunkt in jedem Werbespot. Auf der Dose ist seit 1912 der Bär abgebildet, der seinem Jungen die Flasche gibt.

Bananenexperte Juan
Der Bananero mit dem Strohhut

Alles Banane. Wenn es gilt, der Kundschaft fremdländische Ware ans Herz zu legen, greifen deutsche Werber mit Vorliebe auf exotische Experten zurück. Insbesondere für so erklärungsbedürftige Produkte wie Bananen oder Kaffee. So auch in den Sechzigern. Um die Verbraucher zu erbauen und aufzuklären, bevölkerte ein ganzer Reklamewald von Spezialisten die Inserate und Bildschirme.

Auf der Pirsch nach den besten Kaffeebohnen waren der →Tchibo-Kaffee-Experte und sein Kollege, der kolumbianische Plantagenvorarbeiter **Señor Valdez**. Dritter im Bunde war ein Mexikaner namens **Pedro**. Bieder deutsch ging es dagegen bei Jacobs-Kaffee zu. Karin-Sommer-Vorgängerin **Frau Noack** pries ihren Markenkaffee mit den einfachen, aber wirkungsvollen Worten:»Weil mir mein preiswerter Marken-Mokka lieber ist als ein billiger Markenkaffee, bleibe ich bei Jacobs.«

Auch für Erdnüsse gab es einen Fachmann: **Don Pacco**, Spezialist für Erdnüsse mit dem höchsten Gesundheitswert. Für Tuca-Bananen war **Onkel Tuca** – »... schickt unseren Kindern seine besten Bananen« – zuständig: »Freut euch, Ihr Muttis und Vatis! Das ist Onkel Tuca. Der weiß, was Kinder an Bananen mögen. Er ist berühmt als ›bananero‹ und als großer Freund der Kinder. Er prüft die Bananen auf unseren Plantagen. Und die besten, die er findet, schickt er uns.« Chiquita-Bananen prüfte Bananenexperte Juan.

Juan stand im Sold des weltweit größten Bananen-Produzenten, der United Fruit Company mit Sitz in Rotterdam. Sein Geld verdiente er als – was sonst – Plantagenvorarbeiter auf einer Bananenfarm in Südamerika. Die Agentur Young & Rubicam verpaßte dem spanischen Dressman und

Gelegenheitsakteur German Grec ein offenes Hemd, einen Schnauzbart und einen Strohhut und ließ ihn spanische Texte rund um die Farmarbeit brabbeln. Die Übersetzung lief in Untertiteln mit. Das wirkte noch exotischer.

Der schnieke Caballero sollte aus der banalen Südfrucht Banane einen Markenartikel wie Seife oder Kaffee machen. Ein Ansinnen, das die United Fruit Company erfolgreich in den USA vorexerziert hatte. Dort hatte die Firma bereits 1962 Marktforscher ausgeschickt, um die Bananen-Kundschaft tiefenpsychologisch auszuloten. Die Forscher meldeten Günstiges: Die Amerikaner würden eine »Markenbanane« akzeptieren, wären sogar bereit, für besonders »schöne« Bananen einen höheren Preis bezahlen.

Auf Deutschland griff die Chiquita-Kampagne 1967 über, und Juans Gebrabbel half mit, die Dschungelwurst binnen weniger Monate zur meistverkauften Banane Deutschlands zu machen.

Am Blitzfeldzug der Chiquita läßt sich die klassische Markenstrategie studieren. Zuerst hatten die Amerikaner die schwierige Aufgabe gelöst, ihren Südfrüchten ein gleichbleibend auffälliges Äußeres zu geben. Sie züchteten eine besonders große Bananensorte (Mindestlänge: 15 Zentimeter), steckten die grünen Fruchtstauden für den Seetransport in luftdichte Plastikbeutel, um die Reifung zu verzögern, und ließen die Bananen dann unter Äthylenglas binnen ein bis zwei Tagen reifen. Das Ergebnis waren makellos gelbe Riesenfrüchte, die auch ohne ihre blauen Namensetiketten als Chiquita identifiziert werden konnten. Am Jahresende hatte der US-Konzern seinen Anteil am westdeutschen Bananenmarkt von 35 auf 44 Prozent vergrößert. Von 130.000 Läden, die Bananen verkauften, führten mehr als 40.000 nur noch die wohlgestaltete Chiquita.

Der Konkurrenz stank der Chiquita-Erfolg natürlich gewaltig, so mäkelte etwa Mitwettbewerber Bajella an der Super-Banane herum: »Unsere Bajella ist weder besonders groß noch besonders klein, weder besonders gerade noch besonders krumm, aber sie schmeckt besonders aromatisch.« Und lästerte: »Wir essen doch nicht die Schale.« Den Umstand, daß Bajella-Schalen nicht fleckenlos sind, sollte die Frankfurter Hausfrau Barbara Pfleger als Bajella-Maskottchen zum Guten wenden, »weil sie blond ist und hübsche Sommersprossen hat, wie eine leckere Banane«. Alles ohne Erfolg, Chiquita blieb die Nr. 1.

Für viel Wirbel sorgte ein Leserbrief, den eine Psychologiestudentin 1967 an den *Spiegel* geschrieben hatte (was sie später abstritt). Sie verglich darin Bananen mit einem Phallus-Symbol und führte dies als Grund für den Chiquita-Erfolg an, da Bananen ja hauptsächlich von Frauen gekauft werden. Sie merkte weiterhin an, daß ein Großteil der weiblichen Bevölkerung nachgewiesenermaßen sexuell frustriert sei und die Südfrucht sich geradezu anbot, diese Frustration abzureagieren. Solch doppeldeutige, die niedrigsten Instinkte ansprechende Werbung lehnte sie deshalb auch vom ethisch-normativen Standpunkt her als verwerflich ab.

Von wem der Brief wirklich stammte, wurde nie zweifelsfrei geklärt, bei Familie Hansen in Hamburg kamen jedenfalls nur noch Chiquita auf den Tisch: »Teile hiermit höflichst mit: Das war vielleicht ein Putz bei uns zu Hause. Meine Olle will jetzt nur noch Chiquita-Bananen. Mache Sie dafür verantwortlich. Wie soll ich mich verhalten?«

Herr Arnold F. Stein fragte sich dagegen: »Nach der Lektüre der libidinösen Zuschrift quält mich die neugierige Frage: ›Ob wohl die Dame trotzdem Bananen ißt?‹ Wird sie mir diese Frage beantworten, oder ist sie zu pervers (die Frage)?«

Frau Monika Ribock, eine besorgte Mutter aus Vahrendorf in Niedersachsen, schrieb:»Ich habe bislang Chiquita-Bananen gekauft, weil sie meiner Erfahrung nach für Qualität bürgen und eine Banane genau der Menge einer Mahlzeit für unser Baby entspricht. (...) Da aber unsere beiden Kinder ›Evas‹ sind, werde ich selbstverständlich in Zukunft unterlassen, Chiquita-Bananen zu kaufen, da ich ihnen auf keinen Fall ein Symbol (sogar in Zentimetern) einprägen möchte. Ihre Enttäuschung beim Kennenlernen der Wirklichkeit wäre dann von vornherein vollkommen. Nach einigen angestrengten Überlegungen habe ich auch, bis ich Genaueres weiß, meinem Mann verboten, Pampelmusen aus der Stadt mitzubringen, was er sehr bedauerte (weil er sie gerne ißt).«

Herr Joachim Meyners-Dunkel aus Bremen fühlte sich dagegen in seinen Eßgewohnheiten bestätigt: »Endlich glaube ich zu wissen, warum ich so gerne Brötchen kaufe.«

Bausparfuchs
Schlitzohriges Stichtagstier

Was der Oma ihr Pfandbrief, ist dem Bausparer sein Stichtag. Und da Bausparer laut Branchenwerbung besonders schlaue Menschen sind, kann natürlich nur ein schlauer Fuchs diese schlauen Menschen symbolisieren. Und ganz besonders schlau ist natürlich der Bausparer, der bei der Schwäbisch-Hall abschließt. Der schlaue Bausparfuchs der Schwäbisch-Hall (»Auf diese Steine können Sie bauen«) erinnerte kurz vor Jahresende 1975 erstmals mit schlauem Blick, gespitzten Ohren und Brille an den wichtigsten Termin des Jahres, den Stichtag 31. Dezember. Seine Beute, die fette Wohnungsbauprämie von Vater Staat (63,40 DM), trug der Schlaumeier bündelweise im Maul.

Der Erfolg dieser anfangs als einmalige Aktion geplanten Anzeigenserie war so groß, daß der Fuchs seit 1977 fester Bestandteil der Schwäbisch-Hall-Werbung wurde. Aus der realen Darstellung von 1975 wurde eine Zeichentrickfigur, entwor-

fen von dem französischen Cartoonisten Claude Marchoisne. Marchoisne ersetzte auch die rundglasige Oma- und Intellektuellen-Brille durch eine seriösere Hornbrille. Sie weist den Fuchs nicht nur als Schlaumeier, sondern auch als vertrauensvollen Ratgeber in Sachen Bausparen aus. Als idealer Stimmenspender fand sich nach langem Hin und Her der bekannte Schauspieler Hans Clarin (spricht auch den Pumuckl).
Seit dem 26. März 1981 ist der Bausparfuchs beim Deutschen Patentamt in München aktenkundig. 1985 wurde ihm eine Gattin an die Seite gestellt, und zeitgleich wurde er stolzer Vater von zwei pfiffigen Fuchskindern. Die Frage, ob Geschlechtsverkehr vor der Ehe sich mit dem seriösen Image einer Bausparkasse verträgt, wurde anscheinend nicht gestellt. Eingebettet in dieses Familienglück erlebte der Fuchs fortan traute Geschichten rund ums traute Heim.

Erfunden wurde der Bausparfuchs 1975 von den Köpfen der Agentur Baums, Mang, Zimmermann, ausgesprochenen Spezialisten in Sachen Werbezoologie. In den 90ern gingen sie für Toyota in den Regenwald und ließen die →Toyota-Affen den Satz vom Möglichen des Unmöglichen brüllen. Ebenfalls bereits 1975 hatten sie für die KKB-Bank eine Kampagne entworfen, in der ein ganzer Zoo von Tieren als Fabelwesen verfremdet die Vorzüge des Geldinstituts herausstellt.
»Mein alter Wagen schluckt mich arm. Aber für 'nen neuen reicht's jetzt nicht,« sagt der Dackel im grünen Loden zum Schäferhund in Jackett und Krawatte. Der antwortet: »Dann nimm doch gleich Kredit bei der KKB Bank. Damit bin ich auch gut gefahren.«
Mit solchen Sprüchen, meinten die Werber, könne sich der Kunde identifizieren. Würde hingegen eine Bank den eigenen Leuten derartige Werbesprüche in den Mund legen, erschiene sie als unseriös. Die Kundeneinlagen stiegen von zwei Milliarden auf über vier Milliarden Mark.

In einer Studie ließen die BMZler auch untersuchen, welche Tiere beim Werbebetrachter ankommen und welche nicht. Aus dem Nutzungskatalog ergab sich unter anderem: Dackel und Schäferhund stehen für Klugheit, Treue und Sachverstand und sind für nahezu alle Zwecke nützlich; Hamster und Eichhörnchen symbolisieren in besonderem Maße das Sparen; der Biber steht für den gut wirtschaftenden Verbraucher; die Katze überzeugt am meisten in der Rolle der modernen Hausfrau; die Eule kehrt den unbestechlichen und gescheiten Menschen hervor; und Giraffe und Zebra sind trotz einer allgemeinen Antipathie noch zu gebrauchen, wenn Fernweh erzeugt werden soll. Für Schwäbisch Hall wählten die Tierexperten den Fuchs: Der hatte im ausgehenden 20. Jahrhundert seinen Ruf als gemeiner Hühnerdieb gegen das Image des schlauen Fabeltiers eingetauscht.

Bello von Dual
Besserverdienender Reklamehund

Daß Unilevers Fußbodenreiniger Dual 1974 zu einem Erfolg wurde, führten die Werber der Hamburger Agentur Lintas nicht zuletzt auf die Mitarbeit des »Lord vom Herwalthof« zurück, eines gut 158pfündigen Bernhardiners, genannt »Bello von Dual«. Die hochadelige Kreatur tappte im Fernsehen über spiegelblanke Fußböden und stellte ihr Konterfei auch für Inserate zur Verfügung. Bello gehörte damals zu den Spitzenverdienern unter Deutschlands Reklamehunden. Der normale Werbekläffer mußte sich mit einem Tagessatz von 70 bis 100 Mark zufriedengeben und lag damit um Dreiviertel unter dem Satz von zweibeinigen Fotomodellen. Bello kassierte stolze 150 Mark pro Drehtag.

Seitdem die Marktforschung aufgespürt hatte, daß die Sympathie für Hunde zunahm, und gleichzeitig die Zahl der Hundehalter stieg, gab es für die Werber kaum noch attraktivere Fotomodelle. In umfangreichen Testreihen ermittelten die Marktforscher, welcher Hund zu welchem Produkt paßt. Gilt es kostspielige Waren zu preisen oder eine vornehme Atmosphäre zu zaubern, müssen auch die Köter zu den edelsten ihrer Gattung zählen: Dalmatiner-Doggen, Barsois oder Afghanen. In der Werbung für Männerprodukte heißt die bewährte Regel: nur große und kräftige Hunde. Deutschlands liebster Hund, der Dackel, hat folglich als Werbetier für Rasierwasser oder Sakkos keine Chance. Statt seiner kläffen Doggen, Hirtenhunde oder Neufundländer.

Den unbestritten größten Erfolg mit einem Reklame-Vierbeiner konnte bisher die amerikanische Firma Wolverine World Wide Inc. verbuchen. Jahrelang hatte sie mit wenig Absatzglück Schuhe aus Schweinsleder produziert, bis der Firmenchef beim Anblick eines jungen Bassets auf die Idee kam, einen Hund dieser Rasse zum Markenzeichen zu erheben. Als Markennamen wählte er **Hush Puppies**, eine Ableitung aus »Kusch, kleiner Hund!« Der Einfall machte sich bezahlt. Heute gibt es Hush Puppies in fast allen Ländern der Welt.

Bernhardiner Bruno
Verbündeter der Hausfrau

»Hallo, hier ist Bruno von Ajax« – 8 Jahre lang tapste der freundliche Bernhardiner Bruno mit der Ajax-Flasche um den Hals durch das Werbefernsehen. Zwischen 1987 und 1995 war Bruno immer zur Stelle, wenn die Ajax-TV-Familie ihn brauchte. Ob Vati mal wieder Klempner gespielt und das Bad verdreckt hat oder Junior unbedingt sein Fahrrad in der Badewanne hat putzen müssen – bei jedem kleinen

Mißgeschick half Bruno mit einem Schuß aus der Ajax-Pulle.

Aber warum ausgerechnet ein Bernhardiner als Putzfrau, mag sich da (nur) der Marketingungebildete fragen. Wegen der Hundehaare auf dem Sofa? Warum nicht der redselige Papagei oder der reinliche Biber? Antwort: wegen der Flasche um den Hals. Um ihre Produkte aus dem Joch eines unerfüllten Nischendaseins herauszuholen, verblüffen kreative Werbefachleute den unwissenden Otto Normalverbraucher ja immer wieder damit, was sie in dem Marken-Thunfisch oder dem bodenständigen Putzpulver so alles an Eigenschaften, die über den eigentlichen Produktnutzen hinausgehen, ausmachen. »Produkt-Benefits«, werden diese Nutzversprechen fachmännisch genannt.

Brunos Eintreten für den blanken Fußboden erklärten die Werbestrategen durch seine Rolle als »Verbündeter der Hausfrau«. So, wie der Bernhardiner mit hochprozentigem Halsschmuck Verunglückten zu Hilfe eilt, muß die Hausfrau ständig die kleinen und großen Mißgeschicke ihrer Lieben wieder ausbügeln und die Familie zusammenhalten. Bruno entsprach ihrer Sehnsucht nach einer »harmonischen und konfliktfreien Beziehung innerhalb der Familie«. Das lehrt uns die Hamburger Agentur MWI. Brunos markanter Baß stammte von Showmaster und Opernsänger Elmar Gunsch.

Bertis Handymen
Sportliche Telefonfreunde

Was tun Icke, Klinsi und Basler zwischen den Spielen am liebsten? Na klar, telefonieren ... Und kaum bricht ein sportliches Großereignis heran, regiert König Fußball wieder die Welt und wird auch als Werbeträger attraktiv. Das fand auch die Deutsche Telekom, die, zwecks Werbung für ihre Tochterfirma DeTeMobil, während der Fußball-Europameisterschaft 96 die komplette Nationalmannschaft verpflichtete. In dem Spot saßen die Kicker konzentriert in ihrer Kabine, bis ihnen Berti Vogts die Zeit ansagte – rein zufällig auch der Beginn des Happy-Hour-Tarifs bei »Telly D1«.

Die Hamburger Werbeagentur Springer & Jacoby hatte den Auftrag, das deutsche Team in einen ebenso logischen wie witzigen Zusammenhang mit Telly-D1-Handys zu setzen. Die Vorschläge der Agentur wurden vom DFB sofort akzeptiert, nicht aber vom Spielerrat. Begründung: Die Spieler wollten nicht als mit Handys hantierende Yuppies dastehen. Dank der Überredungskünste von Springer & Jacoby kam der Dreh dann doch noch zustande.

Dabei erwiesen sich Bertis Jungs als talentierte Mimen. Weil die Terminkalender der Kicker übervoll waren, hatte die Filmcrew extrem wenig Zeit. In nur eineinhalb Stunden mußte der Kabinenspot im Kasten sein – eigentlich ein Ding der Unmöglichkeit. Doch nach nur fünf bis sechs Takes in 40 Minuten war schon alles vorbei, und Akteure, Trainer und Regisseur waren zufrieden. Und weil es allen Beteiligten soviel Spaß gemacht hatte, drehte man gleich noch während der Fahrt zum Training einen zweiten Spot im Mannschaftsbus: Klinsi ruft per Handy Hilfe herbei, da man sich verfahren hat und in Pisa beim Schiefen Turm gelandet war.

Biobauer Hipp
Der Trachtenträger

Ein bayrischer Unternehmer bewirbt seit 1992 mit seinem Namen wirkungsvoll seine Produkte. Trachtenträger Claus Hipp, Bio-Bauer und Babykost-Hersteller aus Pfaffenhofen, verkörpert seine Babykost wie sonst höchstens noch der greise →Dr. Best seine Zahnbürste oder →Onkel Dittmeyer seinen O-Saft.

»Unsere Felder liegen fernab von Industrie und verkehrsreichen Straßen«, versichert der Bio-Manager immer wieder. Zudem sei das Saatgut ungebeizt, die Hipp-Rinder lebten auf heimischen Bio-Höfen und hätten viel Auslauf. Authentizität und Glaubwürdigkeit stehen für den Babykost-Hersteller auch in der Werbung an erster Stelle. Hipp läßt nur an Original-Schauplätzen fotografieren und filmen. Und: Seine Stimme im Spot ist Original-Ton Hipp – nichts ist synchronisiert. Das ganze kostet, so schätzen Insider, rund sieben Millionen Mark pro Jahr. Das macht Eindruck bei der Kundschaft und bringt Marktanteile. Gleich im ersten Jahr waren es fünf Prozent mehr Umsatz. Hipp ist damit eine der erfolgreichsten Kampagnen im Land, das ermittelt regelmäßig die Gesellschaft für Konsumforschung, GfK. Realisiert wird die Kampagne von der Frankfurter Agentur Borsch, Stengel & Partner.

Butler Tommy
Der Hausfreund aller Kaffeekränzchen

Eierlikör war neben Nierentisch und Gummibaum eines der wichtigsten Symbole für die goldenen Jahre der Nachkriegszeit. Marktführer Verpoorten produziert jährlich sieben Millionen Flaschen und ist damit der meistverkaufte Eierlikör der Welt. 9 von 10 Deutschen kennen den fidelen Stimmungsmacher. Was insbesondere die Eier-Produzenten freut, werden doch täglich über 1,2 Millionen Frischeier im Bonner Hauptquartier aufgeschlagen.

Den Slogan »Ei, ei, ei Verpoorten«, entstanden Mitte der sechziger Jahre, hat sich die deutsche Volksseele inzwischen umstandslos angeeignet. Der Ohrwurm nahm musikalische

Butler Tommy

Anleihe bei dem 50er-Jahre-Schlager »Aye, aye, aye Maria«. In den Siebzigern verkörperte der bekannte Volksschauspieler Georg Thomalla den besonders bei älteren Damen und lustigen Kaffeekränzchen beliebten Butler, der, dreimal gerufen, dreimal Ei, ei, ei Verpoorten servierte:
»Tommy? Tommy? Tommy?«
»Dreimal Tommy, da wird's aber hörbar Zeit
– für dreimal ei, ei, ei Verpoorten.
Dir ein Kaffeeküßchen, dir eins aus ...
und du bleibst ohne gnä' Frau.«

»Tommy, ei, ei, ei.«
»Ei, ei, ei, ihr Süßen,
wie wär's denn mit dreimal
ei, ei, ei Verpoorten?
Ei, ei, ei Verpoorten pur,
ei, ei, ei Verpoorten in Cola
und ei, ei, ei Verpoorten in Cognac.
Ei, ei, ei – hmm –«

Der mittlerweile verstorbene Thomalla war aber nicht nur Eierkenner, sondern auch Kaffeexperte. In dem Streifen »Kostbarkeiten« aus den fünfziger Jahren spielte er den umsorgten und mit Jacobs Kaffee verwöhnten Ehemann: »O Mäuschen, dein Kaffee ist heute mal wieder köstlich!« Mäuschen gibt das Lob prompt an Jacobs Kaffee weiter: »Ja, wenn man seinen Mann schon mal zu Hause hat, muß man ihn auch verwöhnen. Und das wird einer guten Hausfrau leichtgemacht mit dem edlen Bremer Jacobs Kaffee, denn Jacobs Kaffee ist immer wieder eine Kostbarkeit in der Tasse.«

Calgonit-Nachbarin
Die Dame mit den Kalkrückständen

Was sich Werbetreibende so alles ausdenken! Um der geneigten Haus- und Karrierefrau mitzuteilen, daß die Spülmaschinen-Tabs der Marke Calgonit Gläser besonders sauber spülen, erfanden sie die »2-Phasen-Technologie« fürs Geschirrspülen. Denn »2 Phasen braucht der Glanz«. Inzwischen reichen die 2 Phasen aber auch nicht mehr, Calgonit eröffnete die nächste Glanz-Dimension: ein integrierter »Power-Ball« sorgt neuerdings für »Glanz nah am Diamant«. Wie betulich war da die Werbung in den fünfziger Jahren, als die **Pril-Mutti** noch von Hand spülte: »Vati ist früher nach Hause gekommen. Alles strahlt – wenn doch der Abwasch schon fertig wäre. Vati will helfen, aber Mutti winkt ab. Pril hilft ja schon. Eine Anerkennung für Mutti – ein Lob für Pril.«

Lob ernteten auch die Spots mit der Calgonit-Nachbarin. Sie gehörten zu den beliebtesten im deutschen Reklamefernsehen: »In einer halben Stunde kommt mein Nachbar, und den finde ich richtig gut. Und der hat immer saubere Gläser. Nur ich nicht ... Wie macht der das bloß?«

Im Januar 1993 flimmerte der Calgonit-Spot erstmals über den Bildschirm, und der Spruch »So muß ein Glas aussehen, dann klappt's auch mit dem Nachbarn«, wurde schnell zu einem der bekanntesten deutschen Werbeslogans. Wobei die verliebte Dame sich umsonst sorgte. Die Kalkrückstände auf ihrem Geschirr stammten aus der Spraydose, Nachbar

Calgonit-Nachbarin 55

Martins glänzende Gläser waren das Ergebnis von Wachs und akribischer Hand-Politur. Die Marktanteile der Calgonit-2-Phasen-Tabs stiegen jedenfalls von 25 auf über 40 Prozent, und die Agentur New York Communications aus Frankfurt heimste die Preise gleich dutzendweise ein.

Was Maria Bachmann, der Darstellerin, noch heute sauer aufstößt. Sie bekam nämlich nie einen Preis, dabei hatte sie die Idee für den Spot auf einem Casting entwickelt. Die Exfreundin von Udo Lindenberg (mit dem sie 8 Jahre liiert war), eine gelernte Krankenschwester und Arzthelferin aus Miltenberg in Unterfranken, ergriff mit Mitte Zwanzig ihren Traumberuf und sattelte auf Schauspielerin um.

Zu dem Casting für Calgonit ging sie nur, weil sie scharf auf die 42 Mark Gage war. Es sollte sich für beide Seiten auszahlen. Maria Bachmann erfand an diesem Tag aus dem Stehgreif den Calgonit-Spot. Weil sie bei Theaterproben falsch geschrien hatte, war sie total heiser. Sie sollte etwas improvisieren, woraus die Geschichte mit Nachbar Martin wurde.

Die Maria-Bachmann-Kampagne lief von 1993 bis 1996, und sie selbst reagiert heute eher gereizt, wenn sie auf Calgonit angesprochen wird: »Von dem werde ich wohl nie loskommen.« Sie bekommt auch keine Rente – wie →Klementine, die wöchentlich zwei Pakete Ariel erhält – in Form einer monatlichen Tabs-Ration. Was auch sinnlos wäre: Sie besitzt keine Spülmaschine und spült am liebsten mit der Hand (»das entspannt so schön«). Auch künstlerisch ging es bergauf, Maria Bachmann spielte die Rolle der Marion in »Adelheid und ihre Mörder« sowie in einem Fernsehfilm neben Harald Juhnke. In den Calgonit-Filmen übernahm im November 96 Nachbar Martin die Hauptrolle, Darsteller ist der Schauspieler Frank Voss.

Camel-Kamel(e)
Jodelnde Kultkamele

Die Camel-Kamele sind Kult. Wenn im Kino tapsige Stoffkamele ihre dicken Nasen an die Kameralinse stupsen oder im Chor vor Papp-Pyramiden »Spiel mir das Lied vom Tod« pfiffen, johlte das Publikum jedesmal vor Vergnügen. Sie stolperten durch Zeichentrick-Wüsten oder landeten als kleine grüne Wesen mit dem UFO. Auf Plakaten stürzte ein angekokeltes Kamel aus dem Fenster (»Wirf keine brennenden Camels aus dem Fenster«), ein anderes versuchte sich verzweifelt und ebenso vergebens in grünem Rasen festzukrallen (»Komisch, immer klaut einer deine letzte Camel«).

Nach dem Triumph des →Marlboro-Cowboys und dem langsamen Siechtum des →Camel-Manns sollten die Zeichentrick-Kamele der abstürzenden Zigarette wieder zum Aufschwung verhelfen. Das Publikum in den Kinos sah, gröhlte und erklärte die Knuddeltiere sogleich zu Kultfiguren. Die Art Directors jubilierten, es regnete Preise und grantelige, aber anerkennende Besprechungen in den Feuilletons.

Das war 1991. Die eigentliche Geschichte des Camel-Kamels begann bereits knapp 80 Jahre zuvor in Winston-Salem/USA. In dem kleinen Fleckchen in North-Carolina drehte der Tabak-Produzent Joshua Reynolds 1913 seine ersten Zigaretten zusammen. Im Gegensatz zu Europa waren Fertigzigaretten in den USA damals noch die Ausnahme, die Amerikaner bevorzugten Selbstgedrehte, Pfeife oder Zigarre. Reynolds taufte

Camel-Kamel(e) 57

seine Mischung »Camel«, da seine Zigarette erstmals eine Kombination aus amerikanischen und türkischen Tabaksorten (American Blend) bot und er ein Symbol für die orientalische Welt schaffen wollte. Die Camel war die erste amerikanische Markenzigarette überhaupt und sofort ein Renner. Bereits ein Jahr später gingen 425 Millionen Camel über den Ladentisch, 1921 waren es 18 Milliarden Stück – damit war jede zweite in den USA verpaffte Kippe eine Camel.

Die Packung zierte von Anfang an ein Kamel, welches jedoch – an dem fehlenden zweiten Höcker unschwer zu erkennen – kein Kamel, sondern ein Dromedar ist. Denn als Joshua Reynolds 1913 im Wanderzirkus Barnum & Bailey nach einem Kamel suchte, fand er nur ein Dromedar mit Namen »Old Joe«. Da im US-Englischen der Name »Camel« als Gattungsname für beide Tiere steht, ging Reynolds kurzerhand über diese zoologische Haarspalterei hinweg und engagierte Old Joe als Packungsvorlage.

Schon Tiervater Brehm fand, das Kamel sei »stumpfsinnig, störrisch und feige«, und auch Old Joe machte diesem Ruf beim Foto-Shooting alle Ehre. Trotz guten Zuredens wollte das Tier einfach nicht stillstehen, und erst als es vom Pfleger eins auf die Nase bekam, hob es den Schwanz, legte die Ohren nach hinten und stand endlich still. Zum Lohn prangt sein Bild seitdem auf allen Camel-Packungen.

Die deutschen Raucher machten nach dem Zweiten Weltkrieg die erste Bekanntschaft mit Old Joe. Die amerikanischen Besatzungssoldaten hatten ihre Zigarette mitgebracht, und die Camel wurde zur begehrten Schwarzmarkt- und Tausch-Ware. Bis zu 60 Reichsmark wurden für eine einzige Camel bezahlt. Ganz legal im Tabakladen kann der deutsche Raucher die Camel aber erst seit 1969 kaufen.

Für reichlich Wirbel und viel Ärger in der Branche sorgten damals völlig neuartige Promotion-Aktionen nach amerikanischem Muster. Im Herbst 69 veranstaltete Camel im Müngersdorfer Stadion in Köln den »Großen Camel-Preis«. Kein Formel-1-Rennen, sondern das erste Kamelrennen außerhalb der Sahara oder Australiens. Unter Vermittlung der marokkanischen Botschaft wurde eine Einheit Rennkamele per Luftfracht nach Deutschland geschickt. 20.000 Zuschauer sahen das Spektakel. Die Presse berichtete auf den Titelseiten, die Zigarette war über Nacht bekannt wie ein bunter Hund. Die ganze Aktion ging jedoch nicht ohne Komplikationen ab. Einige Tiere standen den Transport nicht durch, andere stürzten während des Rennens. Es gab Karambolagen, weil die Kamele, die gerade Rennstrecken gewohnt waren, nicht um die Ecke laufen wollten. Es kam zu Verrenkungen und Blessuren en masse, das Publikum hatte jedoch einen Heidenspaß an der makabren Veranstaltung.

1970 startete die Aktion »Wie weit kann ein voll aufgetanktes Kamel laufen?« Das erste Preisausschreiben der Zigaretten-Industrie nach dem Krieg. Hauptgewinn: fünf Kamele, abzuholen in Beirut. Der Konkurrenz stank diese amerikanische Verkaufsmethode gewaltig; sie versuchte, gerichtlich gegen den »Verfall der guten Zigaretten-Sitten« vorzugehen. Vergeblich: die Verlosung wurde ein Riesenerfolg. Jeder zehnte Deutsche beteiligte sich, selbst aus Prag und Moskau gingen Lösungskarten ein. Nach der öffentlichen Verlosung im Münchner Zirkus Krone zogen es die Gewinner dann allerdings vor, sich den Gegenwert eines Wüstenschiffs in bar auszahlen zu lassen.

Dank derartiger Aktionen gelang es der Camel nach nur 7 Monaten, die in der Branche als Erfolgsschwelle geltende 100-Millionen-Stück-Grenze verkaufter Zigaretten im Monat zu durchbrechen. Der Absatz verfünffachte sich innerhalb eines Jahres: von 82 Millionen im März 1969 auf 3.799 Millionen Stück im Juni 1970. Die Camel war die Nr. 2 auf dem Markt. Hinter →HB-Männchen Bruno und seiner HB.

In den Siebzigern und Achtzigern dominierte der →Camel-Mann die Werbung. Als dann in den 80ern die Marktanteile von satten acht Prozent auf 3,62 Prozent zu Beginn der 90er einbrachen, wurde das Kamel vom Pakkungs-Standbild zum Kinohelden befördert. In dem 1991 von der Agentur McCann-Erickson kreierten Feldzug mit den spaßigen Plüsch-Dromedaren fielen die Knuffeltierchen in Sandkuhlen, stießen gegen die Kamera, wollten auf dem Pyramiden-Gipfel unbedingt das Jodeln lernen und dergleichen Unsinn mehr. Ein Domina-Dromedar wurde bei der Raucher-Rundum-Betreuung gezeigt:»Laß Dich von Deiner Camel verwöhnen.« Ein anderes Dromedar stand auf dem Nachttisch, darunter der Satz:»Hab immer eine Camel für danach.« Wobei leidgeprüfte Raucher wußten, daß gerade im Schlafzimmer diese Nummer überhaupt nicht mehr zog.

Binnen weniger Wochen erreichten die Kamele eine noch nie dagewesene Werbebekanntheit, sogar die der Werbung ansonsten eher spröde gegenüberstehende *FAZ* würdigte die Leistung der Camel-Kampagne am 1. Juni 1991 mit einer Mini-Geschichte: Ein Kinogänger mit Verspätung stolpert im Halbdunkel zu seinem Platz. Noch flimmert nur Werbung über die Leinwand.»Der Spot mit dem Kamel, ist der schon gelaufen?« wendet er sich keuchend an seinen Nachbarn. Dieser bejaht.»So ein Mist. Ich bin doch nur deswegen gekommen.«

Die Fachwelt war sich einig, die Camel-Kampagne würde als Meilenstein in die Werbegeschichte eingehen. Die große

Ernüchterung kam mit den Umsatzzahlen. Wenn es am Automaten ums Ziehen ging, blieb der Cowboy von der Konkurrenz schneller. Lag Camel 1990 noch auf Platz drei der Zigaretten-Charts, hinter Marlboro und HB, stürzte die Marke 1991 auf Rang sechs ab. Jeder kannte und liebte die Kamele – aber keiner kaufte die Zigarette. Sie verlor sogar die Hälfte ihrer Stammkundschaft.

Die eingeschworene Fan-Gemeinde des →Camel-Manns konnte sich nicht damit abfinden, daß plötzlich tolpatschige Werbetiere ihr kerniges Idol ablösen sollten, und verweigerten die Gefolgschaft. Die Gelehrten streiten sich bis heute über die Gründe. Man einigte sich schließlich darauf, die Camel habe ihren »Markenkern« vernachlässigt. Im Klartext: Beim Camel-Mann wußte jeder Mann, was er an ihm hatte, ein Stück vom großen Abenteuer. Gags allein dagegen machen noch keine Markterfolge, als Raucherleitbild waren die Plüsch-Dromedare ungeeignet.

Camel-Mann
Dschungelkrieger mit Bundesliga-Hochfrisur

Umlauert von Krokodilen, Geiern und Schlangen streifte er zwanzig Jahre lang durch Dschungel und Wüsten. Zielstrebig marschierte er stets auf einen einsamen Drugstore zu, fingerte sich eine Zigarettenpackung aus dem Regal und gestand: »Für meine Camel geh ich meilenweit.« Wie James Bond kämpfte sich der Camel-Mann durch unwegsames Gelände, mal durch die grüne Hölle des Dschungels, mal durch Floridas Sümpfe. Nur die Entspannung sah bei ihm anders aus als bei 007: Er legt die Beine hoch, ein fünfmarkstückgroßes Loch in der Schuhsohle rückt ins Bild – und dann zieht er genüßlich an einer Camel. Was den Camel-Mann Nr. 2, Peter Warnick, einige Überwindung gekostet

haben muß. Privat war er nämlich ein engagierter Nichtraucher. Und das mit Duldung seines Brötchengebers.

Die Camel wurde am 11. November 1969 in Deutschland eingeführt. Anstelle von Willkommensgrüßen hagelte es jedoch Spott aus der Zigarettenzunft. Die Agentur Young & Rubicam, die auch für die Einfärbung der Milka-Kuh verantwortlich ist, hatte nämlich, weil »die Zeit knapp war und es sowieso nichts Besseres gab«, einfach einen antiquierten Slogan aus den zwanziger Jahren lippensynchron eingedeutscht: Aus »I'd walk a mile for a Camel« wurde »Ich geh meilenweit für eine Camel Filter«. Zudem lief der Debütant noch voll gegen den aufkommenden Trend zum Leicht-Rauchen und machte auf die harte Tour: »Camel für Männer, die rauchen wollen«, »Rauchen Sie eine richtige Zigarette – Rauchen Sie Camel.«

Womit die Fachleute nicht gerechnet hatten: In Deutschland gab es noch echte Männer. Schon nach wenigen Monaten hatten die kernigen unter den Lungenzugführern den Reklamemarschierer mit den durchlöcherten Schuhsohlen in ihr Herz geschlossen und über 500 Millionen Camel-Zigaretten weggepafft.

Der Senkrechtstart der Camel war selbst für altgediente Reklamefüchse ein Rätsel. Die aus dem Jahr 1913 stammende Packung galt bei deutschen Markentechnikern als häßlich und hoffnungslos unmodern. Auch hatten die Amerikaner mit dem Camel-Debüt in Deutschland lange gezögert. Sie fürchteten, daß die Deutschen mit dem Namen der Besatzer-Zigarette unangenehme Erinnerungen verbinden würden: Hunger, Trümmer, Flüchtlingselend. Eine Marktumfrage bewies jedoch das Gegenteil. Die meisten Befragten erinnerten sich nicht ungern an lukrative Schwarzmarkt-Geschäfte. Einer von ihnen gestand sogar, daß er mit dem Camel-Handel den Grundstock zu seinem Vermögen gelegt habe.

Das flotte Werbegeklingel aus New Yorks Madison Avenue kam an. Dabei hatten die Fachleute das erfolgreiche Werberezept aus Amerika anfangs nicht übernehmen wollen. Die Abenteuer des Camel-Marschierers schienen ihnen für die deutsche Mentalität wenig geeignet. Erst als ihnen selbst nichts Originelles einfiel, fanden sie die US-Kampagne »ziemlich pfiffig«.

Der erste und bekannteste Meilenweit-Marschierer war der Amerikaner Bob Beck, wie viele Werbehelden ein unterbezahlter Sensationsdarsteller und Gelegenheits-Schauspieler. Zehn Jahre lief der schnauzbärtige Aussteigertyp für die Camel Reklame. Seine Fans identifizierten sich so sehr mit dem Naturburschen, daß Camel-Product-Manager Günther Paegelow neben Beschwerdebriefen über die durchgelaufenen Schuhe etliche Paar neue Gehwerkzeuge per Post auf den Schreibtisch bekam.

Eine aufschlußreiche Analyse verdanken wir dem Werbeberater, Heilpraktiker und Physiognomiker Wolfgang H. D. Paldis-Pulvermüller. Paldis-Pulvermüller nahm 1982 das Gesicht von Camel-Mann Beck unter die Lupe und verglich seine Charakterzüge mit denen des – mittlerweile erfolgreicheren – Marlboro-Mann. Über Beck schrieb der Forscher folgendes: »Wilder Mann, Version schlau. Wildnis-Typ mit Allwetterhaut, aber Individual-Gesicht. Gefühlsstark, einfühlsam,

 aber physisch nicht stabil. Viel Hirn durch viel Stirn mit ›Bundesliga-Hochfrisur‹. Zugängliche Mimik, Lächeln erlaubt und leicht geschwollene Augenlider (›hat sich angestrengt‹ oder ›hat gut gelebt, getrunken usw.‹) Stirnfalten quer, denkerisch (statt senkrecht wie der Marlboro-Mann: beharrlich, herrisch).« Paldis-Pulvermüllers Fazit: »Ein Mann, dem auch Frauen vertrauen können.«

Der →Marlboro-Mann kam trotz ansprechenderer Verkaufszahlen psychologisch gesehen weniger gut weg. Paldis-Pulvermüller: »Wilder Mann, Version stark. Wildwachsend im Wetter der Prärie. Ohne erkennbaren Ausdruck von zuviel Gefühl. Physisch stabile Schädelstruktur, fester Blick und entschlossene Mimik, ganz Auge unter der weiten Hutkrempe, ganz Ohr mit den militärisch kurzen Haaren.« Das Fazit hier: »Ein Mann, der Männern Vertrauen einflößt.«

Was eine überzeugte Marlboro-Raucherin so nicht bestätigen wollte. Sie brach eine Lanze für den Cowboy: »Den Camel-Typ findet man in jeder Kneipe am Tresen. Der Macho-Typ aber, der harte Cowboy, ist unerreichbar. Er läßt Raum für Phantasien.« Was vielleicht wieder so manches Vorurteil über die Kriterien von Frauen bei der Partnerwahl nähren dürfte.

Auf jeden Fall stiegen im Laufe der Jahre immer mehr harte Kerle und viele Frauen zum Marlboro-Mann um. Das Fachblatt *Horizont* hatte eine eigene Erklärung. Es sah einen Zusammenhang zwischen der steigenden Arbeitslosigkeit und der nachlassenden Popularität des Camel-Protagonisten. Der beliebtere Marlboro-Mann hatte nämlich als Cowboy, im Gegensatz zum Camel-Mann, einen festen Job.

64 Camel-Mann

Nach einem guten Jahrzehnt orientierungslosen Herumstreifens im Regenwald wurde 1985 Bob Beck auf Geheiß von Reynolds ausgewechselt. Aus dem Loch in der Sohle war ein Loch in der Kasse geworden und der Marktanteil unter 6 Prozent gesunken. Beck, ausgestattet mit einem Vertrag auf Lebenszeit und mittlerweile rüstige 50 Jahre alt, hatte sich totgelaufen. Er kam beim Publikum nicht mehr an. Aber nicht die zunehmenden Falten im Gesicht und graue Haare erzwangen seinen Abschied. Entscheidend war, daß der Typ des einsamen Kämpfers nicht mehr zog.

Der Kanadier Peter Warnick sollte dem angeschlagenen Markenimage wieder auf die Beine helfen. Er streifte nicht mehr auf sich allein gestellt im Dschungel umher, sondern löste – umgeben von jungen Leuten – »echte Aufgaben«. Warnick entsprach dem Geschmack der Yuppie-Generation, war glattrasiert, modebewußt, sauber, gut genährt und ordentlich gekämmt. Er wurde mit modernster Technik wie einem Wasserflugzeug oder einem Hubschrauber ausgerüstet und trug deutlich sichtbar eine Rolex am Handgelenk. Ein Hinweis darauf, daß er im Dschungel nicht wie Beck »zum Spaß« herumlief.

Fünf Jahre später hatte sich dann auch Warnick überholt. Auch bei ihm beschwerten sich die Konsumenten über die Zumutung, daß ein Mensch des 20. Jahrhunderts sich im Schlamm die Stiefel zerlief. Reynolds engagierte mit dem Amerikaner Rushdin Pemplin den Camel-Mann Nr. 3 und versuchte, ihn in die Realität zu holen. Er durfte den Dschungel verlassen, aber das Publikum lachte immer lauter über den ewig fliegenden und Floß fahrenden Typen. Die Marktanteile befanden sich im freien Fall. Als zwei TV-Spots in der Wüste von Namibia gedreht werden sollten, funkte zu allem Überfluß noch der Wettergott dazwischen. Zum ersten Mal seit 16 Jahren regnete es, und binnen Stunden hatte die Wüste sich in ein blühendes Land verwandelt. Zwei Jahre später erlöste dann die Kampagne mit den knautschigen Spaß-Dromedaren den Camel-Mann endgültig von seinen Strapazen.

20 Jahre Dschungelfeldzug im Dienste der Raucherlunge bescherten dem Camel-Mann trotz allem seinen verdienten Platz in der Ruhmeshalle der unverwüstlichen Werbehelden.

Campari-Paar
Das einsame Paar

Die Achtziger, das Jahrzehnt der Yuppies. Wer sich entschieden hatte, niemals dick zu werden, strich sich Lätta aufs Brötchen. Wem es an dem nötigen Kleingeld fehlte, der bezahlte einfach mit seinem guten Namen. Denn man gönnt sich ja sonst nichts und hat sowieso keinen Pfennig dazubezahlt. Nicht immer, aber immer öfter. Gut war nicht gut genug, McDonalds war einfach gut, und war die Katze gesund, freute sich auch der Mensch. Morgens halb zehn in Deutschland machte Natreen das süße Leben leichter, und mit einem Wisch war alles wieder weg.

Die Parade-Yuppies des Jahrzehnts waren das Campari-Paar. Von 1980 bis 1987 trieb es den Umsatz in die Höhe. Es war so cool wie der Aperitif, für den es Modell stand. Bei den Foto-Shootings gab es die strikte Anweisung »Lächeln verboten«. Was auf den Bildern immer so aussah, als ständen die beiden kurz vor der Scheidung. In der Branche wurden sie spöttisch »Einsames Paar« genannt.

In Italien trinkt fast jeder Campari, die herbe rote Mischung hat dort den Charakter eines Volksgetränks. Sie geht auf den Turiner Barmann Caspare Campari zurück, der in den 60er Jahren des vorigen Jahrhunderts den ersten Campari zusammenmixte. Caspares geschäftstüchtiger Sohn Davide machte den Aperitif dann in ganz Italien bekannt. Was im Land der Biertrinker lange Zeit nicht gelang. Als Campari in den 50er Jahren nach Deutschland kam, stand Aperitif auf der Beliebtheitsskala noch ganz unten. Gerade mal 5.000 Flaschen konnten im ersten Jahr abgesetzt werden, wovon – einem Firmenbonmot zufolge – allein 4.000 Flaschen von der eigenen Verkaufsorganisation geleert wurden.

Das Campari-Paar entstand aus einer Reihe von Zufällen. Die Agentur J. Walter Thompson aus Frankfurt hatte 1980 gerade einen dicken Etat verloren, als Campari Deutschland an die Werber herantrat und ihnen gerade mal 10 Tage Zeit bis zur Präsentation ließ. Die Kreativen beschlossen, Campari nicht als Volksgetränk, sondern als Nobelmarke zu positionieren. Die Konkurrenz versuchte sich mit Prestige, mit Bildern von feuchtfröhlichen Menschen oder (natürlich) Sex zu profilieren. Das Campari-Paar sollte dagegen »internationalen Flair« und die »Mystik der Marke« visuell umsetzen. Mit jedem Wort und jedem Bild Abstand und Überlegenheit signalisieren. Selbstredend ohne dabei zu protzen. Ein Image, mit dem sich wiederum der Aperitif-Trinker aufs angenehmste identifizieren sollte. Die Botschaft: »Campari. Was sonst.«

Thompson-Creativ-Director Reinhard Spieker hatte kürzlich in der Zeitschrift *Marie Claire* einen Pariser Fotografen entdeckt, mit dem er zusammenarbeiten wollte, Steve Hiett. Der hatte zwar bisher nur Mode abgelichtet, hatte dafür aber Zeit. Hiett hatte früher Musik mit den Rolling Stones gemacht, was für den Stones-Fan Spieker ein gewichtiges Argument war.

Einen Tag später flog Spieker nach Paris. Im Kopf hatte er eine Location, wo er sich mit Hiett traf. Alle waren da, alle waren motiviert, aber der Ort war ein einziges Chaos. Auch ein als Notlösung in Augenschein genommenes spanisches

Hotel entpuppte sich als Reinfall. Der Hotel-Manager, der wahrscheinlich den lukrativen Werbeauftrag schon schwinden sah, schlug daraufhin vor, den neuen Kongreßanbau zu besichtigen. Der Saal mit seinen riesigen Wänden war jedoch ebenfalls völlig ungeeignet. Aber wie der Zufall so spielt: Ganz hinten rechts in der Ecke stand eine pinkfarbene Bar in Hufeisenform. Spieker: »Wir haben uns das Ding aus der Nähe angeschaut und wußten, damit machen wir was. Was genau, das wird uns schon einfallen. Ich wußte nur, daß wir ganz andere Bilder machen als die, die Anfang der achtziger Jahre so gemacht wurden. Und diese verdammte Bar wird ihren Teil dazu beitragen.«

Die ersten Bilder mit zwei amerikanischen Models wurden geschossen, am Wochenende in Paris entwickelt, und am Montag kam Spieker damit in die Agentur. Das Resultat: Bereits 1981 wurde 4 Millionen Flaschen Campari geleert.

Care-Mann
Der erste nackte Mann der Werbegeschichte

Marilyn Monroes Betthupferl – nur nackte Haut und ein Tropfen Chanel No. 5 hinter dem Ohr – war in den sechziger Jahren Mittelpunkt erotischer Männerphantasien. Zwanzig Jahre später kamen auch die Damen zu ihrem Recht, bzw. zum ersten nackten Mann in der (deutschen) Werbung, dem Care-Mann.

Seit 1902, als in einer Werbung für das Mundwasser Odol zum ersten Mal eine Frau mit aufgeknöpfter Bluse gezeigt wurde, wird Sex zur Verkaufsförderung genutzt. Der erste »erotische« Werbefilm stammt aus dem Jahre 1908. Eine dralle Dame mit Riesenbrüsten und gewaltigem Hintern versucht darin, Nudeln an den Mann zu bringen. In den 50ern ging's

Care-Mann 69

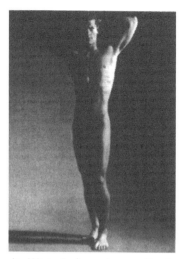

dann wieder prüder zu: Selbst bei BH-Reklame zauberte man mittels optischer Tricks die Trägerinnen weg, so daß nur noch die Dessous durch die Kulissen spazierten.

Bei entblößten Herren war sich die Branche lange Zeit nicht sicher. So schrieb der PR-Berater Jörg Nimmergut in seinem Buch »Werben mit Sex«: »Ein nackter Mann in Pose ist nur bedingt nutzbar für die Wirtschaftswerbung.« Denkste! »Wie gefällt Ihnen Care, meine Damen?« fragte 1980 ein nackter Junge in der Margaret-Astor-Reklame und bot außer dem Duft auch sich selber an. Werbefachmann Michael Schirner zog für die TV-Spots der Männer-Serie die Kerle aus, und ein Jahr später präsentierte er auch die ersten Nackten auf Anzeigen. Wissend, daß 70 Prozent aller Herrenkosmetika von Frauen gekauft werden. Nur das sittenstrenge Bayerische Fernsehen lehnte (mal wieder) die Ausstrahlung der Spots ab.

Der Care-Mann hing in Tausenden von Schlafzimmern und dürfte wohl manchen Ehekrach heraufbeschworen haben. Die Plakate wurden auf dem grauen Markt verhökert, obwohl das Unternehmen die Werbeplakate gratis verschickte. Feine Parfümerien klagten über unfeine Manieren feiner Kundinnen: Die Poster wurden hemmungslos geklaut. Nur das Frauenmagazin *Cosmopolitan* gab sich nicht erfreut, sondern puritanisch. Das Blatt fürchtete Schatten auf der Seele seiner Leserinnen und forderte die Abdunkelung der Care-Geschlechtsteile. Schirner sah in seiner Kampagne eher eine Art

Lebenshilfe. Der Mann legt ab und zeigt seinen Körper nach dem Motto: Auch ich kann mich sehen lassen.

Im Ausland wurde der Werbemann ohne Klamotten bereits früher entdeckt. 1967 hielt in Frankreich ein Dressman seinen Hintern für Unterwäsche hin. Später warb ein verschämter Yves Saint Laurent nur mit Hornbrille bekleidet für sein neues Parfüm YSL Pour Homme.

In Deutschland löste der Care-Mann eine wahre Invasion von Männerhintern auf den Anzeigenseiten aus. Mit jedem einzelnen Quadratzentimeter Naktheit kämpfte die Kosmetikbranche um neue Kundschaft und entdeckte, daß sich mit Blößen blendend verdienen läßt. Der erfolgreichste Parfüm-Don-Juan war der 25jährige Mailänder Alvaro Mosca. Ein Nacktfoto für ein Zino-Davidoff-Parfüm machte ihn zum Sexsymbol. Als Kerl für gewisse Stunden räkelte sich Mosca auf unschuldigen Laken und machte »Lust auf Duft«. Davidoffs Lustbengel brachte dem Produkt im ersten Jahr (1987) einen sensationellen Umsatz von 12 Millionen Mark (Alvaro selbst bekam 6.000 Mark Gage). Wo Alvaro auftrat, stieg nicht nur der Umsatz, sondern auch der Blutdruck. Zitate aus der Fan-Post: »Zino, ich liebe dich«, »Zino, ich will dich.«

Selbst im glaubensfesten Österreich posierte ein nackter Mann für Klopapier. Und alle fanden ihn fesch. Nur böse Gemüter argwöhnten, daß die nackten Kerle in der Männerkosmetik-Werbung für die Kundinnen etwas symbolisieren, was sie zu Hause vermissen.

Ein französischer »Perrier«-Spot schoß über das Ziel hinaus. Darin streichelt eine weibliche Hand zärtlich über eine Flasche Perrier. Die wächst unter den Liebkosungen gewaltig an, der Drehverschluß öffnet sich. Als die Hand noch einmal kräftig das Gefäß umkost, schießt eine Fontäne in die Höhe. Das war selbst den Franzosen zuviel. Der Spot wurde nur einmal ausgestrahlt.

Der amerikanische Kreativ-Direktor Larry Plapler warnte bereits 1971 vor zuviel Sex in der Werbung. So sei es beispielsweise vollkommen falsch, »einen Mann mit einem nackten Busen zu reizen, wenn man ihm ein Auto verkaufen will«. Das Risiko von Anzeigen mit Sexbomben bestehe nämlich darin, daß Männer ihr Geld nicht für das Produkt, sondern für Sexbomben ausgeben.

Der Akademische Oberrat der Universität Saarbrücken, Bernd Kessler, fand dagegen 1980, bei Männern sei das mit der Werbung ganz einfach. Sie sind schon angetan, wenn nur »viele weibliche Elemente zu sehen sind«. Zu dieser Erkenntnis war der Professor nach monatelangen, akribischen Studien gekommen.

Cliff-Klippenspringer
Acapulco-Todesspringer

»Es ist das erste Mal ... daß du Cliff nimmst.
Denn Cliff ist neu – völlig neu.
Du reibst es auf die Haut ... und es kühlt wie ein leichter Luftzug ...
Du nimmst mehr ... und es kühlt mehr ... und dann,
... dann spürst du es richtig: Cliff erfrischt, daß es zischt.«

Den ersten Sprung ins kühle Naß wagten die Cliff-Klippenspringer 1984. Und da in der Werbung ja alles immer etwas anspruchsvoller ausfällt als im richtigen Leben, mußte es gleich ein »Acapulco-Todessprung« sein. Die Wellen wogten in 30 Meter Tiefe, gedreht wurde vor Ort in Acapulco.

Im Studio gekonnt zusammengeschnitten und mit Jubelchor unterlegt, flimmerte der Spot dann über alle Kanäle. Der Hersteller Blendax-Werke, der auch eine erfrischende Zahncreme im Programm hat, veranschaulichte mit Hilfe des Ka-

mikaze-Sprungs das »überwältigende Frischeerlebnis« des Duschgels. Das überkommt einen angeblich jedesmal, wenn der Cliff-Benutzer noch vor den ersten beiden Täßchen erfrischenden Morgenkaffees, todesmutig und schlaftrunken unter die Dusche schlurft und sein Cliff auflegt. Denn merke: »Cliff erfrischt, daß es zischt.«

»Sportliche Frischepositionierung« nennt das der Fachmann und belegt sein Duschgel gleich noch mit den Merkmalen »Männlichkeit und Mut«. Was ja gar nicht soweit hergeholt ist, bedenkt man, wie sich unsereins Tag für Tag wieder unerschrocken der Folterkammer Büroalltag stellt.

1993 wurde die Dramatik noch gesteigert. Der Cliff-Springer mußte erst eine gefährliche Freikletterszene überstehen, bevor er sich in den Fluten abkühlen durfte. Die Aufnahmen wurden mit enormem technischem Aufwand gedreht. Nur mit Hilfe einer ferngesteuerten Kamera konnte der Sprung aus der gewünschten Vogelperspektive aufgenommen werden; fünf weitere Kameras kamen zum Einsatz, darunter eine Hochgeschwindigkeitskamera, die 365 Bilder pro Sekunde aufnimmt, und eine Unterwasserkamera. Gedreht wurde der Spot von Hugh Johnson, einem Mann mit langjähriger internationaler Filmerfahrung. Die Zuschauer konnten das Ergebnis zwischen Juli und September 1993 über 200mal im Werbeblock bewundern.

Und auch für Beck's Bier stürzen sich neuerdings zwei stramme Kerle zur Musik von Hans Hartz (»Sail away, dream your dreams«) von den Klippen.

Coca-Cola-Eisbären
Die Werbestars vom Nordpol

Cool, cooler, Eisbär. Die neuen Stars der Werbung kommen vom Nordpol. Sie nehmen im Eismeer ihre erste Schwimmstunde (Coca-Cola), rösten mit lässiger Sonnenbrille am Urlaubsstrand (Punica) oder rennen mit Eisschnelläuferin Franziska Schenk um die Wette (Otto-Versand). Mit von der Partie waren die weißen Riesen auch bei der Einführung von »Winner Taco« von Langnese, für das »Eisbier« von Löwenbräu und für Wick-Hustenbonbons.
Coca-Cola gehörte zu den ersten, die auf den Eisbären-Trend setzten. Zu Werbezwecken verwandelten sich die in freier Wildbahn äußerst aggressiven Raubtiere in knuddelige Kuschelbären und Sympathieträger. Sie wagten sich zur Winter-Olympiade, schwammen mit kleinen Robben (in Wahrheit ihr Leibgericht) um die Wette, bewunderten das Nordlicht oder liefen mit dem Nikolaus Schlittschuh. Die Coca-Cola-Eisbären-Kampagne startete zur Jahreswende 93/94, und mittlerweile liefen 8 Spots – immer in der Zeit von September bis April. In den heißen Monaten Mai bis August halten die Werbebären ihren Sommerschlaf.

»Eisbären müssen nie weinen«, sang einst die Gruppe Grauzone. Dazu haben sie auch keinen Grund. Selbst das Schwimmenlernen im kalten Polarmeer war ein Vergnügen, wenn man dem Coca-Cola-Werbespot von 98/99 glauben darf. Mama Eisbär belohnte ihr Baby für seinen ersten Tauchgang mit einem Schluck Brause.

Bei den Zuschauern kommen die Coca-Cola-Eisbären gut an. Kein Wunder, denn Tiere erregen immer viel Aufmerksamkeit, wie ein Werbeprofi der Agentur Springer & Jacoby berichtete. Und die Coca-Cola-Eisbären sind nun einmal besonders süß. Sie »treffen das Kindchenschema«, stellte der Werbeforscher Achim von Kirschhofer von der Imas in München fest.

Entstanden sind die Spots als Animation mit den Computern der Firma Rhythm & Hues in Los Angeles. Zunächst fertigten die Animatoren Bleistiftzeichnungen von den Bären an. Dann bauten sie Modelle, die als dreidimensionale Bilder in den Rechner übertragen wurden. Obwohl die Spots nur 30 Sekunden dauern, wurde rund zwölf Wochen daran getüftelt. Inzwischen haben die bärigen Helden auch als Stofftiere Karriere gemacht, ein extra gegründeter Polar-Bären-Versand verkaufte bereits zigtausend Kuschelbären.

Darmol-Männchen
Opfer der Freßwelle

In den Fünfzigern wird kräftig zugelangt. Die Freßwellen rollen durch das Land, und das Grillhuhn wird ein Renner. Vor allem durch Friedrich Jahn, der 1955 seinen ersten Wienerwald in München eröffnet. Die Folge: Die Wohlstandsbäuche bilden sich, und der Mensch, der satte und bequeme, bekommt Gewichtsprobleme:

»Das sind sie, die etwas Korpulenten, die meistens an Verstopfung leiden! Sie fühlen sich krank an Leib und Seele – ihre gestörte Darmfunktion macht ihnen zu schaffen ... etwa auch Sie?«

Gegen das Volksleiden des Jahrzehnts, die Stuhlverstopfung, half die bekannte Abführschokolade Darmol (»Nimm Darmol und du fühlst dich wohl«). Den rechten Weg wies das Darmol-Männchen. Mit einer Kerze den Weg leuchtend strebte der beleibte Bonvivant, im Nachthemd und mit Zipfelmütze einem gewissen Örtchen zu:

»Wer dauernd nur auf Sitzen hockt
und spürt, wie die Verdauung stockt,
fühlt sich mit Hilfe von Darmol
erstaunlich leicht und frisch und wohl.«

»Der Tag beginnt in bester Laune,
spült man auf bewußtem Ort
erleichtert alle Schlacken fort.
Da bricht man keinen Streit vom Zaune,
da sitzt man froh und morgenfrisch
am Frühstückstisch
und fühlt sich unbeschreiblich wohl.
So wirkt Darmol.«

»Solange noch das Lämpchen glüht,
soll jeder sich des Lebens freuen!
Verdüstert giftiges Geblüt
mit Schlackenresten das Gemüt,
läßt sich die Unlust leicht zerstreuen.
Man nimmt vorm Schlafengehen Darmol
und kriegt am Morgen und wohl
nach gründlicher Erleichterung
erneut den jugendlichen Schwung.«

Denn: »Vergnügt, erleichtet und wohlauf beginnt man seinen Tagesablauf nur bei geregelter Verdauung.«

Dash-Reporter
Der Waschmittel-Mime

»Was für ein niedliches Baby!« ruft Kaufmannstochter Babsi, als sie Frau Müller bedienen darf.
Babsi: »Und was für ein piekfeines Deckchen.«

> Frau Müller: »Schön weiß, nicht? Das ist ja auch extra gekocht und dann noch auf dem Rasen gebleicht. Übermorgen kommt doch Tante Frieda, die wir Adlerauge nennen. Deshalb die Extras.«
> Babsi: »Haben Sie noch nichts von Dash gehört? Einmal mit Dash – weißer geht's nicht. Probieren Sie's mal!«
> Frau Müller: »Gut, du kleine Verkaufskanone.«
> Frau Müller probiert Dash. Sie ist vom Ergebnis begeistert. Später:
> Tante Frieda ist angekommen: »Hübsches Kind – und so ein hübsches Deckchen. Das ist übrigens ein Weiß, wie ich's mir lobe.«
> Dash wäscht so weiß – weißer geht's nicht!

Auf dem Waschmittelmarkt herrschte in den Sechzigern ein Getümmel wie auf dem Oktoberfest, wenn Freibier ausgeschenkt wird. Der Waschmittel-Produzent, der die Wertschätzung der Hausfrau für sich gewinnen wollte, mußte dafür seinen Obolus an den Anschlagplätzen der Plakatwelt entrichten. Persil, 1907 erstmals in die Regale geschoben, führte ein halbes Jahrhundert lang einsam den Markt an.

Ende der 50er drängten dann die Amerikaner auf das Schlachtfeld, den Anfang machte Lever-Sunlicht mit Sunil. 1960 schob der Konzern OMO hinterher, und der weltgrößte Seifensieder Procter & Gamble nahm 1964 den Dreikampf mit Dash auf, es folgten Cascade und Ariel. Henkel konterte mit dem Weissen Riesen, Fakt und einem verbesserten Persil. Auch Colgate-Palmolive versuchte, sich mit dem Weißen Ritter und Ritter Ajax (das Waschmittel zum Scheuerpulver) ein Stück vom lukrativen Kuchen abzuschneiden – ohne Erfolg.

Eine neue Runde im Kampf um die Gunst der Weiß- und Buntwäscherinnen am Trog und an den Bottich- und Trommelwaschmaschinen läutete 1964 Procter & Gamble ein. Der Hausfrau sollte kundgetan werden, daß das hauseigene Produkt Dash weißer wäscht als Waschmittel aus herkömmlicher Produktion. Die in Frankfurt ansässige Agentur Young & Rubicam versicherte sich zu diesem Zweck der Dienste des bekannten NDR-Sportreporters Fleck und schickte ihn als Weißen Dash-Mann an die Fernsehfront. Mit Hilfe von 14 Werbemillionen trug er die Dash-Botschaft bis in die letzte Wohnküche. Alle der sogenannten Dash-Tests endeten mit der (vor allem die Konkurrenz) aufreizenden Schlußfloskel: Wäscht so weiß – weißer geht's nicht!

>Wie kriegt man das weißeste Weiß bei der Wäsche? Mit oder ohne Kochen? Wir fragten Hausfrauen in den Straßen Münchens.
Einstimmiges Urteil: »Natürlich durchs Kochen! Anders nicht!« Unsere Behauptung: Mit oder ohne Kochen – Dash wäscht so weiß, weißer geht's nicht!‹
Wer hat recht? In unserem Testwaschsalon haben die befragten Hausfrauen ihre Wäsche zunächst einfach in Dash gewaschen. Jeweils die Hälfte der Wäsche wurde dann zusätzlich gekocht.
Das Ergebnis: »Kaum zu glauben! Das Dash-Weiß ist nicht zu überbieten! Auch durch Kochen geht es nicht weißer!«
Das Dash-Weiß bleibt Sieger! Wie immer Sie auch waschen, mit oder ohne Kochen – Dash wäscht so weiß, weißer geht's nicht!

Der Dash-Mann brachte Leben in die Einöde deutscher Waschmittel-Werbung. Zwar war Young & Rubicam nicht die erste Agentur, die auf die Idee kam, das Wäscheweiß zu personifizieren. Aber erst Young & Rubicam klotzte statt zu kleckern. Die Fernsehspots, in denen der weiße Mann Hausfrauen für das Aufsagen der Dash-Packungsfarben 40 Mark in die Hand blätterte, gehörten mit 60 Sekunden zu den längsten im Werbe-TV.

Dash-Geschichten – schwarz auf weiß.
Diese Karte schrieb uns Frau Trempeck aus Altheim.
Frau Trempeck erzählt: »Meine Mutter und ich legen großen Wert auf weiße Wäsche. Nach unserem Umzug, wo alles andere im Haus so frisch und weiß war, da waren wir mit dem Weiß besonders kritisch.
Und wir haben immer alles mögliche mit der Wäsche angestellt, zusätzlich gekocht und mit Schmierseife nachgeschrubbt. Dann bin ich zum Kaufmann gegangen und hab' Dash gekauft. Das Ergebnis hat uns ganz verblüfft: so weiß, ohne zusätzliches Kochen, ohne Schmierseife, ohne alles! Weißer geht's tatsächlich nicht! Nun habe ich zu dem neuen Haus auch gleich dieses neue Weiß bei meiner Wäsche!«

Immer mehr Waschfrauen wurden zu Dash-Frauen, Persils →Weißer Dame und dem →OMO-Reporter wurde kräftig der Kopf gewaschen. 200 Millionen Mark verschlang der »Dreikampf im Bottich« *(Spiegel)*. Die Waschmittelproduzenten überholten damit erstmals die bis dahin traditionell führende Zigarettenindustrie.

»Er ist ein richtiger Tyrann!« sagt die Sprechstundenhilfe auf die Frage von Frau Brinkmann, ob Zahnarzt Dr. Steiner zart sei.
Frau Brinkmann: »Wieso Tyrann?«
Sprechstundenhilfe: »Damit ich seine Kittel besonders weiß kriege, muß ich sie zusätzlich schrubben und bleichen.«
Frau Brinkmann empfiehlt Dash. Dr. Steiner ist begeistert.

Sprechstundenhilfe: »Das hat Frau Brinkmann auch gesagt: Einmal mit Dash – weißer geht's nicht.«
Frau Brinkmann: »Dankbar für den Tip?«
Dr. Steiner: »Ja, ich werde Ihnen drei Zähne kostenlos ziehen.«
Dash wäscht so weiß – weißer geht's nicht!

Der Dash-Mann hatte aber nicht nur Freunde. Den Journalisten aus dem Feuilleton trieb er die Zornesröte ins Gesicht. Ein gehässiger *Spiegel*-Kommentator: »Die Härte des Kampfes färbt offenbar auf das Gemüt der Werber ab.« Und den Fernsehanstalten und Anzeigenmagazinen trug er böse Briefe von erbosten Lesern ein. Ein Herr aus Köln: »Ich verwundere mich zutiefst (ins Seelische), wie sich so etwas Reklame nennen und als solche wirken kann. Nie und nimmer ist diese Reklame gut! Bringt sie mich doch täglich in Wut. Dann schäume ich ohne gebremsten Schaum.«

Ein Akademiker aus Remagen: »Die oft zitierten Fehlplanungen des sowjetischen Systems, resultierend aus menschlicher Unzulänglichkeit, sind vergleichsweise harmlos gegenüber einer westlichen Praxis, die Forschung, Intelligenz und Kapital investiert, um künstlich geschaffene Märkte für Mumpitz anzuheizen.«

Der Dash-Test wurde verlacht und verhöhnt. Der *Spiegel*: Procter & Gamble »bestreichen mehrmals wöchentlich in beiden Programmen die Fernseher mit ihrem Dash-Test, den einige Hausfrauen und ein Waschmime in ermüdendem Einerlei vorführen.« Den Marktstrategen sollte es egal sein. 15 Prozent Marktanteil waren binnen Jahresfrist erreicht.

1971 schlüpfte Fernsehstar Dietmar Schönherr in die Rolle des Dash-Testers. Procter & Gamble hatte dem populären Showmaster für ein Honorar von über 200.000 Mark die Aufgabe zugewiesen, Hausfrauen ein ganz besonderes Angebot zu machen: In Fernsehspots und Illustrierten-Anzeigen offerierte der galante Dash-Promoter Käuferinnen für eine Dash-Packung die doppelte Menge eines anderen Waschmittels. Die Hausfrauen mußten darauf antworten: »Nein, vielen Dank, ich würde nichts gegen Dash eintauschen, ich bleibe bei Dash« und Schönherr die Dash-Trommel wieder entreißen.

Tauschen wollte auch der Frankfurter Werbetexter Hans-Joachim Friedrichs (nicht verwandt mit dem Sportreporter und Tagesthemen-Moderator). Aber obwohl er Dash-Mann Schönherr in mehreren Zeitungsinseraten »1 Zentner Dash gegen 2 Zentner Persil o. ä.« zum Tausch angeboten hatte, erhielt er keine Antwort.

Hinter Schönherrs Offerten verbarg sich der verzweifelte Versuch, Dash-Käuferinnen davon abzuhalten, sich von den vielen Billigangeboten der Konkurrenz erweichen zu lassen. Das auswuchernde Werbespektakel der großen drei des Waschmittel-Marktes (Henkel, Unilever, Procter & Gamble) hatte Deutschlands Frauen gegen die Waschmittelreklame weitgehend immun gemacht. 1974 wurde der Dash-Test mit Auslaufen der Nyltesthemden-Welle eingestellt.

Dentagard-Biber
Ein tierischer Kräuterexperte

Den meisten Zähneputzern ist es ziemlich egal, mit welcher Paste sie ihre Beißerchen schrubben. Hauptsache, der Preis stimmt und die Marke schäumt ordentlich. Gäbe es da nicht die Prophezeiungen der Marktforschung, verlautbart von den Radarstationen der deutschen Medienlandschaft, um den widerspenstigen Konsumenten schärfer anzupeilen.

Eine solche hatte 1985 einen Trend zur »natürlichen Zahnpflege« erspäht. Dentagard, bis dahin wie die meisten Marken als reine Antiparadontose-Zahncreme angeboten, bekam als Folge dieser Verbraucherdurchleuchtung einen grünen

Streifen mit Kräuterextrakten in die weiße Masse gedrückt, als optische Schlüsselbotschaft für kräftiges Zahnfleisch und feste Zähne.

Die Agentur Young & Rubicam machte sich auf die Suche nach dem passenden Kräuterexperten. Medizinische Zahnkompetenz vermitteln im Werbefernsehen ja schon allerlei Forschungslaboratorien, Zahnärzte, Zahnarztfrauen und Zahnarzthelferinnen. Young & Rubicam fand, nur ein Biber sei geeignet, die natürliche Komponente in der Zahncreme zu vermitteln. Der Biber ist ein echter Sympathieträger und braucht seine festen Zähne täglich, um seine Biberburg zu bauen. Gleichzeitig symbolisiert er Natürlichkeit. Denn nur dort, wo die Natur in Ordnung ist, findet man ihn. Zusätzlich mutet man ihm zu, den Brückenschlag zwischen Zivilisation und Natur zu schaffen, deren harmonisches Gleichgewicht wiederherzustellen. Alles nachzulesen in der Werbestrategie.

Das sei »intelligente Werbung, die den Konsumenten ernst nimmt, ohne ihn zu überfordern« – findet der Fachmann. Der putzige Dentagard-Biber machte die Zahncreme auf jeden Fall zur »erfolgreichsten Einzelmarke auf dem deutschen Zahncrememarkt«.

Die bei DEA
Die sechs von der Tankstelle

Die Deutschen sind das Volk der Autofahrer, und folglich müssen sie auch immer wieder auftanken. Seit 1997 gibt es die passende Fernsehserie dazu, die natürlich an einer Tankstelle spielt und gleich ein TV-Hit wurde: Die bei DEA. Die Comedy-Serie als Werbespot hat sechs Helden: den Tankstellenpächter Ahrens, jovial und hilfsbereit, seine liebe Tochter

Claudia, den kaugummimahlenden Manta-Fahrer Ingo, die kernige Oma Buhl mit dem Kapotthut auf dem Kopf sowie den spießigen Dr. Eisendrath mit der Trevirahose. Und – ganz wichtig – Frau Tschernoster, die ein bißchen blöde, aber scharfe Blondine, die Männer zu Zapfsäulen erstarren läßt, wenn Sie ihre Kurven aus dem Cabrio schwingt.

Ausgebrütet werden die pointenreichen Mini-Geschichten mit den sechs von der Tankstelle von der Hamburger Agentur Jung von Matt. Die hatte 1997 den 21-Millionen-Etat der DEA mit der Idee einer Seifenoper, in der es um deutsche Grundbedürfnisse wie Tanken, Trinken oder Grillen geht, an Land gezogen. Der erste Spot lief im Juni 97. Der Spießer Dr. Eisendrath sollte eigentlich Dr. Bohla heißen, nur gab es den bereits in echt im RWE-Konzern. Man entschloß sich daher zu der Namensänderung, um eventuell auftretenden Irritationen beim Kunden vorzubeugen. Bei Frau Tschernoster stand der Name des Fahrlehrers der Texterin Pate.

In Folge fünf hat Frau Tschernoster einen Lackschaden. Wo genau, darf allerdings nicht verraten werden. Pächterstochter Claudia, die praktisch Veranlagte (schließlich ist sie brünett, nicht blond), hat zum Trost etwas Geniales für sie. Nämlich den Ölmeßstabfinder: ein kleines knallrotes Schild mit dem Aufdruck »Hier isser!« Per Draht am Ölstab zu befestigen und an jeder DEA-Tanke kostenlos erhältlich. Natürlich auch für Männer – damit es mit dem Nachfüllen auch klappt. Die Lacher kamen wie bei jeder guten Sitcom vom Band.

In dem Spot »Öl oder Cola« lernt der Verbraucher, daß man bei DEA sein Öl selber zapfen kann. Oma Buhl hat das jedoch falsch verstanden. Die Öltheke bringt sie durcheinander: Sie kann nicht fassen, daß aus dem Cola-Automaten Motoröl kommt und fragt zweifelnd: »Fährt der auch mit Cola?« In dem Spot »Talk-Show« ist Tankstellenbesitzer Paul Ahrens die Hauptfigur. Um dem Zuschauer auf den guten Service bei DEA hinzuweisen, schenkt er dem Talkmaster Wein ein, weist ihn auf seine schief sitzende Krawatte hin und verrät schließlich, daß guter Service bei DEA dazugehöre.

In einem neueren Spot hat Prolo Ingo seinem Manta eine neue Lackierung verpaßt, signalgelb mit züngelnden, knallroten Flammen. Die aufmunternden Zurufe »Super, Ingo!« bezieht Ingo fälschlicherweise auf sein heißes Gefährt und wirft sich in Pose. Erst als Tankfräulein Claudia ihn aufklärt »Super, Ingo – nicht Diesel!« fällt bei ihm der Groschen.

Die Gründe dafür, daß ausgerechnet mit einer kecken Tankstellen-Soap um Kundschaft geworben wird, liegen bei der Kundschaft. Der ist es nämlich ziemlich egal, wo sie auftankt, und das meiste Geld wird sowieso in den Shops und nicht an den Zapfsäulen verdient. Die Idee der Agentur: Wir konzentrieren uns auf den Kunden. Fachmännisch gesprochen: Die »Service-Positionierung« wird in den Mittelpunkt gerückt. Auch bei DEA hatte man keine Probleme mit der neuen Kampagne. Ein Mitarbeiter verriet: »Sitcoms passen zu DEA, die nachweislich die junge, dynamische Marke in der Mineralölwelt ist.« Was wir einfach mal so hinnehmen. Wenigstens gibt es ja immer was zu lachen.

Bei Umfragen erhalten Die von DEA stets Bestnoten. So wurden sie von den Lesern der *TV Spielfilm* zum beliebtesten TV-Spot 1998 gewählt. Die Bekanntheit des Slogans »Hier tanken Sie auf« stieg um zehn Prozent und war damit fast doppelt so hoch wie die von »Alles Super« des Marktführers Aral.

Zehn bis zwölf Spots pro Jahr sind geplant, etwa drei bis vier Jahre lang soll die Kampagne laufen. Fortsetzung offen. Auch an Gaststars denkt die Agentur. Ganz oben auf der Wunschliste steht Kommissar im Ruhestand Derrick wegen seines Lieblingssatzes »Harry, hol schon mal den Wagen!« Das Beste an der Serie aber wird bleiben: Die Spots werden nicht dauernd von Werbung unterbrochen.

Dogge Fido
Die beleidigte deutsche Dogge

Die Gelben Seiten kamen 1994 in dem TV-Spot »Fido« auf den Hund. Der Film war eine humorige Variation des altbekannten Themas: »Gelbe Seiten machen das Leben leichter.« Die Story: Die Familie fährt in Urlaub und liefert die kalbsgroße Dogge Fido bei der Oma ab. Als die den Urlaubern zum Abschied winkt, sperrt die beleidigte deutsche Dogge sie mit einem Schwanzwedeln aus, grinst sie breit an und winkt mit dem Schlüssel. Schließlich fährt auch ein Hund gerne in den Urlaub. Es folgt der Hinweis auf einschlägige Tierpensionen im Branchenbuch.

Die witzige Geschichte wurde von der Agentur Lintas ausgebrütet und mit viel technischem Aufwand realisiert. Für das Nachschlagewerk sollten einmal nicht die klassischen Branchen, sondern unbekannte, originelle Angebote werben. Der Lintas-Creativ-Director Christian Franke besaß selbst einen Hund, und so blieb man beim Blättern schnell bei einer Ferienpension für Tiere hängen. Es folgte eine kurze Recherche über die Arbeit von Hundehotels, und dann galt es, einen möglichst großen Hund zu finden. Die Hamburger Werbefilmproduktion FF-Company nutzte gute Kontakte zu Filmtieranbietern und legte Fotos fürs Casting vor. Die Wahl fiel auf Fido, eine Dogge mit »ausdrucksvollem Gesicht«. Zur Sicherheit wurde gleich noch ein Double mitgecastet. Die Doppelbesetzung ist bei Werbefilmen mit Tieren die Regel, um zu verhindern, daß launische Vierbeiner den Dreh vereiteln. Fido erwies sich jedoch als echter Glücksgriff. Von seiner Trainerin im Studio angeleitet, spielte Fido drehbuchgemäß mit.

Da aber selbst der bestdressierte Hund nicht auf Kommando tückisch grinst, die Backen aufbläst und winkt, mußte mit technischen Tricks gearbeitet werden. Fidos Pfote wurde für die letzte Einstellung an einer Schnur hochgezogen, das breite Grinsen am Computer aus einem menschlichen Mundwerk entwickelt.

Die Fido-Kampagne wurde mit einem »Effie« prämiert – einer Auszeichnung, die besonders (verkaufs-)effektive Werbefeldzüge auszeichnet.

Die Beine von Dolores
Trickreiche Werbung

Schon in den 50ern wurde mit zahlreichen Tricks gearbeitet, um die Vorzüge eines bestimmten Toilettenpapiers, einer Strumpfmarke oder einer Benzinsorte mittels Musik, Farbe, Bewegung und Ton zu veranschaulichen. Ein solch aufwendig gemachtes Werbedrama sorgte 1956 für Furore. Der Zwei-Minuten-Reißer »Durch Nacht zum Licht« hielt die Kinobesucher mit dem Schrecken eines colorierten Alptraums in Atem.

Der Film begann mit einer Großaufnahme: Ein Mädchen wirft sich in unruhigem Schlaf hin und her. Der Angstschweiß steht in dicken Tropfen auf der Stirn. Plötzlich gleitet die Blondine durch den Kopfteil des Bettes hindurch, der sich als Pforte zum Reich der Finsternis öffnet. Mit wehendem Nachthemd schwebt sie durch den Raum, den Schrecken der Hölle entgegen. Knochenfinger greifen nach dem weißen Hals der Schlafenden. Dolche richten sich auf ihre Brüste. Das Mädchen strudelt in eine Wolkenkratzerschlucht, hetzt in modernden Gemäuern über endlose Treppen.

Da – auf dem Höhepunkt des Infernos der Angst – brechen gleißende Blitze in das Graugrün der Finsternis. Eine Stimme, die erlösend ertönt, als komme sie aus dem Jenseits, erläutert dem Kinobesucher endlich, warum er zwei Minuten lang den Schrecken einer Trickfilmhölle ausgesetzt worden ist: »Alpträume sind die Folge einer Magenverstimmung«, donnert die Stimme. »Gegen Magenverstimmung hilft Underberg.«

Verantwortlich für die Magenverstimmungstragödie war der deutsche Meister des gezeichneten Films: Hans Fischer aus Bad Kösen an der Saale, der sich – zur Unterscheidung von anderen Fischers der Branche – Hans Fischerkoesen nannte und im Laufe der Jahre weit mehr als 2.000 Markenartikelballaden inszenierte. Bereits im Jahre 1921 hatte der unbekannte Zeichner für die Leipziger Schuhfirma Nordheimer den humorvollen Schuhwerbefilm »Der Bummel-Petrus« abgedreht. Fischer hatte ihn aus eigenem Antrieb in wochenlanger Arbeit zusammengebastelt und mit ihm als dem ersten gezeichneten deutschen Werbefilm eine neue Form der Reklame geschaffen.

In den Fünfzigern perfektionierte Fischerkoesen seine Tricktechnik: Waschmittelpakete bewegen sich scheinbar selbständig, Kaffeepakete tanzen Boogie-Woogie, Wäschestücke flattern mit eigener Kraft in den Schrank. In einem Spot für eine Strumpffirma tanzen ein paar überdimensionierte, bestrumpfte Damenbeine nach dem Schlager »Das machen nur die Beine von Dolores« durch den Film. Sofort entwickeln sie eine unwiderstehliche Anziehungskraft für Männer. Zu ihren Frauen kehren die von den Strumpfbeinen Verwirrten erst wieder zurück, als diese die gleichen Strümpfe wie Dolores tragen.

Auf dem Schlager des amerikanischen Films »Lili« (»Das höchste Glück auf Erden«) aufbauend, erzählt Fischerkoesen im Stile der Dornröschen-Erzählung die Geschichte eines kleinen Mädchens, dem eine Taube die Einladung zum Ball überbringt. Als das Mädchen das Abendkleid anziehen will, entdeckt es bestürzt, daß eine Naht gerissen ist. Die Taube flattert zurück und holt fünf als Zwerge personifizierte Rollen

»Gütermanns Nähseide« herbei, mit denen der Schaden behoben wird. Um ein derartiges Zwei-Minuten-Opus herzustellen, benötigte Fischerkoesen sechs bis acht Wochen, den Kunden kostete der 50 bis 60 Meter lange Film rund 25.000 Mark.

In einem von Fischerkoesen gestalteten Trickfilm für Aral wird ein Zentaur von einer Quellnymphe mit einem Trunk aus einem Quellhorn gelabt. Derart gestärkt, zieht er mit kraftvoll geblähtem Brustkorb und geschwellten Muskeln weiter und besteht siegreich den Kampf mit dem Stier, der Europa geraubt hat. Mit einem Loorbeerkranz auf den blonden Locken, selbstbewußt nach rechts und links grüßend, marschiert er zum Rhythmus des Triumphmarsches aus »Aida« weiter.

Während die Musik zu dem Motiv »Im Krug zum grünen Kranze« überleitet, verwandelt sich der eben noch kraftstrotzende Zentaur in einen Rittersmann, der müde im Sattel hängt und sich von seinem schlappen Gaul in eine mittelalterliche Stadt tragen läßt. Als des Wirtes Töchterlein ihm einen Trunk kredenzt und das Pferd stärkt, erschallen Trompetenstöße aus »Wohlauf Kameraden!«, und der Ritter galoppiert in den Kampf mit einem Drachen, den er sogleich niederstreckt. Im Takt des Triumphmarsches reitet er weiter, und während die Musik zum Walzer überleitet, erlebt der Leinwandheld die zweite Verwandlung: Aus Ritter und Roß wird ein ermüdeter Motorradfahrer, der langsam durch die Gegend rollt.

Zwei Drittel des Films sind um, und das Publikum weiß noch immer nicht, worum es geht. Keiner der üblichen Werbesprüche, kein Firmenname ist aufgetaucht. Die Auflösung folgt wenige Sekunden vor Schluß des Films, wenn der Motorradfahrer nicht an einem Wirtshaus, sondern vor einer BV-Aral-Tankstelle hält und den Tank mit neuem Kraftstoff füllt. Die Wirkung dieser Stärkung ist so enorm wie in den vorausgegangenen Episoden: Dem Motorrad wachsen Flügel – und beschwingt und mühelos und so kraftvoll wie der Zentaur und der Ritter eilt es über die Landstraße und besiegt alle Konkurrenten.

Dr. Best
Deutschlands meistgehaßter Zahnklempner

»Wir sind die Familie Fröhlich. Von unseren Bekannten werden wir die Chlorodont-Familie genannt. Das kommt von unseren gesunden weißen Zähnen, die wir täglich mit Chlorodont putzen.«

So fröhlich ging es noch in der Zahncremereklame der Fünfziger zu. Weniger gut gelaunt kommt die Werbung für die Dr.-Best-Zahnbürste daher.

Was hat der Mann nur gegen die Tomate? Seit Jahren drückt ein leicht senil wirkender, älterer Herr im weißen Unschuldskittel mit einer Zahnbürste auf eine Tomate ein, um uns dann wie der Pfarrer beim Sonntagsgebet mit sonorer Stimme von der Kanzel zu verkünden: »Die klügere Zahnbürste gibt nach.« Seit über 10 Jahren fragen wir uns, warum die arme Tomate unter dem Doktor zu leiden hat. Um den Produktnutzen und Mehrwert »Schutz vor Zahnfleischverletzungen« herauszustellen, antwortet der Werber.

Dr. Best und sein Tomatentest gehören zum allabendlichen Pantoffelkino wie einst Oberinspektor Derrick und Chauffeur Harry. Nicht nur wegen des ähnlich gelagerten Schlaf-

Dr. Best

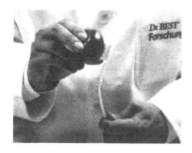

tabletten-Temperaments. Immer wieder drückt er mit seiner Zahnbürste und dem starren Professorenblick auf das rote Fruchtfleisch ein. Die patentierte Schwingkopffederung biegt sich bis zum Anschlag, die gequälte Tomate kriegt keinen Kratzer ab. Besonders beliebt ist Dr. Best nicht, in Umfragen erzielt er regelmäßig Spitzenwerte auf dem unteren Ende der Skala. Die Zahnbürste verkauft sich dafür wie warme Semmeln.

Das Folterwerkzeug heißt genauso wie der Tomatendrücker, Dr. Best. Der Doc ist keiner der üblichen Hochstapler aus dem Katalog einer Modell-Agentur, die sich in der Werbung im weißen Kittel und mit wissender Miene als Zahnärzte, deren Angetraute oder Lebensabschnittspartnerinnen ausgeben, um der Ware mit wissenschaftlicher Kompetenz Glaubwürdigkeit zu verleihen. Dr. Best heißt wirklich Dr. Best und ist ein echter Professor der Zahnmedizin. Er wurde durch Zufall 1987 von einem Art-director der Agentur Grey an der Universität von Chicago entdeckt. Der Professor ging zwar schon hart auf die 70 zu, hatte aber einen unschätzbaren Vorteil, er trug den richtigen Namen: Prof. Dr. James Best.

Im Getümmels des Bürstenmarkts hatte Smith-Kline-Beecham eine völlig neuartige Bürste herausgebracht. Bei herkömmlichen Zahnbürsten wurde immer die Qualität der Borsten beim Schrubben herausgestellt. Die Dr.-Best-Bürste dagegen massiert und pflegt gleichzeitig das Zahnfleisch. Sie ist flexibel zwischen Griff und Bürste, gleicht Druck aus und gibt nach.

Blieb nur noch die Frage, wie man den Professor über diese Bürste sprechen lassen sollte. Die Kreativen kamen auf eine glorreiche Idee: Eine Tomate sieht aus wie Zahnfleisch. Und sie ist empfindlich wie Zahnfleisch. Sie macht den »Übernutzen« dramatisch sichtbar. Die Moral der Geschichte: »Die klügere Zahnbürste gibt nach.«

Die Botschaft, die von der Tomate kam, wurde über Nacht zum Hit – die Dr.-Best-Bürste wird mittlerweile auch in die USA und nach England exportiert. Heute hat sie einen Marktanteil von fast 40 Prozent in Deutschland und gehört zu den größten europäischen Marken. Im Juni 1988 flimmerte der Spot erstmals über den Äther und wurde seitdem nicht verändert. Ein Ende ist nicht abzusehen, und offen bleibt nur die Frage, wann Versuche an lebenden Tomaten im Fernsehen verboten werden.

Erdal-Frosch
Der Schuhwerbefrosch

Seit über 100 Jahren ist der Erdal-Frosch das Synonym für Schuhpflege. 1895 erblickte er das Licht der Welt. Die Firma Werner & Mertz hatte sich das Tier – in Anlehnung an Grimms Märchen »Der Froschkönig« – als Markenzeichen schützen lassen.

Der erste Erdal-Frosch war noch so grün, wie es sich für einen Frosch gehört, und hatte auf seinem Kopf eine filigrane, fünfzackige Krone. Beinahe wäre aus ihm ein Lux-Frosch geworden. 1901 hatte die Firma ihre erste Schuhpaste unter dem Namen Lux auf den Markt gebracht, nicht wissend, daß die Firma Sunlicht wenige Tage zuvor für eine ihrer Seifen sich eben diesen Namen hatte schützen lassen. Die Schuhcreme wurde in Erdal, abgeleitet von der einheimischen Mundart des Firmensitzes in der Mainzer Erthalstraße, umbenannt.

Die Schuhpflege lag im 19. Jahrhundert noch in den Kinderschuhen: Wenn überhaupt, wichste man die meist schwarzen Stiefel mit einer Mischung aus Melasse, Sirup, Ruß und Schwefelsäure ein. Als Vater der modernen Schuhpflege gilt Adam Schneider, der in den neunziger Jahren des letzten

Jahrhunderts als Gesellschafter in die Firma Werner & Mertz eintrat. Ihm schwebte etwas völlig Neues vor: eine Schuhcreme, die das Leder schützen, färben und pflegen sollte. Nach vielen Experimenten erfand Schneider schließlich die Stiefelwichse, die erste Schuhpflege weltweit.

Damals war es üblich, Produkte mit einem auffälligen Bildzeichen zu verbinden – Schneider entschied sich für eine populäre Märchenfigur, den Froschkönig. Bereits 1924 lieferte Werner & Mertz soviel Erdal an Kunden in ganz Europa, daß damit 910.002.080 Schuhe geputzt werden konnten.

Nach Ende des Ersten Weltkriegs wurde aus dem grünen Frosch ein Rotfrosch. Da in den Kriegsjahren nicht in der gewohnten Qualität geliefert werden konnte, wollte man die Dose mit dem besseren Inhalt optisch von der Kriegsware absetzen, und so wechselte der Erdal-Frosch 1918 seine Farbe. »Qualität wie vor August 1914« stand zusätzlich auf den Dosen. Anfangs blickte er ziemlich mürrisch drein, schließlich war er ein verwunschener Froschkönig. Ab 1961 bürgte ein lachender Erdal-Frosch für die Qualität der Schuhpaste, 1971 wurde aus dem zuvor naturalistisch dargestellten Frosch eine moderne abstrakte Figur. Seine Krone schwebt seitdem einen Millimeter über dem Glotzauge, und der Frosch wirkt – dem Zeitgeist entsprechend – dynamischer und weniger geheimnisvoll.

Esso-Tiger
Kultkatze aller Autofahrer

Wie viele Werbehelden kommt auch der Esso-Tiger ursprünglich aus den USA. Dort sprang er 1959 erstmals in den Tank und ließ die Amerikaner sofort in eine wahre Tiger-Manie verfallen. Tiger-Witze kursierten, Tiger-Geschichten wurden erzählt und Tiger-Cocktails getrunken. Tiger-Hot-Dogs und Tiger-Hamburger waren der Renner an amerikanischen Imbißbuden, und Tigerschwanzenden zur Befestigung an Tankverschlüssen waren binnen kürzester Zeit ausverkauft.

Die Umsätze explodierten, und selbst die *New York Times* sorgte sich, »daß nun der Tiger dem Hund den Platz als bester Freund der Menschen streitig macht«. Das Nachrichtenmagazin *Time* schrieb: »Ins Tagesgespräch, in Kabarettscherze, in Songs, Artikel und in die Politik hat sich der Esso-Tiger eingeschlichen« und ernannte deshalb das Jahr 1964 gleich zum »Jahr des Tigers«.

Die Idee zum erfolgreichsten Werbefeldzug der Unternehmensgeschichte brütete ein unbekannter, junger Texter in New Yorks Reklameschlucht Madison Avenue aus. Sein Gedankenblitz hat Emery T. Smith von der Agentur McCann-Erickson nach eigenen Angaben nur wenig Gehirnschmalz gekostet. Nach einigen Minuten Bedenkzeit hatte der 26jährige den Slogan »Put a tiger in your tank!« auf dem Papier. Smith bescherte der grinsende Tiger Ruhm, Reichtum und den Vizepräsidenten-Posten einer New Yorker Agentur. Für die Hersteller von Tigerschwänzen, -köpfen, -masken, -hemden, -ballons und -ringen fielen nebenbei Millionen ab.

Ganz so neu war die Idee allerdings nicht. Smith's Slogan war nur ein weiterer Karriereschritt in der bereits 60jährigen Erfolgsgeschichte des Esso-Tigers. Wann genau er das erstemal in der Esso-Werbung auftauchte, ist nicht mehr nachzuvollziehen. Bekannt ist dagegen, daß norwegische Esso-Stationen bereits um die Jahrhundertwende mit einem Tiger auf den Zapfsäulen für den »Kraft«-Stoff warben. Später tauchte der Tiger dann auch in Großbritannien, den Niederlanden, Belgien und weiteren europäischen Ländern auf. So sollte Tigerkraft in den 50er Jahren jeden Gedanken an das minderwertige Benzin der Nachkriegsjahre verdrängen. 1959 – genau in dem Jahr, in dem Smith den Tiger-Slogan ersann – beschlossen aber alle europäischen Esso-Gesellschaften, den Tiger von den Tanksäulen zu verbannen.

Nach dem US-Triumph wurde die Entscheidung schnellstens wieder rückgängig gemacht, und einige Jahre später triumphierte der Tiger auch in Europa. In Deutschland sprang er erstmals 1965 in den Tank. In der Hamburger Dependance von McCann-Ericksson konnte man sich mit ihm allerdings anfangs nicht anfreunden. »Sag den Amis doch mal, daß es in Deutschland keine Tiger gibt«, mäkelte ein Mitarbeiter an der Kampagne herum. Man fürchtete um das seriöse Markenimage. Erst als Exxon USA darauf bestand, die Kampagne auch in Deutschland zu adaptieren, waren die Kreativen überzeugt. Die wörtliche Slogan-Übersetzung »Tu den Tiger in den Tank« erschien dem Esso-Werbeleiter Bloßfeld allerdings zu flau und er entschied sich für das packendere »Pack den Tiger in den Tank!«

Von da an ging alles rasend schnell. Binnen fünf Monaten erreichte der gezeichnete Tiger (aus der Feder von Dan Wenders und Horst Lembke) einen Bekanntheitsgrad von sagenhaften 92 Prozent. Die Tigerschwänze wurden den Esso-Tankwarten förmlich aus den Händen gerissen, und der Stoff-Tiger im Heckfenster ersetzte den Plüsch-Überzieher für die Klopapierrolle, Tiger-Witze kursierten.

Die Presse füllte sich mit Tiger-Geschichten. Der *Spiegel* fragte sich »Wer hat den Tiger in den Tank gepackt?« Die *Allgemeine Zeitung* aus Mainz notierte: »Nach dem Motto ›Pack den Tiger in den Tank‹ braust die Bonner Prominenz durchs Land und präsentiert sich mit rhetorischen Kraftakten«. Das *Hamburger Abendblatt* schrieb: »Ich startete an den Ampeln, als hätte ich den Tiger nicht im Tank, sondern im Nacken.« Und die Zeitschrift *Blick in die Werbung* lästerte: »Die Zeiten werden immer gefährlicher. Bis vor kurzem hatte ein Auto harmlose Pferdestärken. Nun sind die Pferde knapp geworden, und schon kommen Esso-Tiger in unsere Städte, lugen naseweis um die Ecke und sollen in den Tank gepackt werden. Was sie darin tun sollen, steht sicher in den nächsten Anzeigen.«

Der Slogan wurde unzählige Male kopiert und adaptiert. Die *Regensburger Umschau* schrieb »Pack den Tiger in den Tank – aber laß ihn nicht ans Steuer«, der *Lübecker Morgen* »Pack den Tiger in den Schrank«, die *Bild-Zeitung* »Pack die Liebe in den Tank« und in einem Gemeindebrief der Ev. Kreuzkirche Buchheim wurde der Gläubige aufgerufen: »Pack die Bibel in die Tasche.«

In der Politik wurde der Tiger zum Wahlhelfer. Günter Grass trommelte 1965 für die ES-PE-DE: »Pack den Willy (Brandt) in den Tank!« Die CDU parierte »Pack den Willy in den Tank – schraub ihn zu – wähl CDU!«

Auch ein Stück deutsche Kulturgeschichte markierte der Tiger. 1967 brachte Esso den ersten Autoaufkleber überhaupt heraus. Darauf stand der kryptische Slogan: »Ich hab den Tiger im Tank!«, den sich innerhalb weniger Wochen mehr als hunderttausend Tierfreunde aufs Auto klebten. Die Außerparlamentarische Opposition kopierte die revolutionäre Idee anno 1968 sehr schnell mit einem naiv handgemalten, aber ebenfalls klebefähigen »Ihr seid ja so geBILDet«. Auf dem Höhepunkt der Klebewelle, in den Achtzigern, waren die Deutschen nach Einschätzung der *Hannoverschen Allgemeinen* sogar Weltmeister in dieser Disziplin, und Kulturkritiker warnten wieder einmal vor dem bevorstehenden Untergang des Abendlandes.

1968 kündigte Esso an, den Tiger zu verabschieden, plazierte in die politische Friedhofslandschaft der großen Koalition einen Ersatz-Wahlkampf und inszenierte einen Volksentscheid: »Wählt den Tiger! Wählt den Fortschritt!« Die Autofahrer konnten per Stimmzettel zwischen dem Tiger und dem Esso-Werbeleiter Jürgen Schneidewind wählen. Dazu der *Stern*: »Die Ölfirma erhofft sich davon einen Entrüstungssturm aller Autofahrer. Eine Weile wird sich der Konzern noch zieren, um die Benzinverbraucher zu demütigen.« Das Blatt sollte recht behalten, kurze Zeit später war der Tiger wieder da. Um dann doch noch endgültig in der Versenkung zu verschwinden. Esso setzte 1968 zum Erstaunen der Fachwelt die Kampagne ohne ersichtlichen Grund ab.

Die große Überraschung brachte eine Marktuntersuchung nach Ende der zweiten Ölkrise 1985. Auf den Tiger angesprochen, konnte sich die Mehrzahl der Befragten spontan an ihn erinnern. Nach 17 tigerlosen Jahren! Aber damit nicht genug. Als die Tiger-Kampagne aufgrund der Befragung umgehend wieder aufgelegt wurde, kam es den meisten Autofahrern so vor, als hätte es sie die ganze Zeit über gegeben. Es fiel ihnen nicht einmal auf, daß aus dem Comic-Tiger der

60er Jahre mittlerweile eine geschmeidige und kraftvolle Raubkatze geworden war. Eine sibirische Tigerin namens »Mascha« aus Hagenbecks Tierpark in Hamburg. Die ist mittlerweile länger auf dem Markt als der Ur-Tiger.

Fernet-Branca-Vampire
Vampir-Gruselserie

Aufgebracht schrieb der Industriekaufmann Karl Zanken 1968 an die Spirituosen-Firma Stein KG: »Halten Sie es wirklich für attraktiv, mit diesen ekelerregenden Abbildungen für dieses hervorragende Genußmittel zu werben?« Und der Kunstprofessor H. E. Köhler zürnte gar: »Mit dieser häßlichen und abstoßenden Anzeigenwerbung haben Sie mich als Kunden verloren; ich werde nunmehr Underberg kaufen ...« Über 100 ähnliche Protestbriefe erreichten die Firma. Die Absender hatten Anstoß daran genommen, daß die Firma mit Vampirgestalten um Kundschaft warb.

Fernet Branca ist ein medizinisch schmeckender Magenbitter, der gegen die alltäglichen Übel aller Art hilft. Vampire waren zu jener Zeit durch Bücher, Filme (Roman Polanskis »Tanz der Vampire«) und Theaterstücke so aktuell, daß die Werbemacher des Creativ Studios Tutzing am Starnberger See Blutsauger für Fernet Branca die Beißerchen zeigen ließen:

Fernet-Branca-Vampire

»Mögen wir Vampire? Nein! Warum nicht? Die ärgern und quälen uns. Was können wir gegen sie tun? Fernet Branca trinken!« Die Argumente überzeugten. Trotz eines für die Branche relativ bescheidenen Werbeetats von 1 Million Mark standen die Händler binnen kurzer Zeit vor leergefegten Regalen.

Die Fernet-Branca-Vampire waren in aller Munde. Sie spukten, fledderten, knabberten und suckelten. Es gab regelmäßig und unregelmäßig auftretende. Die regelmäßigen waren die Guten-morgen-Vampire, Mahlzeit-Vampire und Schlaf-schön-Vampire. Die unregelmäßigen hießen: Ehekrach-Vampire, Kater-Vampire, Konferenz-Vampire, Fernsehen-Vampire, Mutterseelenallein-Vampire. Andere saugten aus: Kälte-Vampire, Party-Vampire, Langeweile-Vampire und Finanzamt-Vampire. Und es gab unheimlich viele andere Vampire: Bundestags-Debatten-Vampire, Schlitzohr-Vampire, Etat-Vampire und Mehrwert-Vampire. Das einzige, was man dagegen tun konnte: Fernet Branca trinken.

Die Vampir-Gruselserie stieß nicht nur bei den Vertriebsmanagern der Stein KG zunächst auf Ablehnung. Um ein Haar wäre die Kampagne auch am Einspruch des italienischen Grafen Carlo Branca gescheitert, der um das weltweite Renommee seiner 1844 gegründeten Firma fürchtete. Von der Entstehungsgeschichte gibt es zwei Versionen. Der Texter der Kampagne, Peter Geilenberg, erzählt: Als er über Fernet Branca brütete, kam Art-director Helmut Wineberger in sein Büro und legte ihm als Anschauungsmaterial Bilder mit grünen Gesichtern von Fabelwesen und Vampiren auf den Ateliertisch (»die aussahen, als hätten sie zuviel Konkurrenzprodukte getrunken«). Dann becherten die Kreativen tüchtig Fernet Branca (»sonst wäre so eine Idee wohl nie entstanden«) und kamen darauf, dem Konsumenten die Wirkung des Magenbitters mittels Vampiren nahezubringen.

Die Geschichte der Kontakterin Uschi Roos klingt etwas anders. Sie kam zu spät zum Termin beim Kunden – acht mittelalterliche Herren blickten sie vorwurfsvoll an. Sie versuchte ihre Verlegenheit herunterzuspielen und verlangte nach einem Glas Fernet Branca. Nach einem kräftigen Schluck schüttelte sie sich: »Donnerwetter, da fallen mir nur Hexen und Vampire ein.« Peinliches Schweigen, beinahe Entsetzen, überhaupt kein Lachen. Uschi Roos: »Sie denken jetzt, ich scherze, aber das ist mein Ernst.« Immer noch kein Lachen. Die Kampagne kauften die Herren trotzdem.

Trotz aller Kritik an der Horror-Reklame fanden die Bundesbürger Gefallen an den Werbemonstern und kauften fleißig das Anti-Vampir-Mittel. Der Umsatz stieg um 25 Prozent. Was wiederum die Branche erstaunte. Die langzähnigen Monster gingen selbst den phantasievollsten Experten auf die Nerven; sie prophezeiten dem Produkt ein schlimmes Ende. Kopfschüttelnd erklärte ein Frankfurter Kreativ-Direktor: »Mit so einem fürchterlichen Blödsinn kann man doch nichts verkaufen.« Ein Diplomingenieur aus Leonberg witterte sogar Sabotage und schrieb an die Firma: »Ich mache mir ernstlich Gedanken, ob Ihre Werbeagentur nicht von Ihrer Konkurrenz höher honoriert wird als von Ihnen.«

Verrat war jedoch nicht im Spiel. Seit fast einem Jahrzehnt hatte sich die Stein KG (erfolglos) darum bemüht, Italiens beliebtesten Kräuterschnaps in Deutschland populär zu machen. Da Fernet Branca aber eher nach Medizin schmeckt als nach Genußmittel, hätten die Marketingstrategen ihn am liebsten als Magen-Elixier angepriesen. Sie hätten dabei auf italienische medizinische Gutachten zurückgreifen können, das deutsche Wettbewerbsrecht verbietet jedoch derlei medizinische Schleichwerbung. Erst die Vampire und der klug angelegte Unsinn konnten, laut Test eines Stuttgarter Marktforschungsinstituts, das Kundeninteresse nicht nur »außerordentlich stark wecken«, sondern auch »über längere Zeit binden«.

Heute gehören die Fernet-Branca-Vampire zu den deutschen Werbeklassikern, selbst das Satiremagazin *Pardon* widmete ihnen zwei Seiten mit der Überschrift: »Die Werbeagentur Dracula, Frankenstein & Co. präsentiert.«

Fewa-Johanna
Die freundliche Waschfrau

Die putzige Fewa-Johanna war die Werbefigur des ersten synthetischen Waschmittels der Welt: Fewa (FEin-WAschmittel), 1932 von der Henkel-Tochter Böhme-Fettchemie auf den Markt gebracht. Fewa war eine echte Revolution des Waschens – die zweite nach Persil 1907. Die Seife wurde nach 4.000 Jahren aus dem Waschbottich verdrängt. Bruno Wolf von der Böhme-Fettchemie in Chemnitz, dem Chemiker Dr. Heinrich Bertsch und Prof. Dr. Walter Schrauth war es gelungen, Fettsäuren in Fettalkohole umzuwandeln. Und die Sulfatierung und Neutralisation solcher Fettalkohole zu Fettalkoholsulfaten war der erste Schritt auf der Suche nach synthetischen Waschstoffen.

Durch zahlreiche Werbeaktionen wurden die Vorteile des neuen Waschmittels bekanntgemacht. So gingen Laufjungen mit Handwagen von Haus zu Haus und hängten Fewa-Probebeutel an die Türen. Die Fewa-Johanna wurde von dem Grafiker Hans Nebel gezeichnet. Anstelle des von der Werbeabteilung ausgeheckten **Woll-Männchens** sollte er eine passendere Werbefigur schaffen. Nebel brütete so manche Nacht in seinem Atelier, machte Dutzende von Entwürfen und verwarf sie wieder. Das Ergebnis war die Waschfrau Johanna. Bis in die sechziger Jahre war sie auf allen Fewa-Packungen zu finden, trat in Kino-Filmen auf und lächelte von Plakaten.

Mit ihrer derben Kleidung und dem Knoten auf dem Kopf entsprach sie den landläufigen Vorstellungen von der Waschfrau. Alles an ihr war irgendwie rundlich, und sie war zweifellos ein einfaches und freundliches Mädchen, das Spaß am Waschen hatte – insbesondere mit Fewa natürlich. Aber Johanna konnte auch schon mal alle Fünfe gerade sein lassen. 1937 gab sie sogar einen Fewa-Schlager zum besten. Der Refrain lautete: »Es strahlt das Haus in neuem Glanz, und alles singt im Freudentanz: Das Leben ist schöner, das Leben ist fein, mit Fewa kehrt Freude und Reinlichkeit ein.« Na, denn. In einem 50er-Jahre-Werbefilm liegt sie entspannt in der Hängematte und erkennt ganz richtig: »Hausfrauen arbeiten zuviel...«

Einer der bekanntesten Werber der Vorkriegszeit war Hanns W. Brose, der in den 50er Jahren den →Bärenmarke-Bären vom Milchtopf auf die Kinoleinwand beförderte. Seit 1938 arbeitete Brose auch für Henkel und Fewa. Mit der Fewa-Johanna hatte Brose seine Schwierigkeiten, weil sie seiner Meinung nach mit ihrer Deftigkeit dem Feinen und Sanften des Produktkonzepts zuwiderlief. Brose: »Einen schweren, fast zermürbenden Kampf mußte ich um die Waschfrau Johanna mit ihrem ulkigen Haarknoten ausfechten. Ich vertrat die Auffassung, daß diese Figur unmöglich für ein Feinwaschmittel als repräsentativ zu betrachten sei. Gerade feine Wäsche (...) wird sogar von berufstätigen Frauen und Mädchen regelmäßig selbst gewaschen, und diese würden sich keinesfalls mit einem so monströsen Wesen wie Johanna identifizieren wollen.«

Brose konnte sich nicht durchsetzen. Die »monströse Waschfrau« blieb. Und 1972 konnte die in Vergessenheit geratene Johanna ein Comeback feiern. Auf den Bildschirmen warb sie als Fewamat-Johanna für das nun speziell für die 60-Grad-Wäsche empfohlene Waschmittel.

Flat Eric
Flacher Erich

Ein kleines gelbes, flauschiges Wesen namens Flat Eric holte 1999 die Levis-Jeans aus dem Verkaufstief. Der flache Erich war 76 cm groß, gelb, zappelig, knopfäugig und wortlos. Ein quittegelbes Plüschtier mit unendlich langen Armen, ein Ja-was-eigentlich-Tier. Anfang 1999 tauchte Flat Eric im Auftrag von Levis erstmals im Fernsehen auf. Cool saß er auf dem Beifahrersitz eines verbeulten Ford neben seinem Freund Angel, fuhr durch L.A., tat so, als wäre nichts und wippte plötzlich wie wild zu einer Techno-Nummer. »Flat Beat« hieß die musikalische Darbietung, die binnen weniger Wochen auf Platz 1 der deutschen und englischen Single-Hitlisten kletterte. Bei Levis liefen Anfragen ohne Ende ein. Musiksender wollten ihm eine eigene Show geben, ein anderer Sender fragte wegen einer Cartoon-Serie für den Kultstar an.

Flat Eric, der (im Internet) von sich selbst behauptet, er sei »stubenrein« und habe »sexy Knopfaugen«, hat am 20. März Geburtstag. So steht es jedenfalls winzigklein im Ausweis, den er im TV-Spot dem Polizisten vorzeigt. Die Fans hatten genau hingesehen. An seinem Geburtstag kamen erstaunlich viele E-Mails an die Web-Adresse von Levis. Die Hälfte der elektronischen Post waren Glückwünsche von Anhängern. »Wir wünschen der schönsten Puppe der Welt einen glücklichen Geburtstag«, schrieben beispielsweise Cesare, Bruna und Clara aus Italien.

Bravo druckte Poster, Fans schnitten die Spots mit und bastelten daraus Internet-Seiten. 25 private Flat-Eric-Websites wurden im Netz allein von deutschen Anhängern gezählt. Chat-Foren diskutierten, ob der Held ein »Verhältnis mit seiner Sekretärin« hat, und 17 Fanclubs versorgten ihre Mitglieder mit Neuigkeiten, Gerüchten und Interviews. In Zeitungen wie dem britischen *Guardian* wetteiferten Autoren in kulturphilosophischen Essays über den Plüschwahn, auch *Focus* und *Stern* berichteten. Das Teenie-Organ *Bravo* erfand für ihn sogar eine Freundin: »Flat Babe«.

Erfunden hat den flachen Erich der 24jährige Franzose Quentin Dupieux, der ihm auch den Flat Beat komponierte. Er holte sein Lieblingskuscheltier Stéphane vom Dachboden herunter, um den Kurzfilm »Crispy Bacon« zu drehen. Den zeigte er Levis-Managern und Werbern der Agentur Bartle Bogel Hegarty bei einem Treffen in einem Londoner Restaurant. Die waren so begeistert, daß sie die Puppe vom Fleck weg engagierten. Die Animation der Spots besorgten die Macher der Muppet-Show.

Trotzdem starb die Kultfigur nach nur knapp einem Jahr den Werbetod. Mit drei letzten Episoden gab der Held Ende 99 seine Abschiedsvorstellung. »Aus Gründen der Markenführung«, verriet ein Levis-Manager.

Frank S. Thorn und der Puschkin-Bär
Wodka-Helden unter sich

1964 hielten laut einer Repräsentativbefragung 65 Prozent der Deutschen den russischen Dichter Alexander Sergejewitsch Puschkin für ein Getränk. Zu verantworten hatten das der zottelige Puschkin-Bär und ein kerniger He-Man mit dem kernigen Künstlernamen Frank S. Thorn: eine Art moderner Jack London, der das Glas hob und sich mit »seinem Freund«, dem Bären, unterhielt. Mit dem Schlachtruf »Für harte Männer« trieben sie den Umsatz von Puschkin-Wodka in Rekordhöhen. Bei Jagden, Expeditionen und allerlei anderen abenteuerlichen Anlässen führten die Wodka-Helden geistreiche Konversation, wie sie so wohl nur unter Schnapsdrosseln oder harten Männern möglich ist. Zwei Textproben:

Frank S. Thorn: »Mörser laden!«
Sein Freund: »Puschkin ins Rohr ...«
Frank S. Thorn: »Schwarzen Pfeffer drauf ...«
Sein Freund: »Randvoll Tomatensaft, kühler ...«
Frank S. Thorn: »Spur Paprika – als Zünder ...«
Sein Freund: »Und Schuß!«
Frank S. Thorn: »Dauerfeuer!«
Sein Freund: »Gib mir mal die Puschkinflasche rüber –«

Frank S. Thorn: »JUNGFRAU?«
Sein Freund: »Zwei.«
Frank S. Thorn: »Flasche!«
Sein Freund: »Was?!«
Frank S. Thorn: »Die Puschkin-Flasche ...! Gib her!«
Sein Freund: »Ach so ...«
Frank S. Thorn: (gluckgluckgluck gluckgluck) »Kühl rein und ohne was ...«
Sein Freund: »Der pure Puschkin – genannt JUNGFRAU«

Die Werbung schlug ein. Speziell bei den harten Männern. Die einschlägigen deutschen Intelligenz- und Kulturblätter und deren Leser erklärten das »Maskulin-Mannequin« Thorn und seinen Zechkumpanen dagegen zum Feindbild Nr. 1 und ereiferten sich in Schmähbriefen über den »Reklameblödsinn«. *Spiegel*-Leser Kurt Nicke aus Paderborn:

Frank S. Thorn und der Puschkin-Bär

»Nun weiß ich, wem ich es zu verdanken habe, daß mein Bildschirm so oft Gefahr läuft, mit irgendeinem harten Gegenstand befeuert zu werden, denn diese Werbung ist wirklich nur von härtesten Männern zu ertragen. Ich wollte schon mal den Tierschutzverein mobil machen, weil mir der Bär so leid tut, der diesen Blödsinn mitmachen muß.« Die Sorge war umsonst, im Bärenfell steckte der Assistent des Fotografen.

Leserbrief-Schreiber Alfred Bauer aus Nürnberg sah gar den Untergang des Abendlandes am Wodka-Himmel dämmern: »Diese Werbung zeigt erneut, auf welchen Tiefpunkt des Verstandes und der Geisteshaltung unser Wirtschaftswundervolk mit Geld herabgesunken ist. Ich hatte bisher nicht geglaubt, daß eine so idiotische Reklame bei uns irgendwo ankommen könnte. Trotzdem ist Herr Vorwerk (Chef der Werbeagentur/d. A.) zu bewundern, der die Jämmerlichkeit der Wohlstandsbürger erkannt und sie kommerziell so ausgenützt hat, wie wir es verdienen.«

Dr. Hermann Ludowansky aus Wien merkte dagegen konstruktiv an: »Meines Wissens läßt dieser Genuß in aller Regel eher (bei den Jungen) die Muskeln ab- oder (bei den Alten) die Wampen anschwellen.«

Die Puschkin-Werbung ließ sogar treue Abonnenten sich im Werbetexten versuchen. Herr Edgar Purgold aus Hamburg sprach von »Kulturbolschewismus« und tauschte in einem Puschkin-Inserat Puschkin durch Goethe aus:

Frank S. Thorn: »So. Und jetzt einen Goethe.«
Sein Freund: »Einen nackten.«
Frank S. Thorn: »Was?«
Sein Freund: »Ohne was drin: Goethe nackt!«
Frank S. Thorn: »Gut, Alter. Paßt gut, der Name.«
Sein Freund: »Trink. Wir müssen weiter ...«

Und Herr Jörn Breide empfahl der Bonner Regierungspartei, die beiden Puschkin-Protagonisten vor den Wahlkampfkarren zu spannen:

Frank S. Thorn: »... Bonner CDU-Politik ist gut ...«
Sein Freund: »... besonders intelligent ...«
Frank S. Thorn: »... ist gut für Deutschland ...«
Sein Freund: »... für ein christliches Deutschland ...«
Frank S. Thorn: »... für harte Männer!«

Puschkin ist ein Getränk der Schnapsbrennerei König aus Steinhagen. Die war bereits seit Jahren in deutschen Trinkerkehlen mit dem »Schinkenhäger« (»Dein Herz wird froh, Dein Kopf bleibt klar, weil es ein Schinkenhäger war«) bestens eingeführt. 1960 tastete man dann die Schnapsdrosseln auf Wodka-Ambitionen ab. Die Ergebnisse waren wenig ermutigend, die meisten der Befragten verbanden mit Wodka den Einmarsch der Sowjets nach dem Krieg. Trotzdem beauftragte man die Agentur Team aus Düsseldorf, die Weinbrand- und Kümmeltrinker werblich auf Wodka (dt: Wässerchen) umzustellen.
Im Frühjahr 1960 erschienen die ersten Team-Inserate. Fotografiert wurden sie von Charles Wilp. Anständig abgefüllt durchstreifte Wilp wochenlang mit dem Dressman Hans Meyer (so Thorns wenig spektakulärer bürgerlicher Name) und dem Assistenten im Bärenfell die felsigen Einöden der Sierra Neveda und die Strände der Adria, immer auf der Suche nach geeigneten Stätten für die Puschkin-Dialoge. In der Werbung

verleugnete Puschkin seine Herkunft. Aus guten Gründen. Zum einen sollten die Freunde klarer, kurzer Schlücke im Laden nicht Wodka, sondern Puschkin verlangen. Das Wort »Wodka« war außerdem erheblich vorbelastet und klang zu sehr nach Kommunismus und Weltrevolution. Zur Entsowjetisierung diente nicht zuletzt der bereits an seinem Namen als Angelsachse erkenntliche Frank S. Thorn.

Frank S. Thorn: »Was essen wir heute abend?«
Sein Freund: »Ich denke, du schießt Enten?«
Frank S. Thorn: »Und wenn sie nicht kommen?«
Sein Freund: »Dann gibt's nichts.«
Frank S. Thorn: »Durst wäre schlimmer.«
Sein Freund: »... Puschkin haben wir noch!«
Frank S. Thorn: »Gut für harte Männer – Puschkin!«

Bei Weicheiern kam Thorn nicht an, dafür bei Weichbirnen. Binnen weniger Monate wurde er zum Idol aller Halbstarken, harten Männer und unverstandenen Ehefrauen. Brieflich erkundigten sich selbst Damen aus den gehobenen Schichten nach seiner Adresse. Eine Klasse Berufsschülerinnen aus dem sittenstrengen Münster schwärmte postalisch von »scharfen Sachen« und Thorn alias Meyer. Der Kegelklub Weiße Mäuse erwählte Puschkin zum Vereinsgetränk.

Moskaus satirische Zeitschrift *Krokodil* nahm Anstoß an dem Mißbrauch des russischen Literatur-Klassikers und verhöhnte Puschkin sowie einen englischen Bierbrauer, der mit Porträts von Brahms, Bach und Beethoven geworben hatte: »Ein Krämer hat nichts Heiliges. Er kann rülpsen bei Musik von Beethoven, sich besaufen bei der Poesie von Puschkin oder von Büstenhaltern, Marke Venus von Milo, profitieren.« Um jenen harten Männern zu gleichen, die sich Braunbären als Zechkumpanen halten, hatten währenddessen 15 Jünglinge in Konstanz einen Puschkin-Fanclub gegründet. Laut

Vereinssatzung mußten die Mitglieder bei jeder Zusammenkunft mindestens vier Puschkin kippen ...
Wie sang schon Udo Jürgens 1970: »Wodka gut für trallala!«

Dank Bärenführer Thorn wurde Puschkin zu Deutschlands größter Wodka-Marke. Und als Team die Frank-S.-Thorn-Gemeinde aufforderte, in jedes Glas Puschkin eine Maraschino-Kirsche zu werfen und das Getränk im Mund mit einer zerbissenen Perlzwiebel zu vermengen, folgten die Wodka-Fans ohne Murren. Die Händler setzten allein fünf Millionen Gläser Maraschino-Kirschen im Wert von 15 Millionen Mark ab; innerhalb eines halben Jahres wurden 700.000 Gläser Perlzwiebeln im Wert von über 1,5 Millionen Mark an Hans Meyers Wodka-Freunde verkauft.

Frau Antje
Die holländische Käse-Königin

Käsepropagandistin, niederländische Nebenkönigin und erste TV-Holländerin auf deutschen Mattscheiben. Mit dem Spruch »Frau Antje bringt Käse aus Holland« hat sie den Gouda bei uns unsterblich gemacht: Frau Antje, die Dame mit der Sprachmacke (»... für warm und kalte Käsegerichten«). Sie ist bei uns die bekannteste Niederländerin überhaupt, bekannter noch als

Königin Beatrix. 9 von 10 Deutschen kennen die Käsebotschafterin aus dem Land der Tulpen und Grachten. Wie ein Zeitschriftenkommentator lobend hervorhob, hat sie anderen prominenten Landsmänninnen Entscheidendes voraus. Der Frau-Antje-Fan: »Im Gegensatz zu den zeitgenössischen TV-Holländerinnen (Mareijke Amado, Linda de Mol usw.), kann man den Käse, den Frau Antje von sich gibt, wenigstens essen!«

Wer den Käse zum Bahnhof gerollt hat, ist nicht bekannt. Bekannt ist aber, daß Kaasmeisje Frau Antje 1961 erstmals auf bundesdeutschen Bildschirm erschien. Seit vier Jahrzehnten ist ihr Markenzeichen, neben einem ewig strahlenden Lächeln, die rustikale Kleiderpracht: schneeweißes Spitzenhäubchen über blonden Zöpfen, grau-weiß gestreifte Bluse, Rock und eine blaue Schürze. An den Füßen trägt sie stets hölzernes Schuhwerk, in der Landessprache »Klompen« genannt, und unter dem Arm einen saftigen goldgelben Gouda oder einen roten, kugelrunden Edamer.

Hollands Käsewerber, vertreten durch das Niederländische Büro für Milcherzeugnisse in Aachen, sind seit 1954 in deutschen Landen aktiv. Damals gelang ihnen ein Geniestreich, auf den sie noch heute stolz sind. Sie erfanden den Toast Hawaii. Zwischen zwei Toastbrotdeckeln und Ananasscheiben eingeklemmt machte der erste Fernsehkoch Clemens Wilmenrod – er begann jede Sendung mit dem Satz »Ihr lieben, goldigen Menschen« – den Toast Hawaii zum Inbegriff deutscher Nachkriegsküche und verfeinerter Lebensart. Auch dem Absatz des Käse aus Holland hat's gemundet.

Verkaufshelferin Frau Antje wurde 1961 von der Düsseldorfer Agentur Dr. Hegemann ersonnen. Ein Kaasmeisje war immer schon die Symbolfigur für holländische Molkereiprodukte. In den Nachkriegsjahren als aus Käselaiben zusammengesetztes Figürchen, später als jene sympathische junge Dame in der rot-weiß-blauen Tracht mit dem blütenweißen Spitzenhäubchen. In Werbefilmen, Anzeigen, Broschüren und Rezeptfibeln gab sie den Hausfrauen praktische Tips zu Holland-Käse; »Guten Abend, liebe Hausfrauen. Heute zeige ich Ihnen den Toast Hawaii. Wir brauchen dazu Holland Edamer.« Besonders beliebt waren auch Rezepttips wie »Frau Antjes Käsetips mit Pfiff« oder »Trimm Dich mit Frau Antje«: »Schreiben Sie nur an Frau Antje, Aachen«. Das Ergebnis: Hollands Käseexport nach Deutschland hat sich in den letzten 40 Jahren mehr als verzehnfacht. Von 28.000 Tonnen auf 290.000 Tonnen.

Hollands Käsebotschafterin wurde sogar zur Bestseller-Autorin. Von »Frau Antjes großem Kochbuch«, einer 180 Seiten starken Kochfibel, wurden seit 1973 über 700.000 Exemplare verkauft. Der Nachfolger von 1986, »So kocht Frau Antje heute«, erreichte sogar eine Millionen-Auflage.

Auch von Altbundeskanzler Helmut Kohl ist bekannt, daß er ein bekennender Frau-Antje-Fan war. Als die ihm auf einer Reklameveranstaltung ein Bussi auf die Pfälzer Wange drückte, bekannte der sichtlich bewegte Kohl prompt, daß Käse »für Politiker ein geradezu ideales Nahrungsmittel« sei.

Frauengold-Frauen
Die Krone der Schöpfung

In den fünfziger Jahren wurden Tinkturen und Mittelchen aller Art in Illustrierten-Anzeigen und Kino-Filmen mit Texten beworben, die heute nur noch ein Schmunzeln hervorrufen. So lautete die Werbebotschaft für ein bekanntes Markentaschentuch im Jahre 52:

»Es trifft die lange Fliegenklatsche
auf Schnupfenkeime, pitsche – patsche.

Doch mehr als solch ein Jagdversuch
hilft stets ein Tempo-Taschentuch.«

Besondere Blüten trieb die Werbung für Frauengold, ein Konstitutions-Tonikum speziell für die gewissen Tage der Frau, der »idealen Frauenmedizin für schwache, blutarme Frauen«: »Beneidenswert sind jene Frauen, die heiter und unbeschwert von Depressionen den Alltag meistern – Frauengold, der Jungbrunnen der Lebenskraft und Daseinsfreude.«

In einem Werbefilm steht ein personifiziertes schlechtes Gewissen plötzlich neben der nörgelnden Xanthippe, die ihrem Mann nach einem harten Arbeitstag an der Wirtschaftswunderfront das Leben schwermacht. »Früher hast du ihn beruhigt«, flötet das schlechte Gewissen. Ein Gläschen Frauengold die staubige Hausfrauenkehle hinabgestürzt, und schwupps zieht die Gattin den geplagten Pascha zur Rettung des Haussegens mütterlich aufs Kanapee. Das Wunder bewirkte Frauengold, »jenes einmalige Tonikum mit seinem tiefgreifenden Einfluß auf die körperliche und seelische Konstitution der Frau«.

In einem anderen Film verlangt eine leicht erregbare Dame im Tante-Emma-Laden nach Kapern. Die freundliche Verkäuferin bedauert: »Kapern bekommen wir leider erst morgen wieder, gnädige Frau.« – »Was – keine Kapern? Und Sie wollen ein Delikateßgeschäft sein! Daß ich nicht lache! Wie stellen Sie sich das eigentlich vor, Fräulein? Keine Kapern!!« Eine Stimme aus dem Off beruhigt: »Hallo – Frauengold nehmen.«

»Die Krone der Schöpfung ist die erblühte Frau«, ließ Frauengold 1952 verlauten, wissend, daß die Intensivverwenderinnen in der Regel mittleren bis fortgeschrittenen Alters waren: »Frauen, die begehrt werden, müssen nicht unbedingt schön oder jung sein! Wahre Schönheit liegt in der Reife, und es ist ein Zug der Zeit, daß der Mann in seinem Existenzkampf jener Frau den Vorzug gibt, die Reife und Lebensklugheit mit körperlicher Frische und jugendlicher Elastizität verbindet.«

»Sie erblühen zu einem neuen Frühling und sehen um Jahre jünger aus. Frauengold bewirkt dieses Wunder. Es zaubert jene Jugendfrische und lebensfreudige Atmosphäre, den Liebreiz holder Weiblichkeit, der alle Wintermüdigkeit und Schwächen Ihrer Tage besiegt.«

In einem Inserat für Scherks Gesichtswasser von 1953 fiel der Werbetext ehrlicher aus: »Demnächst heiratet sie den Chef ... Entscheidend für den Erfolg einer Frau sind immer ihr Aussehen und die echte, natürliche Schönheit ihres Gesichts.«

Frau Middelstädt
Gebißträgerin

Wenn die Prothese wackelt – bis Mitte der sechziger Jahre war Kukident bei einem Marktanteil von 85 Prozent Deutschlands Gebißreiniger Nummer eins, als mit den Corega-Tabs erstmals Konkurrenz im Kampf um die Dritten aufkam. Der US-Riese Block Drug brachte mit Corega-Tabs als erstes Unternehmen eine sauerstoff-aktive Reinigungstablette auf den Markt. Was heute die neueste Innovation bei Waschmitteln und Geschirrspülmitteln ist – sprudelnde Tabs mit den zwei oder drei Glanzphasen –, katapultierte den Zahnprothesen-Reiniger binnen weniger Jahre von null auf dreißig Prozent Marktanteil.

Die Agentur Werbe-Gramm trieb in der seit Ariel und →Klementine so beliebten Slice-of-Life-Manier die Resozialisierung der Gebißträger voran. Die Botschaft: »Gebißreinigung mit Corega Tabs vermittelt ein nicht zu übertreffendes Gefühl

der sozialen Gleichstellung gegenüber Nichtgebiß-Trägern.«
Star der Werbefilme war Frau Middelstädt, Gebißträgerin:

Das ist Frau Middelstädt, eine von vielen, die ein künstliches Gebiß tragen. Sie sagte uns: »Jetzt habe ich das Gefühl, meine echten Zähne wiederzuhaben. Großartig.« Jetzt können Sie das auch haben. Mit Corega-Tabs. Die vollendete Gebiß-Hygiene. Mit sprühaktivem Sauerstoff. Auch Ihr Gebiß wird vollendet sauber und schmeckt nach Frische. Wie sagte Frau Middelstädt: »Jetzt habe ich das Gefühl, meine echten Zähne wiederzuhaben. Großartig.« Corega-Tabs. Mehr Sauerstoff – mehr Sauberkeit.

Bei den **Kukident-Männern** galt die Sorge mehr dem ehelichen Glück der Prothesenträger:

Werden Sie nicht mehr geküßt? Dann ist Ihre Ehe in höchster Gefahr!
Wenn Sie noch Ihre natürlichen Zähne besitzen, aber trotzdem nicht mehr geküßt werden, können Sie wetten, daß jemand anders dahintersteckt. Da hilft nur ein Detektiv! Tragen Sie hingegen ein künstliches Gebiß, so hat die Zurückhaltung Ihres Ehepartners bestimmt einen anderen Grund: Ihr Atem ist nicht rein, und ihr künstliches Gebiß wackelt sichtbar. Da hilft nur Kukident!

Frau Mühsam
Die sympathische Putzfrau

30 Jahre nur Wasser und Seife – das hält keine Putzfrau aus. Das fand in den Fünfzigern auch Frau Mühsam, die Vorzeigeputze von Seiblank-Bohnerwachs. Eine nette, eine wirklich sympathische Frau. Bei ihr mußte alles blank und blitzsauber sein. Und wenn ihre Älteste, Fräulein Evi, eine kleine Gesellschaft gab, legte Frau Mühsam stets einen Putztag ein. Davon berichtete sie dann ausführlich in Reklameanzeigen.

So klärte sie die Hausfrau in Preisausschreiben über die »Bohnern-ohne-Bücken«-Methode auf. »Geschichten mit Frau Mühsam« nannte das der Hersteller Thompson-Werke und ließ Frau Mühsam absichtlich so manches falsch machen. Die Hausfrauen mußten dann herausfinden, wo Frau Mühsam irrt, und lernten so ganz nebenbei noch etwas über das korrekte Bohnern. Wenn zum Beispiel ein Satz fiel wie: »Frau Mühsam hat Seiblank vor dem Auftragen etwas angewärmt, damit es besser in den Boden eindringt«, bemerkte die pfiffige Hausfrau sofort den Fehler. Zur Belohnung gab's bis zu 6.000 Mark für die Haushaltskasse.

Frau Renate
Karin Sommer der fünfziger Jahre

Männer messen Frauen ja bekanntlich gerne an ihrer Mutter, und jungverheiratete Männer machen ihren Frauen Kummer, weil sie alles so haben wollen »wie bei Muttern«. In einem Inserat für Sigella-Edelbohnerwachs wurde deshalb 1952 die Frage aufgeworfen »Macht Liebe blind?« Die Antwort war geteilt: »Zunächst ja – bis nach den Flitterwochen. Dann kommt es aber darauf an, daß die Frau auch im Alltag nicht enttäuscht.« Deshalb ist die junge Hausfrau stolz, wenn ihre Kochkunst beim ersten Familienbesuch Anerkennung findet.

Anerkennung fanden in diesen Jahren stets die Kochkünste von Frau Renate, einer Art Karin Sommer des Wirtschaftswunders. Ohne sie wäre wahrscheinlich so manches Kaffeekränzchen und manche Ehe kläglich am mißlungenen Naturhefeteig gescheitert. Die Werbedame von Dr. Oetker unterstützte die junge Hausfrau bei Nachtisch und Kuchen, ihr Wirkungskreis beschränkte sich auf die drei großen K: Küche, Kinder und Kranzkuchen. Ein geflügeltes Wort aus jenen Jahren: »Mach es wie Frau Renate tut, mach es mit Dr. Oetker gut«.

Für einen Dr.-Oetker-Werbespot bestand die lebensphilosophische Quintessenz der Hausfrau aus zwei Problemen: »Sie wissen ja, eine Frau hat zwei Lebensfragen: Was soll ich kochen, und was soll ich anziehen?« Frau Renate übte sich in Pflichtbewußtsein und begleitete die deutsche Frau mit Rat und Tat:

»Diesen prächtigen Gugelhupf hat Frau Renate selbst gebacken – wie immer nach einem Dr.-Oetker-Rezept.«
»Zur angenehmen Lebensweis' ... Götterkrem, die Götterspeis'! Renate hat es ausprobiert, und alle waren begeistert. Hier ist das Rezept: ...«

In den sechziger Jahren wandelte sich das Frauenbild, Frau Renates Küchengeschichten konnten nicht länger mithalten. Ein Comeback gelang mit Aufkommen des World Wide Web. Heute präsentiert »die schlauste Küchenfee im WWW« Neues aus der Galaxie der Rührquirle. Wöchentlich erstellt sie neue Rezepte und Tips und stellt ein Kochbuch für das dritte Jahrtausend zusammen.

Werbefiguren haben bei Dr. Oetker eine lange Tradition. 1891 hatte der Apotheker Dr. (phil.) August Oetker die Aschoffsche Apotheke im Herzen von Bielefeld erworben. In der Küche seiner Frau Caroline rührte er das Backpulver Backin zusammen. Der Groschen soll bei Dr. Oetker gefallen sein, als ihm auffiel, daß ein junges Mädchen jeden Samstag in seiner Apotheke nach Natron und Weinstein verlangte. Auf die Frage, wozu sie eigentlich diese Sachen benötige, soll das Mädchen errötend gestanden haben: »Der Kauke jeht so jut mit auf.«

Backpulver war zuvor nicht lagerbar und damit nicht handelsfähig gewesen. Dr. Oetker ist aber, entgegen der landläufigen Meinung, nicht der Erfinder des Backpulvers. Pulver zum Lockern von Teig hatte schon 60 Jahre zuvor Justus von Liebig entwickelt. Dr. Oetker hatte dafür einen anderen, äußerst lukrativen Einfall. Er packte das Backpulver in kleine Portionstütchen ab, ausreichend für ein Pfund Mehl, verkaufte es für zehn Pfennig pro Tüte und bürgte mit seinem Namen für die Qualität. Bis dahin war Backpulver nur grammweise und lose verkauft worden.

Amerikanische Tiefenpsychologen fanden eine erstaunliche Erklärung für den Erfolg von Dr. Oetker. Sie hatten herausgefunden, daß Kuchenbacken stellvertretend für Kinderkriegen steht und dementsprechend ein mißlungener Kuchen unterbewußt wie eine Fehlgeburt empfunden wird. Daraus folgt mit zwingender Logik, daß dem von einem Doktor verschriebenem Backpulver besonders großes Vertrauen entgegengebracht wird. Auch wenn er, wie Oetker, nur ein Dr. phil. ist.

Bereits 1911 drehte der Regisseur Julius Pinschewer für Dr. Oetker den ersten Werbetrickfilm in Deutschland: Ein Napfkuchen vergrößerte sich mehr und mehr, was, wie der geschriebene Text besagte, auf Dr. Oetkers Backpulver zurückzuführen war. In den 20er Jahren fuhren erstmals die sogenannten **Dr.-Oetker-Werberinnen** auf die Dörfer: Junge Damen, die sich als Vorführtrupps aus Bielefeld in Gasthäusern und Scheunen einmieteten und abends vor den Frauen des Dorfes Backvorträge hielten. Es wurden Kuchenproben verteilt, und wer in seinem Stück eine Mandel fand, bekam ein Oetker-Kochbuch geschenkt.

Achtzig bis hundert Werberinnen waren mit fahrbaren Vorführküchen ständig im Bundesgebiet unterwegs. Werbetrupps zu Fuß besuchten Großbetriebe im Ruhrgebiet und führten den Bergmannsfrauen Oetkers Erzeugnisse vor. Hausfrauenverbände wallfahrteten täglich zu Werksbesichtigungen nach Bielefeld, und Oetkers Versuchsküche beantwortete mit nimmermüdem Eifer die Briefe von Hausfrauen mit Sätzen wie: »Ihr sehr geehrtes Schreiben, betreffend den mißglückten Gugelhupf ...«

Fünf unbestechliche Hausfrauen
Stiftung Warentest

Die verantwortungsbewußte Hausfrau erkennt man an der sauberen Schürze, ihrer Ordnung und Disziplin. Sie ist tüchtig in allen Arbeiten und unbestechlich, wenn es um essentielle Haushaltswaren wie Toaster oder Kaffeemaschinen geht. So oder ähnlich muß in den Sechzigern die Firma AEG gedacht haben, als sie fünf unbestechliche Hausfrauen Staubsauger und andere Elektrogeräte testen ließ. Das per Anzeige publizierte Urteil fiel in der Regel positiv aus:

»Fünf unbestechliche Hausfrauen testen den AEG-automatic-filter. Das Urteil der fünf Unbestechlichen: Unglaublich, aber diese AEG-Kaffeemaschine filtert den Kaffe noch besser, als wir selbst es können.«

»Fünf unbestechliche Hausfrauen testen den AEG-automatic-toaster. Das Urteil der fünf Unbestechlichen: Die AEG-Toastautomatik macht jede Scheibe gleichmäßig braun – und keine brennt an.«

Besonderer Wertschätzung erfreute sich auch das Zweitgerät zum Staubtuch:
»Die fünf Unbestechlichen testen die AEG-Vampyrette. Ihr Urteil: Handlich wie ein Besen, aber vielseitiger als mancher große Staubsauger. Und schneller und viel gründlicher als das gute alte Staubtuch. Das ideale Zweitgerät.«

Für die Firma Miele erprobte der **Miele-Inspekteur** bei Wind und Wetter Wasch- und Trockenautomaten. Der Miele-Inspekteur berichtet: »In dieser Gegend rosten selbst die Stricknadeln. In dieser Gegend überprüfe ich seit 10 Jahren Miele-Automaten. Ohne ein Spur von Rost zu finden.«

Für Jacobs Kaffee testeten nicht die unbestechlichen Fünf, auch nicht die glorreichen Sieben, sondern die **erfahrenen Hausfrauen:** »Ja – ein wahrer Kaffee-Genuß! So urteilt diese erfahrene Hausfrau über Jacobs Kaffee. Das ist ein bedeutendes Lob. Denn sie versteht viel vom Kochen und vor allem vom Kaffee.« Fürs Gebäck waren **Die vier Keksexperten** der Firma Bahlsen zuständig. Sie schworen auf den Löffel Butter mehr im Keks.

Dem ist nur noch hinzufügen:
»Kochen, backen, braten –
mit Glücksklee wird's geraten.«

Fuji-Dicke
Pralle Schönheit

Pfundige Werbung bot 1972 die japanische Fotofirma Fuji. Nach dem Motto »Fett, aber nett«, setzte die Agentur EBD+CDP am Strand von Ibiza die 146 Pfund Lebendgewicht der norwegischen Kunststudentin Gerd Tinglum (21) in den Sand und schrieb unter das Bild der prallen Schönen: »Fotografieren Sie Ihren Liebling doch mal bei Sonnenschein«. Das Werbeplakat des Hamburger Fotografen Christian von Alvensleben hing in ganz Deutschland und machte die Fuji-Dicke schnell zur Kultfigur.

Die Düsseldorfer Agentur hatte nach einem Modell gefahndet, das sich »von den gutproportionierten Illustrierten-

Mädchen abhebt« (Creativ-Direktor Klaus Harden) und war durch Zufall auf die in Hamburg lebende Norwegerin gestoßen (Maße: 115–100–110). Ende März probte man auf Ibiza verschiedene Posen. Mitte Juni erschien die Nackt-Annnonce erstmals – prompt meldeten Betrachter in Hunderten von Anrufen und Schreiben ihre Begeisterung. Interview-Wünsche der Journalisten beschied Gerd Tinglum unterschiedlich. Das norwegische Fernsehen durfte drehen, ein 2000-Mark-Angebot von *Bild am Sonntag* schlug sie wegen ihrer politischen Haltung aus.

Heute ist Gerd Tinglum Professorin für Malerei und lebt in Oslo. Ihr Lieblingsmotiv: dicke Frauen.

Gard-Haarstudio
Deutschlands bekanntester Friseursalon

»Guten Abend im Gard-Haarstudio«, hieß es erstmals im April 67. Jeden Donnerstag 2 Minuten vor halb acht im ZDF. In den folgenden 60 Sekunden ging es um die grundlegenden Probleme des Waschens, Festigens und Fönens:

»Ulla findet Festiger völlig überflüssig, weil sie das Haar nur splissig machen. Ulla kennt die neuen Gard-Kurfestiger nicht. Sie sind jetzt noch besser. Sie geben elastischen Halt, und sie geben längeren Halt ... Kommen Sie ... Petra probiert gerade einen davon aus. (...) Sie wissen es, meine Damen. Am besten pflegt man Haar mit dem Gard-System.«

Erfunden hat den bekanntesten deutschen Friseursalon die Düsseldorfer Agentur Dr. Hegemann, die auch →Frau Antje aus Holland den Gouda unter den Arm gesteckt hat. Gemeinsam mit Redakteurinnen von Frauenzeitschriften suchte die Agentur nach typischen Haarproblemen der Frau, die dann in den TV-Spots ausgiebig besprochen wurden. Als kardinales Frisurenproblem stellte sich zum Beispiel »frisurunwilliges Haar« heraus. Es war zum Haareraufen, aber es gab ja Abhilfe: »Waschen – Festigen – Sprayen – alles mit Gard.«

Besonders überzeugend wirkte auch der Gard-System-Kopf, mit den drei für die richtige Frisur entscheidenden Phasen: Die drei häufigsten Haarprobleme (strähniges Haar, fettiges Haar und Frisurprobleme) wurden als negativer Kopf, deren Lösung als positiver Kopf präsentiert. Dazu gab es Tips für den ganzen Frisurvorgang: »Jetzt geht's ans Einlegen. Sie brauchen dazu große und kleine Wickler. Der Reiz der Frisur liegt darin, daß Sie abwechselnd eindrehen. Und zwar vom Scheitel weg nach innen.« Bis zu siebzehn 60-Sekunden-Spots liefen pro Jahr, Gard wurde zur Nr. 1 auf Deutschlands Köpfen.

»Auf Wiedersehen im Gard-Haarstudio, nächsten Donnerstag, 2 Minuten vor halb acht.«

Die Generalin
Die Putzfrau mit dem Funkenmariechen-Touch

In den Siebzigern war sie immer an vorderster Front, wenn es galt, der Hausfrau aus der täglichen Schmutz-Krise zu helfen: die Generalin. Eine Frau Saubermann mit Funkenmariechen-Touch, der beim Gebrauch des Allesreinigers plötzlich Epauletten und Orden an der Bluse kleben, und die jeden Frühjahrsputz zu den Klängen von Marschmusik als einen Feldzug gegen Schlieren und Putzstreifen führt. Ausstaffiert wie ein leibhaftiger General war Frau Martin, so der bürgerliche Name, gemeinsam mit →Meister Proper der Stoßtrupp gegen Kalkflecken im Bad und Schmierglanz auf den Nirosta-Spülen. Sie bewies, daß es noch sauberer als sauber geht: »Diese Diele ist mehr als sauber. Sie ist General-gereinigt!«

Seit 1929 war Henkel, anfangs mit IMI, später mit Dor, die Nr. 1 auf deutschen Putzflächen. In den sechziger Jahren drängten dann die amerikanischen Seifenmultis Colgate-Palmolive und Procter & Gamble massiv auf den deutschen

Markt. Colgate-Palmolive brachte mit Ajax das erste flüssige Scheuermittel – zuvor gab es nur staubiges Pulver – über den Teich, und dessen Weisser Wirbelwind wirbelte die Konkurrenz kräftig durcheinander. 1967 zog Procter & Gamble mit Meister Proper nach, und Henkel verlor endgültig die Vorherrschaft auf den Chrom- und Arbeitsplatten.

Mit dem Gegenangriff ließ man sich in Düsseldorf sieben Jahre Zeit. Henkels neuer Putzteufel, natürlich flüssig, wurde erst einmal im Testmarkt Saarland gründlich durchgecheckt, bevor er an die gesamte Verkaufsfront durfte. Und da man bei Henkel damals offenbar eine Vorliebe für militante Namen hatte – ein »Gouverneur« war bereits im Programm – taufte man den neuen Reiniger »General«. Symbolisch für die Überlegenheit des Produktes über jeden Schmutz. Die Hamburger Agentur Verclas & Bölz erschuf mit der Generalin Frau Martin die passende Werbefigur zur Generalsoffensive:

»Achtung: Frau Martin benutzt zum ersten Mal den General. Ein General, den Sie kaufen können.«

»Ach, das wollt ich Sie schon immer fragen, was nehmen Sie eigentlich zum Reinigen?« Frau Martin: »Ach, ich hab schon alles ausprobiert, für mich gibt's nur die General-Reinigung.«

Auch die Marktforscher meldeten Positives. Die Spots mit Frau Martin kamen an. Die Befragten fanden sie »lustig, schwungvoll, ansprechend«. »Versetzt in gute Laune«, »die Musik, man will gleich mittanzen«, so die Kommentare. Die Umwandlung von Frau Martin zur Generalin mit Schulterstück im Paradeschritt wurde nicht, wie befürchtet, militärisch assoziiert: »Tanzmariechen« war die häufigste Bezeichnung.

Die Feldzug gelang. Binnen fünf Monaten waren 10 Millionen Flaschen weggeräumt, und Henkel war, bei einem

Marktanteil von 20 %, wieder die Nr. 1 auf dem Markt. Der Spot mit Frau Martin wurde in den USA von der Hollywood Radio and Television Society als einer der weltbesten Werbefilme ausgezeichnet. Ende der siebziger Jahre hatte sich dann die Militärmasche überholt, und Frau Martin mußte die Uniform wieder an den Haken hängen.

Gold-Dollar-Seemann
Der singende Seebär

> In meiner leeren Buddel drin,
> da schwimmt 'ne Schonerbark;
> einst war in dieser Buddel Gin –
> und der war mächtig stark!

Daß in der Werbung so manches Seemannsgarn gesponnen wird, ist ein hartnäckiges Gerücht. Die Zigarette Gold-Dollar (»Das echte Seemannskraut«) erwählte in den Fünfzigern vielleicht deshalb einen echten Seebären als Fürsprecher beziehungsweise Vorsinger. Und was so ein echter Seemann ist, der hat viel zu erzählen. Freddy Quinn schluchzte im Namen seiner Mama »Junge komm bald wieder«. Der Gold-Dollar-Seemann (»der die ganze Welt befahren hat«) besang im Auftrag von Gold-Dollar, den Blick auf die Sterne und das grenzenlose Firmament gerichtet, die »treffliche Mischung, von Amerikafahrern gebracht«, und hielt dabei stets Kurs: »Der richtige Kurs – für richtige Kenner.«

> Hein wird in China tätowiert,
> das ist nun mal so Brauch!

Hein Seemann steht und kommandiert,
denn er bezahlt es auch!
Na klar, aufs Herz kommt die Katrein,
dann hab ich sie bei mir!
Und auf den Arm ein hübsches Bein!
Das ist dann auch von ihr!

»Jetzt kommt der Bauch dran«,
grinst der Hein,
»da kommt ein Braten hin
und eine schöne Flasche Wein!«

»'nen Anker auf den linken Arm
nun doch für meinen Schatz,
denn so ein Arm ist, fest und warm,
der rechte Ankerplatz!«

Hein guckt sich stolz die Bilder an,
dann geht er pfeifend weg. –
Tja, alles bei 'nem Fahrensmann
sitzt auf dem rechten Fleck!

Gummsky-Komplott
Die tollkühnen Gummibärchen

Tollkühne Gummibärchen und Stars, die einfach Zucker sind. Dies ist die unglaubliche Geschichte eines Kampfs gegen das unvorstellbar Böse. Das Gummsky-Komplott – der Kino-Lacherfolg des Jahres 1986. Ein Thriller voller Leidenschaft und Liebe, voller Haß und Häme, voller Irrungen und Wirrungen.

Die Story: Igor Gummsky, ein »von Machtgier und Leidenschaft zerfressener roter Gummibär«, schickt sich an, angezettelt von einem »Konsortium skrupelloser Speck-Schweine und Finanz-Haie«, »die westliche Welt zu erobern«. Zusammen mit seinem perfiden Adlatus Luigi Candidi und seiner Geliebten Rita Marshmallow, einer »üppigen, vor Erotik vibrierenden« Person. Die Dritte im Bunde ist Olga Lakritzowa, eine »hagere, giftige und intrigante Schlange«. Auch sie »zerfressen von Ehrgeiz und Haß. Ein Abgrund von leidenschaftlichen Gefühlen. Wehe dem, der sie weckt und dann damit spielt.« Wenn Luigi Candidi zum Telefon greift, kommt nichts Gutes dabei heraus. Denn er ist eine Ratte. Physisch wie charakterlich. Als »ehemals linke Hand eines sizilianischen Mafioso« ist Candidi »mit allen schmutzigen Tricks vertraut«.

Nur einer steht auf der anderen, der guten Seite: Teddy Gum, der grüne Gummibär. »Ein stahlharter, mit allen Kampftechniken vertrauter Siegertyp.« Was Wunder, wenn Rita Marshmallow wie auch Olga Lakritzowa, in heißer Liebe zu Teddy Gum entbrennen. Plötzlich ist Eifersucht im Spiel. Igor Gummsky wird mißtrauisch und stellt Olga auf eine grausame Probe: Er zwingt sie zu einer Sumonita-Xeno-Nacht. Einer entsetzlichen Tortur an Körper und Geist, die bisher noch jeden zerbrochen hat. »Was wird aus Olga? Und was aus Teddy Gum? Wer wird siegen in diesem Kampf? Wer wird ihn überleben?«

Fragen über Fragen – und keine Antwort. Das Gummsky-Komplott war der Trailer zu einem Film, den es nicht gab. Groß angekündigt auf Kinoplakaten, annonciert als »Film, der keinen kaltläßt«. Im Foyer warteten die Stars des Films in schönster Eintracht in der Movie-Star-Box zum Vernaschen. »Das Buch zum Film« gab's inklusive. Wer wollte, konnte auch das Plakat erwerben oder ein T-Shirt. Beides »mit echten Einschußlöchern«.

1984 eröffneten Karl-Dirk Hüttmann und Norbert Timm in Hamburg-Poppenbüttel ihren ersten Candy & Company-

Shop. Die agilen Jungunternehmer hatten den Einfall, ihre Bonbons und ihr Zuckerwerk wie ein Präsent individuell zu verpacken. Die Candy & Company-Shops wurden ein Renner, was die Konkurrenz dazu veranlaßte, das Erfolgsrezept kurzerhand zu kopieren. Eine Werbekampagne sollte die Konkurrenz in die Schranken weisen, aber Hüttmann und Timm hatten gerade mal 80.000 Mark als Etat zur Verfügung. Ein Betrag, der normalerweise höchstens für einen Low-budget-Spot im Kino reicht. Glück im Unglück: Norbert Timms Bruder Hans-Joachim war kreativer Kopf der renommierten Agentur Heads' Communication und erweckte kurzerhand die Produkte selbst zum Leben. Er ersann das Gummsky-Komplott.

Gedreht wurde der Spot von Regisseur Mike Stiebel vom Filmhaus München. Nach sieben Tagen und sieben Nächten war das Ding im Kasten, es kostete gerade mal 50.000 Mark. Ähnliche Produktionen verschlingen normalerweise das Zehnfache. Das Gummsky-Komplott wurde hochdekoriert. Unter anderen mit Silber vom Art Directors Club, einem Silbernen Löwen in Cannes und Silber beim New York Advertising Festival.

HB-Männchen
Das cholerische Zigarettenmännchen

Er verfluchte Staubsauger und legte sich mit Campingstühlen an. Außenbordmotoren, Diaprojektoren, Automobile und Grillgeräte waren seine natürlichen Feinde, und erst durch den Griff zur Kippe ließ er sich wieder besänftigen. Eine HB, und alles ging wie von selbst. 1957 wurde das von Schicksalsschlägen hart verfolgte HB-Männchen von der Agentur Werbe-Gramm erfunden und avancierte gleich zum ersten wirklichen Star des aufkommenden Werbefernsehens. Seine Auftritte in der ARD – ein anderes Programm gab es noch nicht – folgten direkt auf die Kinderstunde.

Bruno, so sein brancheninterner Spitzname, geriet jeder praktische Handgriff zur Katastrophe. Immer war er im Kampf mit den Tücken modernster Technik, stets scheiterte er an den Accessoires des gehobenen Lebensstils. Wie dem Toaster etwa, in den Sechzigern Inbegriff verfeinerter Lebensart. Oder dem Surfbrett, das damals noch ein Synonym für exklusive Sportarten war. Bruno war wie alle: Er hatte alles, aber nichts funktionierte. In den Wirtschaftswunderjahren, als überall kräftig in die Hände gespuckt wurde, war das HB-Männchen der »Problemlöser in Streßsituationen«: »Greife zur HB, dann geht alles wie von selbst.« Ein Zeitschriften-Kommentar: »Comic-Figur, Spitzname Bruno, inzwischen verstorben. Verkörperte den neuen Streß-Typen im munter wuchernden BRD-Kapitalismus.«

Anfängliche Geburtswehen wurden schnell geglättet. Ursprünglich sollte eine reale Person den Alltagshektiker spielen, die sich schnell als totale Fehlbesetzung erwies: ein Stinkstiefel, der den Zuschauer an den Arbeitsplatz und nicht ans Rauchen denken ließ. So wurde Bruno zur Comic-Figur, ausgebrütet in den Ateliers der Westberliner Kurse-Film, einer renommierten Firma für Werbetrickfilme, die in Wirtschaftswunderzeiten en vogue war.

Der erste Entwurf wurde verworfen, weil er zu sehr an die reale Figur erinnerte. Der zweite glich dem späteren Bruno bereits, lebte aber nicht lange. Kruse-Film ließ den Choleriker am Ende seiner Kurzauftritte in tausend Stücke zerbersten. Was wohl doch zu starker Tobak war. Erst als Bruno nicht mehr in der Luft zerplatzte, sondern in die Luft ging, um dann vom HB-King wieder heruntergeholt zu werden, begann sein Siegeszug durch Kino und Fernsehen.

Der eigentliche Vater des HB-Männchens ist der Trickfilm-Zeichner Roland Töpfer von Kruse-Film – der Mann, der neben Bruno auch Loriots Knollenmänchen für die Scharlachberg-Werbung, Wum – das Maskottchen der Fernsehlotterie 3 × 9 mit Wim Thoelke, den →Hustinetten-Bär und die Raben für die Sendung »Pleiten, Pech und Pannen« zum Leben erweckte.

Damit Brunos Hände nicht zu breit wirken, gab Töpfer ihm, angelehnt an die Disney-Figuren, nur vier Finger. Beim HB-Männchen fällt das aber kaum auf, weil es meistens die Hand zur Faust ballt. Arme und Beinchen sind so kurz wie bei einem Balletttänzer, damit der leichte Bauchansatz nicht so plump wirkt. Zu den schwarzen Hosen trägt Bruno stets ein enges Hemd und eine Fliege. Nie liegt er modisch im Trend, denn er sollte ein Jedermann sein, der außer einem ausgeprägten Hang zur Hektik keine besonderen Merkmale aufweist. Ein echter HB-Raucher auf der Suche nach einem bißchen Freizeit und Entspannung. Ein Jackett wäre zuviel der Eleganz gewesen.

Das charakteristische Schimpfen war eine besondere Spezialität der Spots. Das Gebrabbel kam von einem Tonband mit arabischer Sprache, das rückwärts abgespielt wurde. Der Zuschauer verstand zwar kein Wort, doch der Klang von Brunos Ärger sorgte für zusätzliche Lacher. An den einzelnen Spots arbeiteten zwanzig Mitarbeiter bis zu sechs Wochen.

Ende der sechziger Jahre kannten und mochten 96 Prozent der Fernsehzuschauer Bruno. Er brauchte bloß eine Wand zu tapezieren oder ein Regal zu montieren, und schon waren die Menschen begeistert. Die HB (Thekenjargon: »**H**ier **B**in ich, und **H**ier **B**leib ich«) hängte die Ernte 23 in der Käufergunst ab und wurde zum Marktführer.

Mit der Zeit jedoch liefen sich die Geschichten um das cholerische Männchen tot. In all den Jahren lernte Bruno nie jemanden kennen. Schon gar keine Frau. Sex war tabu, obwohl sich daraus sicherlich reizvolle Pannen ergeben hätten. Auch fitneßbewußt war Bruno nie besonders. Kegeln war der einzige Sport, den Kunde und Agentur zuließen. Vereinzelte Vorstöße des Zeichners, Bruno sich im Tauchen, Tennis oder Wasserski-Fahren versuchen zu lassen, wurden schnell unterbunden. »Sport und Rauchen passen nicht zusammen«, befand Hersteller British American Tobacco.

Zum Ärger von Töpfer gab es auch Auflagen für Brunos Unglücksfälle. Er durfte sich nicht weh tun. Wenn er aus einer Hängematte fiel, mußte Töpfer dafür sorgen, daß er nicht zu hart aufschlug. Also legte er ein Kissen darunter. Wenn ihm ein Brett auf den Fuß fiel, durfte Bruno nicht zu lange schreien. Schmerz in Verbindung mit Zigaretten ging nicht.

Mit dem Erwachen des Gesundheitsbewußtseins wurde

Brunos Niedergang endgültig besiegelt. Niemand konnte mehr seine Zigarette »Frohen Herzens genießen«; der Slogan »Greife lieber zur HB, dann geht alles wie von selbst« wurde verboten, weil er ein unlauteres Wirkungsversprechen enthalte.

1972 war Schluß mit der Zigarettenwerbung im Fernsehen; wer Bruno sehen wollte, mußte ins Kino gehen. 1984 stellte Werbe-Gramm, inzwischen in Grey umbenannt, die Kampagne nach knapp 500 anarchischen Filmen gänzlich ein. Bruno verschied nach langer Krankheit und ausgedehnten Marktforschungen. Die Kunden empfanden das HB-Männchen als altmodisch – der Sympathieträger war zum Trottel mutiert. Ein Vorstadtproll, der nicht einmal einen Dübel in die Wand brachte und zu allem Überfluß auch noch HB rauchte. Der →Marlboro-Cowboy und der →Camel-Mann hatten das HB-Männchen im vollen Galopp abgehängt.

Ein Bruno-Spot wurde nie öffentlich gezeigt. Den hatte Kruse-Film Auftraggeber BAT aus Anlaß des 100. HB-Männchen-Films zum Geschenk gemacht – für den internen Hausgebrauch. Inhalt: Aus lauter Enttäuschung über sein Versagerleben versucht das HB-Männchen verzweifelt, sich das Leben zu nehmen. Es setzt sich eine Pistole an den Kopf, die nicht losgeht, springt aus dem Fenster und landet in einer Markise, nimmt Gift und kotzt es aus. Legt sich erfolglos auf das Bahngleis. Schließlich greift Bruno zur HB, nimmt frohen Herzens einen tiefen Lungenzug und sinkt in den Sarg.

Heute, anderthalb Jahrzehnte nach seinem Ableben, fasziniert der Charme des wüsten Chaoten wieder Raucher und Nichtraucher. Eine Best-Of-Kassette (»Halt, mein Freund«) steht auf der Hitliste der meistverkauften Videos, und mit einem Bekanntheitsgrad von beinahe 80 Prozent ist Bruno wieder einer der beliebtesten Reklamehelden.

He-Man von Dynamic-Tension
Der Körperkulturist

Wovon die Frau im Grunde ihres Herzens träumt, ist aus dem Werbefernsehen hinlänglich bekannt: von glänzenden Fußböden, duftig-frischer Wäsche, zarter Pfirsichhaut und von einem Mann, der das volle Kaffee-Aroma zu schätzen weiß. Aber wovon träumte der Herr der Schöpfung in den 50ern? Von dicken Muckis und einem dicken Bankkonto. Charles Atlas, Körperkulturalist und Dynamic-Tension-He-Man, versprach beides in kleinen Anzeigen mit großer Wirkung. Alles dank »Dynamic-Tension« (Dynamische Spannung), der »natürlichen, erprobten Methode, WIRKLICHE MÄNNER zu produzieren«, die per Nachnahme ins Haus kam.

> »Beneiden Sie große, starke Männer? Auch Sie können ein drahtiger He-Man – ein Kraft-Mensch sein! Verbringen Sie Ihr Leben nicht damit, andere Männer um ihren prächtigen Körperbau zu beneiden! Geben Sie mir sieben Tage Zeit, und ich beweise Ihnen, daß auch Sie einen wirklichen He-Man-Körper haben können. Ich beweise Ihnen, daß Ihre hageren Glieder, Ihre eingefallene Brust und Ihre unscheinbare Erscheinung sich verändern können. Kreuzen Sie auf dem anhängenden Abschnitt an, was für einen Körper Sie sich wünschen!«

Das Wunder vollbrachte – was sonst – Dynamic-Tension: »Sie gibt Ihrem Körper Pfunde von Muskeln, stößt unnötiges Fett ab (usw.)«

Auch Persönliches beichtete He-Man Atlas:
> »Vor Jahren war ich ein schmalbrüstiger Jüngling. Ich traute mich nicht, mit einem Mädchen zu sprechen.

Heute bin ich in Kreisen der Körperkultur berühmt und bekannt als der Mann, der zweimal der Sieger im Wettbewerb um ›The World's Most Perfectly Developed Man‹ war. Führen Sie sich einmal vor Augen, welches Selbstvertrauen ein starker, wohlgeformter Körper einem Mann verleihen kann. Mit einem Mal haben Sie die bestbezahlte Stellung und die hübschesten Mädchen. Sie betrachten sich im Spiegel, und ein gesunder, kräftiger Kerl lacht Ihnen entgegen.«

Der *Stern* ging wenig behutsam mit seinem Anzeigenkunden um und betitelte 1959 einen Artikel über die Körperkulturisten mit: »Harte Muskeln, nichts dahinter.« Was Herrn K. Ortloff aus Nürnberg zu einem Leserbrief anregte: »Curzio Malaparte, Enfant terrible der Literatur, charakterisierte den deutschen Mann: ›Nackte deutsche Männer erregen keine Furcht mehr. Das Geheimnis ihrer Stärke ist ihre Uniform. Wenn die Völker Europas wüßten, welche schlaffe und tote Nacktheit sich unter dem Feldgrau der Uniform verbirgt ...‹ Nun, ohne Uniform müssen die Deutschen etwas für ihr Äußeres tun und holen sich durch Bodybuilding die entsprechenden Muskeln.«

Herr Gustl Kaiser, Bayer und Körperkulturist aus Überzeugung, sah das offensichtlich genauso: »Aufgrund langjähriger Erfahrung mit vielen Körperkulturisten und nicht zuletzt aufgrund meiner eigenen als Trainer gemachten Erfahrungen stelle ich fest, daß jeder der sogenannten Muskelmänner in seinen physischen Kraftäußerungen weit über den Durchschnitt normaler männlicher Leistung hinausgeht. Einzelerscheinungen, die als Glamour-Boys hervortreten, können das Gesamtbild einer Sportdisziplin nicht entwerten.«

Als Anschauungsmaterial legte Gustl Kaiser das Bild zweier wohlproportionierter Körperkulturisten (Dynamic-Tension?) im Posing-Slip bei. Sie maßen sich im bayrischen Nationalsport Armdrücken.

Henne Berta
Die Eierexpertin

Henne Berta, eine besonders prächtige Legehenne, der die Daseinsfreude nur so aus den Augen blinzelte, kurbelte in den Fünfzigern den Eierkonsum an. Ihr Motto: »Wer arbeitet – braucht Eier« und »Viel Eier im Haus – Beim Kochen fein raus«.

Ein Huhn ist unbestritten eine Expertin, wenn es ums Eierlegen geht, und Expertenmeinungen werden in der Werbung immer gern herangezogen, wenn es darum geht, schlummernde Bedürfnisse in Verbraucherseelen zu wecken. In Illustriertenanzeigen brütete Henne Berta so manch gute Idee rund um das Frühstücks- und Spiegelei aus:

»Henne Berta war in den letzten Wochen viel unterwegs und stark beschäftigt. Sie ist zu berühmten Köchen gefahren, sie hat korrespondiert und experimentiert und auf diese Weise viele schöne und originelle Eierrezepte kennengelernt.«

»Ein schwarzer Mann (Schornsteinfeger/d. A.) bedeutet Glück. Und ein Ei von Henne Berta gibt Kraft und Laune für den ganzen Tag. Auch der schwarze Mann freut sich auf seine verdiente Arbeitspause mit einem frischen Ei!«

»Henne Berta hat mit erfahrenen Ärzten gesprochen. Auch wenn's Geld knapp ist – das Frühstück sollte immer gut und nahrhaft sein. Aber mit einem frischen Ei! Es lohnt sich, dafür zehn Minuten früher aufzustehen.«

»Henne Berta bekommt tüchtige Hilfe: Die jungen Hennen, die kleinen Bertaleins, beginnen jetzt mit dem Eierlegen.«

»Henne Berta ist betrübt, weil es immer wieder Menschen gibt, die am falschen Ende sparen wollen. Wie kurzsichtig ist es, jetzt weniger Eier zu essen, nur weil sie im Herbst ein paar Pfennige teurer sind.«

Keine Frühstückseier, sondern goldene Eier brütete in den Sechzigern **Das Huhn, das goldene Eier legt**, aus. Und das im Auftrag des Interessenverbandes Pfandbriefe und Kommunalobligationen. Die Gemeinschaftswerbung versprach jedem Arbeiter nicht nur sein Huhn sonntags im Topf, sondern auch ein Huhn im Bankschließfach. Landwirte hofften freilich, daß die Pfandbriefhenne fleißiger ist als ihre Hühner, die zweimal jährlich mausern und dann nicht legen. Weshalb die fruchtbareren Fonds-Hennen Eierfreunden auch mit den Worten schmackhaft gemacht wurden: »Logisch, daß ein Huhn, das goldene Eier legt, nicht an der Haustür angeboten wird.« Das gab's nur bei Banken und Sparkassen. Und da kein Mensch sich gerne rupfen läßt, schon gar nicht vom Finanzamt, empfahl man: »Wenn Sie beim Finanzamt keine Federn lassen wollen – warum haben Sie noch kein Huhn, das goldene Eier legt?«

Die Europäische Kommission kam 1996 zwar nicht auf das Huhn, dafür auf das Ei. Sie ermutigte die Mitgliedsstaaten, das Ei als Werbeträger auszutesten (zuvor durfte nur die Haltungsform und das Legedatum auf die Schale gedruckt werden). In England zierte 1994 das Logo der British Telecom das eine oder andere Frühstücksei. Bleibt nur die Frage, wann wir den →Melitta-Mann in die Pfanne schlagen dürfen.

Herr Darboven
Idee-Kaffee-Hersteller

Sie haben eins gemeinsam: Man hat sich einfach an sie gewöhnt, weil sie so redselig daherkommen. Was →Herr Kaiser für das Versicherungswesen und →Onkel Dittmeyer für den O-Saft, ist Herr Darboven für die Kaffeebranche. Bereits in der dritten Generation preisen die Darbovens ihre berühmten magenfreundlichen Bohnen mit persönlichen Botschaften an die Freunde des Schonkaffees an.

Begonnen hatte alles vor über 100 Jahren. Sproß einer Bauernfamilie vor den Toren Hamburgs, ging Firmengründer Johann Joachim Darboven 1866 erstmals in den Handel. Als Erfinder des Hamburger Röstkaffees machte er den Familiennamen im ganzen Deutschen Reich bekannt. Bis in die sechziger Jahre des vorigen Jahrhunderts kaufte die Hausfrau grüne Kaffeebohnen. Die röstete sie auf dem Herd in der Pfanne oder mit einer kleinen Rösttrommel. Erst J. J. Darboven bot fertig geröstete Bohnen an.

Im Frühjahr 1973 erschien dann erstmals der 72jährige Seniorchef Nicolaus Darboven als Kaffeeonkel mit gepflegtem Kinnbart auf der Mattscheibe: »Verwöhnen Sie Ihre Gäste doch einmal mit Idee-Kaffee. Herzlichst, Ihr Nicolaus Darboven.« Besonders gut kam der alte Herr bei Frauen über 40 an. Körbeweise lief die Verehrerpost bei der betreuenden Werbeagentur William Wilkens ein. »Sie strahlen soviel Ruhe aus, was in dieser Zeit wohl- und guttut«, schrieb eine begeisterte Fernsehzuschauerin dem Kaffeeröster.

In einer Zeit, in der →Karin Sommer als personifiziertes schlechtes Kaffeegewissen durch Hochzeits- und Konfirmationsfeiern spukte und drohend das Verwöhnaroma pries, erinnerte Nicolaus Darboven seine Fangemeinde mit sanften Worten an seinen magenfreundlichen Kaffee:

»Sehr verehrte Bunte-Leserin,
sehr viele Menschen haben heutzutage einen empfindlichen Magen. Möglicherweise gehören Sie auch dazu? Trotzdem verzichten Sie nur ungern auf Ihre Tasse Bohnenkaffee, nicht wahr? Probieren Sie doch einmal meinen Idee-Kaffee, denn Idee-Kaffee bietet Ihnen die gewünschte Anregung, Genuß und Bekömmlichkeit zugleich.
Idee-Kaffee hält, was ich verspreche. Herzlichst, Ihr Nicolaus Darboven.«

Heute setzt Enkel Albert Darboven die Familientradition fort: »Denken Sie, ich engagiere einen Schauspieler, um Ihnen zu erklären, wie gut mein Idee-Kaffee schmeckt? Die Zeit nehme ich mir schon selbst.« Diesen Werbehinweis nimmt man der Inkarnation des honorigen hanseatischen Kaufmanns sogar ab. Auch wenn er immer etwas deplaziert wirkt, wie er so im Nadelstreifenanzug auf der grünen Wiese (gleich Natur, gleich Schonkaffee) im Sessel sitzt und die Kaffeetasse schwenkt.

Herr Kaiser
Deutschlands bekanntester Klinkenputzer

Gestatten, sein Name ist Kaiser. Günter Kaiser. Beruf: Versicherungsexperte. Seit einem Vierteljahrhundert heißt es bei Fragen rund um Hausrat und Haftpflicht: Herr Kaiser, übernehmen sie. Deutschlands bekanntester Klinkenputzer kam schon in jedes deutsche Wohnzimmer. 82 Prozent der Bundesbürger kennen den geschniegelten Vertreter der Hamburg-Mannheimer. Seinem Arbeitgeber ist es zwar bis heute nicht gelungen, diesen öligen Typen zur Sympathiefigur zu machen; durch seine Dauerpräsenz auf dem Bildschirm muß der Versicherungsheini aber längst in einem

Atemzug mit dem →HB-Männchen und →Klementine genannt werden.

Seine Policen schwatzt der penetrant nette Herr mit dem Lederkoffer den Kunden bei jeder Gelegenheit auf. Schutzlosen Vorgartenbenutzern über den Jägerzaun hinweg, neuerdings auch im Fußballstadion; selbst im afrikanischen Busch ist man vor ihm nicht sicher. Der selbstlose Einsatz machte ihn zum Synonym für den vertrauenswürdigen Versicherungsvertreter schlechthin. Denn bei Herrn Kaiser weiß man: Der haut einen nicht übers Ohr. Eine Art Onkel Dittmeyer der Versicherungsbranche. Der erste Herr Kaiser genießt indes längst die Früchte seiner Altersvorsorge, heute putzt bereits die dritte Kaiser-Generation die Türklinken. Mit Erfolg, wie ein Werbespruch vermuten läßt: »Wir von der Hamburg-Mannheimer sind bei 5 Millionen Versicherten zu Hause«.

Die Idee zu Herrn Kaiser kam 1972 dem damaligen Werbeleiter der Hamburg-Mannheimer, Helmut Fiebig. Gewerbetreibende im Versicherungswesen haben in der Regel Image-Probleme. Das Abbuchen der Beiträge funktioniert reibungslos, das Bezahlen meistens nicht. Schutzsuchende fühlen sich deshalb oft hilflos den mächtigen Konzernen ausgeliefert. Genau das hatte eine Image-Studie des ISOV-Instituts, Hamburg, herausgefunden. Fiebig wußte Rat. Da der schlechte Ruf oft aus den schlechten Erfahrungen manchen Bürgers mit den schwarzen Schafen der Vertreterzunft herrührt (Branchen-Spott: »Hamburg-Mafia«), beschloß er, einen Versicherungsonkel zu schaffen, dem man vertrauen kann. Ein Musterexemplar des seriösen Vertreters.

Die Hamburger Agentur MWI steckte den Münchner Schauspieler Günter Geiermann (welch passender Name!) in einen Anzug, verpaßte ihm ein Dauergrinsen und eine randlose Brille und studierte mit ihm freundliche Sätze und höfliche Umgangsformen ein. Geiermann machte seinen Job so gut, daß ihn die Leute auf der Straße um Versicherungsrat baten. Und viele Anrufer in der Zentrale verlangten gleich nach dem Herrn Kaiser aus dem Fernsehen.

Wie Herr Kaiser zu seinem Namen kam, ist eine Geschichte, die man bei der Hamburg-Mannheimer heute nicht mehr gerne hört. Der eigentliche geistige Vater des Herrn Kaiser, Herr Kurt Meißner aus Lollar, ist am Hamburger Überseering nämlich seit einigen Jahren eine Persona non grata.

Meißner hatte zu Beginn der siebziger Jahre die Vertreter des Konzerns geschult. Dabei benutzte er einen Herrn Kaiser als Schulungsfigur und schwor in seinen Seminaren die Außendienstler mit den markanten Worten ein: »Okay, der Kunde ist König, aber ihr seid die Kaiser. Ihr habt die Macht, ihr wißt Bescheid, ihr manipuliert.« Dann ließ er seine Schützlinge Rollenspiele mit Herrn Kaiser und Frau König proben. Der Versicherung gefiel Meißners Kaiser so gut, daß sie ihren Vorzeigevertreter aus dem Werbefernsehen auch gleich Kaiser tauften.

Zum Streit mit der Hamburg-Mannheimer kam es 1982, als Meißner mit den Umtrieben seines Zöglings nicht mehr einverstanden war. Denn der war, nach Meißners Ansicht, auf die schiefe Bahn geraten. Als Lebensversicherungen in der Presse stark unter Beschuß waren, hatte Meißner nachgerechnet und war zu dem Schluß gekommen, »daß eine Kapitallebensversicherung zum Zwecke der Altersversorgung legaler Betrug ist«. Meißner hörte daraufhin 1983 mit seinen Schulungen auf, der Werbe-Kaiser warb jedoch munter weiter. Und das, obwohl »er als Schulungsfigur zur absoluten Ehrlichkeit verpflichtet war«, wie Meißner später berichtete.

Heute würde er der Hamburg-Mannheimer zwar am liebsten (so berichtete er 1996) den Mißbrauch von Herrn Kaiser verbieten. Die jedoch hatte sich ihre Symbolfigur bereits am 13. März 1980 patentieren lassen: Nummer 999 262

»Versicherungsexperte Herr Kaiser«. So blieb Meißner nur übrig, sich zu distanzieren: »Ich möchte nicht, daß mein Herr Kaiser mit dem der Hamburg-Mannheimer in einen Topf geworfen wird. Mein Herr Kaiser ist ein anständiger Mensch.«

1990 schmiß die Hamburg-Mannheimer nach 18 Jahren ihren ersten Herrn Kaiser, Günter Geiermann, raus. Die Haare waren dünn geworden, das Gesicht warf die ersten Falten: Geiermann entsprach nicht mehr dem Idealbild des agilen Enddreißigers (für eine Firma, die Altersversicherungen anbietet, ein interessantes Argument). Immerhin sagte die Firma ihm mit dem Beginn des Rentenalters eine Pension zu. Aber erst einmal mußte ein neuer Kaiser her. Die kurze Bildschirmabstinenz des Mannes mit dem Koffer hatte den Bekanntheitsgrad des Unternehmens stagnieren lassen und beim Publikum Entzugserscheinungen hervorgerufen.

Sagte jedenfalls die Versicherung. »Es lebe der Kaiser, weil König Kunde ihn will.« Der Redakteur eines Zeitgeistmagazins bemerkte dazu: »Ihn was will? Köpfen? Vierteilen? Zersägen? Zutreffendes bitte ankreuzen.«

Auf jeden Fall fand man ein Jahr später einen Darsteller, der dem ersten Kaiser soweit ähnelte, daß er auf die Versicherten losgelassen werden konnte.

Seit 1997 steht ein dritter, wesentlich dynamischerer Herr Kaiser auf der Gehaltsliste des Konzerns. Herr Kaiser ist vom netten Verkaufsonkel zum kompetenten Versicherungs-Consultant mutiert. Er muß keine mausgrauen Zweireiher und Krawatten mehr tragen, sondern darf sich, modisch korrekt, in Lederjacke statt mit Lederkoffer zeigen. Auch der Job ist leichter geworden. Der Neue muß keine Klinken mehr putzen, er wird seinerseits von unterversicherten Zeitgenossen auf die wichtigen Themen Vorsorge und Versicherungsschutz angesprochen (»Sie sind doch nicht DER Kaiser?«).

Wie z. B. vom jugendlichen Anhalter, den DER Kaiser nicht nur vor einem Regenschauer rettet, sondern der auch gleich noch ein paar wichtige Versicherungstips mit auf dem Weg ins Leben bekommt. Oder von einer Safari-Gruppe im afrikanischen Busch – diesmal ist Herr Kaiser derjenige, der den Daumen raushält –, die dem Thema anfangs eher skeptisch gegenübersteht, nach der Fahrt mit Herrn Kaiser aber voll und ganz von den Vorteilen seines Kraftpaketes überzeugt ist. Ein Fußballfan im Stadion vergißt vor Entzücken über Kaisers Ratschläge sogar den Torjubel.

Die neuen Spots drehten Regisseur Ian Sharo und Kameramann Harvey Harrison. Beide kennen sich mit Agenten aus. Sie arbeiteten für den James-Bond-Film »Golden Eye«.

Werbeleiter Fiebig hatte indes andere Probleme: Selbst diejenigen, die Herrn Kaiser mochten, konnten nach einem Vierteljahrhundert immer noch wenig mit seinem Gerede anfangen. Der offizielle Slogan lautet seit 1972 »Mehr vom Leben«. Aber auch nach 25 Kaiser-Jahren verstehen die Umworbenen nicht, was man denn durch eine Haftpflichtversicherung so mehr vom Leben hat: »So sind sie, die Hamburger-Mannheimer-Kunden: mit Spaß aktiv und gut versichert. Die haben mehr vom Leben.«

Dabei sollte der neue Herr Kaiser »unkonventionell, offen, positiv, zeitgeistig« wirken und trotzdem »dicht dran an den Themen Vorsorge und Sicherheit« sein. Was wohl ein bißchen viel verlangt ist für einen Klinkenputzer. Vier Agenturen konkurrierten um den 12-Millionen-Etat, drei der Entwürfe ließ Fiebig von einem Marktforschungsinstitut testen. Ergebnis: Der Kaiser trägt zwar neue Kleider, die Botschaft wird jedoch nach wie vor nicht verstanden. Weder geschüttelt noch gerührt.

Herr Ohnemichel
Stinkstiefel

»Das ist Herr Ohnemichel – er winkt immer ab, wenn es darum geht zu helfen, Rücksicht zu nehmen, sich mitverantwortlich zu fühlen. Ihm fehlt eben, was den guten Bürger, den sympathischen Mitmenschen ausmacht – ihm fehlt Gemeinsinn.«

Dieser unsympathische Mitmensch ist seit 1963 die Symbolfigur der Aktion Gemeinsinn. Ende der fünfziger Jahre gegründet, war sie die erste deutsche Bürgerinitiative überhaupt. Ein Zusammenschluß von Persönlichkeiten des öffentlichen Lebens, die gemeinnützigen Zwecken durch Werbung Gehör verschaffen wollte. Die erste Ehrenvorsitzende war Wilhelmine Lübke, der Schirmherr Konrad Adenauer. Vorbild war das National Advertising Council, das in den USA in enger Zusammenarbeit mit der Werbewirtschaft und den Werbeträgern seit Jahren die Amerikaner zur Mitverantwortung in der Gesellschaft aufrief.

Der Name »Gemeinsinn«, heute zum ganz selbstverständlichen Begriff geworden, entstammt indirekt einer Schrift des Reichsfreiherrn Heinrich Friedrich Karl von und zum Stein, einer der wenigen Theoretiker und Praktiker einer in der Tradition der Aufklärung stehenden politischen Kultur. Aus Steins Nassauer Denkschrift von 1806 wurden von den Gründern der Aktion die beiden Begriffe »Bürgersinn« und »Gemeingeist« zu »Gemeinsinn« zusammengezogen.

Herr Ohnemichel sollte dem Bürger ein abschreckendes Beispiel von ausgeprägter Gleichgültigkeit präsentieren. Sein Lieblingsvokabular bestand aus Sätzen wie »... nix mit zu tun! Geht mich nichts an! Ich will meine Ruhe!« Er war das genaue Gegenteil des guten Mitbürgers: »Angst am Zebrastreifen – Herr Ohnemichel nimmt keine Rücksicht.« »Verkehrsunfall – Herr Ohnemichel will damit nichts zu tun haben.« »Kinder in Gefahr – Herrn Ohnemichel ist das egal.«

Geschaffen wurde der unsympathische Antityp von der Agentur Die Werbe aus Essen, deren Gründer Hubert Strauf als einer der Väter der deutschen Nachkriegswerbung gilt. Auf einer konstituierenden Sitzung des Kuratoriums stellte Strauf am 16. Dezember 1963 seinen Ohnemichel vor. Einwände, Figur und Aussage seien zu negativ dargestellt, wehrte er mit Hinweisen auf seine Grundkonzeption ab. Nach der bewußt provozierenden Herausstellung des Ohnemichel in der 1. Phase folgte eine Überleitung zu Phase 2, in der »gute Beispiele« vorgesehen waren. Strauf überzeugte: Bereits im ersten Jahr spendeten die Zeitungsverleger kostenlosen Anzeigenraum im Wert von rund drei Millionen Mark.

Die Kampagne lief 1964 und 1965, aber auch später wurde Ohnemichel immer wieder ins Feld geführt, wenn mangelnder Bürgersinn an den Pranger gestellt werden sollte.

Herr Unrentabel
Kohlenfresser

»Die Szene hier ist hochdramatisch, der Herd ist nämlich stark asthmatisch.«

Zugegeben, der Reim ist etwas holprig. Aber der nächste Winter kommt bestimmt. Mit gesalzenen Kohlepreisen. Und in den Kriegs- und Nachkriegsjahren mußte gespart werden. Vor allem an Energie, insbesondere der Kohle. In der NS-Zeit gab es den **Kohlenklau** (»Werft die Kohlenklaus aus dem Haus hinaus!«), eine finstere Figur, die als abschreckendes Beispiel die Bevölkerung zur Sparsamkeit anhalten sollte. Ein Mann mit langem, struppigem Schnurrbart, Schieber-

Herr Unrentabel

mütze und Sack, der es auf den Diebstahl wertvoller Energie abgesehen hatte.

In den fünfziger Jahren dachte man marktwirtschaftlicher. Herr Unrentabel, ein gezeichnetes, fieses, kleines Männchen, das die Kohlen aus alten Herden und Öfen in sich hineinfraß, hatte es auf den Geldbeutel abgesehen: »Es ist bekannt in aller Welt, Herr Unrentabel stiehlt Dein Geld. Denn noch gibt's, was ihm behagt, alte Öfen hochbetagt. Da ist der einzig richtige Schritt, Herrn Unrentabel einen Tritt. (...) Ja, alle Welt ist sich im klaren, sind Herde und Öfen neu im Haus, ist es mit UNRENTABEL aus.«

UNRENTABELs böse Streiche waren in Illustrierten nachzulesen:

»Ein guter Ofen wird umschwärmt,
weil er das kalte Zimmer wärmt.
Doch ist er alt, verpufft die Glut
und heizt allein den Schornstein gut.
Und während alle – trotz viel Kohlen –
sich tiefgekühlte Nasen holen,
hockt UNRENTABEL auf dem Rohr
und fühlt sich wohl wie nie zuvor.
Moral: Sind Herd und Ofen alt im Haus,
wirf sie samt UNRENTABEL raus!«

»Die Uhr hat längst schon zwei geschlagen,
den Kindern knurrt im Chor der Magen,
der Hausherr rauft sein letztes Haar:
Das Essen wird und wird nicht gar!
Die Szene hier ist hochdramatisch,
der Herd ist nämlich stark asthmatisch,
und UNRENTABEL – mit viel List –
stiehlt Zeit, die äußerst kostbar ist.

Hörzu-Mecki
Der Redaktionsigel

Mecki, der Redaktionsigel der Programmzeitschrift *Hörzu*, war in den fünfziger und sechziger Jahren allgegenwärtig. Noch heute, ein halbes Jahrhundert nach seiner Geburt, ist Mecki eine der populärsten Comicfiguren. Bei einer Umfrage lag Mecki noch in den neunziger Jahren mit einem Bekanntheitsgrad von 61 Prozent vor Snoopy oder der Biene Maja.

Die Mecki-Story begann 1949. Der erste Chefredakteur der Hörzu, Eduard Rhein, schickte die filmenden Gebrüder Diehl und die Zeichner Reinhold Escher und Prof. Wilhelm Petersen auf die Suche nach einem Redaktionsmaskottchen. Die Initialzündung kam aus einem frühen Kurzfilm der Diehl-Brüder »Der Hase und der Igel« (frei nach der Fabel »Ick bün all dor«). Eduard Rhein entwickelte mit Hilfe der Zeichner aus ihm den Redaktionsigel und taufte ihn auf den Namen Mecki. Die phonetische Ähnlichkeit zu Micky (Maus) könnte dabei durchaus mitentscheidend für die Namensgebung gewesen sein.

Im Oktober 49 erschien Mecki erstmals auf dem Hörzu-Titelbild und hatte bereits im August 50 die Auflage auf über eine Million Exemplare gesteigert. Als Held der Fotogeschichten und Einzelszenen gewann er bald Konturen und damit Ansehen und Beliebtheit. Ab 1951 zeichneten Reinhold Escher und später Prof. Petersen die erzählenden Mecki-Szenen zunächst als ganzseitige Bildgeschichten und dann – um die Leser bei der Stange bzw. beim Blatt zu halten – als Fortsetzungs-Comic. Meckis Abenteuer mit seiner Familie Frau Mucki und den Kindern, mit seinen Freunden wie z. B. dem immer dusseligen, schläfrigen Schrat oder Charly Pinguin, fesselten jung und alt Woche für Woche.

Das Markenzeichen ließ in den Fünfzigern die Auflage sensationell auf über 4 Millionen wöchentliche Exemplare ansteigen. Auch Meckis Popularität wuchs unaufhörlich: Frauen trugen Mecki-Frisuren, die Firma Steiff (»Knopf im Ohr«) verkaufte Hunderttausende von Mecki-Figuren. Von Kiosken und Läden grüßten Mecki-Plakate, Aufstell- und Leuchttafeln, Zahlteller und Verkaufsständer. Hubschrauberflüge mit Mecki und Umzüge mit igeligen Laternen waren der letzte Schrei. Ein 1964 erschienes Mecki-Buch verkaufte sich 1,5 Millionen mal.

Zeiten, Trends und Moden wechseln. In den 70ern und 80ern war Mecki nicht mehr angesagt. Mal wurde er geliftet, mal mußte er pausieren – aber in die Werbung paßte er nicht mehr. Auf der Comic-Seite lebte er als Unterhaltungsstar weiter, in den Neunzigern feierte er noch einmal mit einer großen Mecki-Fortsetzungsserie im Fernsehen ein Comeback.

Hustinetten-Bär
Der Bär mit dem Lutschbonbon

Den Hustinetten-Bär kannte in den Siebzigern jedes Kind, das Hustinetten-Lied pfiffen die Spatzen von den Dächern: »Nehmt den Husten nicht so schwer, jetzt kommt der Hustinetten-Bär ...«

Beiersdorf, der Produzent der Nivea-Creme, hatte 1966 erstmals ein Kräuter-Lutschbonbon auf den Markt gebracht, die Hustinetten. Die Pappschachtel zierte ein grüner Bär mit einer Kiepe auf dem Rücken als Symbol für Sympathie, Kraft und Natur. Zwei Jahre später begann die eigentliche Erfolgsgeschichte, als der Hustinetten-Bär zum Fernsehstar wurde.

In den Werbespots, in der Erkältungssaison verstärkt geschaltet, kam er mit einer überdimensionalen Hustinetten-Packung im Arm aus dem Wald gestapft. Sein Lied singend, schnippte er aus seiner Schachtel hustenden Verkehrspolizisten, Opernsängern, Kellnern oder Eiskunstläuferinnen einen Bonbon in den Mund und versorgte alle Umstehenden gleich mit. Gezeichnet wurde der Hustinetten-Bär von Roland Töpfer von Kruse-Film, dem Macher des →HB-Männchens.

Die Hustinette wurde zu Deutschlands meistverkauften Hustenbonbon und der Hustinetten-Bär zu einer der erfolgreichsten Werbefiguren: 1972 unterlag er in der Beliebtheitswahl einer großen Fernsehzeitschrift nur knapp dem →HB-Männchen und den →Mainzelmännchen. Den Werbetod starb der Husten-Bär 1986, als Beiersdorf den Vertrieb der Lutschbonbons an die Firma All Sweet B. V. abgab. Er durfte nur noch von der Bonbontüte lächeln. Mit dem Resultat, daß Bekanntheitsgrad und Marktanteile seitdem beständig sinken.

Ikea-Elch
Werbestar aus Skandinavien

Von 1974 bis 1985 lugte ein Tier mit Schaufelgeweih, kleinen Schlappohren und hängender Unterlippe von jeder Ikea-Anzeige. Daß ausgerechnet ein Elch zur Symbolfigur für das »unmögliche Möbelhaus« (»Nur Stehen ist billiger«) ausgeguckt wurde, war allerdings nicht gemeinsamen skandinavischen Wurzeln zu verdanken, sondern der Standortpolitik des Unternehmens.

Im Oktober 1974 wurde in Eching vor den Türen Münchens der erste Ikea-Laden eröffnet. Gerade mal vier Wochen vor Eröffnung sprach bei der Agentur Herrwerth & Partner in München eine merkwürdig gekleidete Gestalt vor. Ganz ungeschäftsmäßig gewandet – in Jeans, mit kariertem Hemd und Clogs an den Füßen, stellte er sich als Jan Aulin, Europa-Manager von Ikea, vor. Er wolle über eine Eröffnungskampagne für seinen Möbelmarkt sprechen. Agenturchef Werner Herrwerth hatte von einer derartigen Firma noch nie etwas gehört und wollte den »komischen Typen« anfangs am liebsten gleich wieder vor die Tür setzen. Aulin konnte jedoch mit einer Referenz des bekannten Unternehmensberaters Roland Berger aufwarten, und so kam man doch noch ins Geschäft. Am selben Tag wurde der Vertrag per Handschlag besiegelt.

Ikea-Elch 149

Die Kreativen gingen ans Werk. Wer es wagen sollte, einen Wikinger vorzuschlagen, dem drohte Herrwerth gleich vorsorglich mit Kündigung. Der skandinavische Recke trommelte nämlich bereits in der Schweiz für die Selbstbau-Sessel von Ikea. Werber spielen aber gerne mit Worten, und so wurde aus Eching, dem Standort, schnell »Elching« und aus Elching der Ikea-Elch. Gezeichnet wurde das legendäre Werbetier von Charly Brinkmann.

Die Ladeneröffnung wurde ein Riesenerfolg, und auch der Ikea-Elch (»Ab sofort bin ich Ihr bestes Pferd im Stall«) schlug sofort ein. Ein »Zwelch«, eine Mischung aus Gartenzwerg und Elch, fand genauso reißenden Absatz wie das eigens produzierte »Elch-Buch«.

Kurze Zeit später setzte Ikea sogar das damals noch real existierende Ladenschlußgesetz außer Kraft und handelte sich dadurch Ärger mit der bayerischen Polizei ein. Damals gab es einen Streit, ob die Einführung der Sommerzeit überhaupt rechtens sei, und Ikea ließ einfach bis 19.30 Uhr geöffnet. Die Frage der Rechtmäßigkeit wurde nicht geklärt: Pünktlich um 18.30 Uhr wurde das Haus von einigen Hundertschaften weiß-blauer Ordnungshüter geschlossen. Alle Anwesenden (inklusive der Ladenschlußhüter) wurden auf Kosten des Hauses in das Ikea-Restaurant eingeladen. Das durfte nämlich bis 22 Uhr geöffnet sein.

Bis 1985 trieb der Elch in jeder Ikea-Anzeige seine Späße. Dann paßte das Sponti- und rustikale Kiefern-Image nicht mehr zum Selbstverständnis der Firma, und der Elch mußte heim in die Wälder.

IMI-Männer
Verkleidete Saubermänner

1878 hatte der Waschmittel-Pionier Fritz Henkel mit Henkels Bleich-Soda seinen ersten Markenartikel geschaffen. 1907 folgte Persil, 1920 das Scheuerpulver ATA, 1929 wurde IMI, ein Reiniger für Haushalt und Berufswäsche, erstmals verkauft.

Henkels jüngster Sohn Hugo war Chemiker und schon früh fasziniert von den technologischen Entwicklungen der Amerikaner. So zog es Dr. Hugo Henkel immer wieder zu Studienreisen ins Land der unbegrenzten Möglichkeiten. Von einer dieser Visiten brachte er im Jahre 1928 die Idee für den Haushaltsreiniger IMI mit. Dr. Henkel hatte sich über eine chemische Entwicklung informiert, über die damals in großer Aufmachung in Fachzeitschriften berichtet worden war: der Einsatz des neuen Stoffes Trinatriumphosphat in Reinigungsmitteln.

Zurück in Düsseldorf, wurden umfangreiche Untersuchungen in den Henkel-Laboratorien gestartet, deren Ergebnis der Haushaltsreiniger IMI war. Der Name ist ein symmetrisches Wortgebilde, eine Silbenspielerei ohne Bedeutung. Die Arbeiter in den Henkel-Produktionsbetrieben einigten sich allerdings schnell darauf, daß IMI Dr. Henkels Abkürzung von »In Meinem Interesse« sei.

Die Anwendungsmöglichkeiten von IMI waren schier unerschöpflich. IMI bewährte sich sowohl bei der Kleiderwäsche als auch beim Geschirrspülen und im Haushalt. Insbesondere bei der Reinigung von Küchengeräten, Spülbecken, Badewannen oder Bohnertüchern erzielte IMI glänzende Ergebnisse. Ein Umstand, den auch die gereimten Werbeslogans dokumentieren: »Mit IMI im Wasser geht's Abwaschen rascher!« (1932); »Glas, Geschirr und 1.000 Sachen hilft Dir IMI sauber machen« (1933); »Jede Hausfrau sagt einmal: IMI ist mein Ideal« (1936). Durch die Einkaufsstraßen der Großstädte flanierten lustig verkleidete IMI-Männer, ausgestattet mit Eimer, Bürste und Prospekten.

Bereits 1929 wurden über 32 Millionen Pakete (in Strohpappenpäckchen mit Hüllenblatt) von »Henkels Aufwasch-, Spül- und Reinigungsmittel« verkauft. IMI sorgte aber nicht nur im Haushalt für »auffallend schönen Glanz«, sogar im Schweinestall war es überaus nützlich: Die Tiere bevorzugten nämlich mit IMI-Spülwasser versetzte Nahrung. Mit IMI gefütterte Schweine waren gesünder und nahmen schneller an Gewicht zu als ihre Artgenossen, die auf IMI verzichten mußten. Experten für die Schweinezucht fanden bald eine einleuchtende Erklärung. Laut einem von Henkel in Auftrag gegebenen Untersuchungsbericht gleicht die mit IMI-Spülwasser angereicherte Nahrung Natrium-Mangel aus.

Aber nicht nur die Schweine, auch Deutschlands Dichterfürsten Goethe und Schiller kamen mit IMI in Kontakt, wenn auch nicht mehr zu Lebzeiten. Im Jahre 1932 wurde ihren bronzenen Abbildern mit IMI kräftig der Kopf gewaschen. Die Stadt Weimar, Standort des Denkmals, bedankte sich später in einer Erklärung: »Erfreulicherweise kommt unsere Stadt völlig kostenlos zu dieser Säuberungsmaßnahme. Die Firma Henkel hat sich bereit erklärt, bei dieser Gelegenheit an dem Denkmal die Wirkung ihres neuen Putzmittels IMI vorzuführen.«

Johnnie Walker
Ein Gentleman in Frack und Zylinder

Die einen halten Werbefiguren für Sklaven der Industrie, für andere verkörpern sie die Helden des modernen Alltags. Eine große Persönlichkeit hat den Wandel der Zeiten und Geschmäcker ohne einen Kratzer überstanden: der Gentleman mit dem Frack und dem Zylinder. Seit 1820 kommt Mr. Johnnie Walker, sobald der Tag gegangen ist.

Die Lebensmittel-, Wein-, Spirituosen- und Tuchhandlung »John Walker & Sons« wurde 1820 in Kilarmarnok, südlich von Glasgow, gegründet. Der Verkaufsschlager war und ist der exzellente Johnnie Walker Special Blend. Die Figur, die ihn bewerben sollte, wurde von dem schottischen Grafiker Tom Brown ersonnen. Brown klang der schottische Kneipen- und Studentenschlager »When Johnny comes home marching again« im Ohr, und er war wortverspielt genug, den Familiennamen der Walkers wörtlich zu nehmen.

So trat der flott und freundlich dahineilende Johnnie Walker seinen Siegeszug um die Welt an. Ein schottischer Gentleman, mit und ohne Zylinder, vollendet rot befrackt, der sich beeilt, die fröhliche Runde der Trinkgesellen zu erreichen. Den berühmten Slogan »Der Tag geht, Johnnie Walker kommt«, ließ sich 1967 Holm Freiherr von Czettnitz und Neuhauß von der Hamburger Werbeagentur William Wilkens einfallen. Der Original-Slogan lautet: »Still going strong«.

1996 setzte die renommierte Londoner Agentur Leo Burnett (die 1954 in Chicago den →Marlboro-Cowboy erfunden hatte) dem beschaulichen Marschieren ein Ende. Neuerdings heißt es »taste life« in vollen Zügen, »als ob es morgen zu Ende sein könnte« (Burnett-Kreativer Gerard Stamp). Um dieses Lebensgefühl zu erzeugen, mußte Werberegisseur Thed Lenssen alle Register des Action-Kinos ziehen: Im thailändischen Urwald errichten Arbeiter eine gigantische Holzbrücke. Plötzlich reißt ein Seil, und unzählige Baumstämme poltern auf den leitenden Ingenieur zu. Den Tod vor Augen, ziehen in sekundenkurzen Bildern noch einmal die Stationen seines Lebens an ihm vorüber. Als dann doch noch alles gutgeht, gönnt sich der Gerettete erst mal einen Johnnie Walker.

Filme wie »Speed« oder »Terminator 2« standen Pate. Was laut Gerard Stamp genau das Richtige ist, dem Scotch, »dem im Vergleich zu Bier oder Wein die Leichtigkeit des Seins fehlt«, ein jugendlicheres Image zu verpassen. Den Zuschauern gefiel's – der Spot bekam Bestnoten.

Käpt'n Iglo
Schutzpatron aller Fischstäbchen

Er ist tapfer, klug und diplomatisch. Als Käpt'n trägt er die Verantwortung für sein Schiff und seine Mannschaft. Keine Witterung und kein noch so starker Seegang bringen ihn aus der Ruhe und auch die schlimmsten Abenteuer nicht, die er auf seinen zahlreichen Reisen erlebt. Da sind Angriffe von Piraten abzuwehren, Inseln werden entdeckt, Schätze gefunden und schaurige Ungeheuer aufgespürt – und mittendrin steht der unverwüstliche Käpt'n Iglo, dem es dank seiner knusprigen Fischstäbchen immer wieder gelingt, die Wogen zu glätten.

Erfunden wurde Käpt'n Iglo 1966 von der Agentur Lintas in London. Dort heißen die knusprigen Filetstücke Birdseye-Fischstäbchen, und auf der Suche nach einer verkaufsfördernden Idee zog ein Texter beim Ordnen seiner Unterlagen zufällig einen Superman-Comic hervor. Was bei dem Kreativen zu dem Gedankenstrom Superman – Captain Marvel – Captain Birdseye führte. Das ist überliefert. Nicht überliefert ist, ob der Mann sich dabei auch von dem amerikanischen Fischgroßhändler Clarence Birdseye inspirieren ließ, der in den dreißiger Jahren als Pelztierjäger bei den Eskimos als erster die Vorteile des Schnelleinfrierens bei tiefen Temparaturen entdeckt hatte.

Captain Birdseye kam 1985 nach Deutschland und wurde von der Hamburger Niederlassung der Lintas nach dem Namen des Herstellers Langnese-Iglo benannt. Gespielt wurde der Seebär 22 Jahre lang von dem englischen Schauspieler John Hever, sein deutscher Kollege Wolfgang Völz (Raumpatrouille Orion) lieh ihm die Synchronstimme. Geschickterweise spricht Völz auch den beliebten Käpt'n Blaubär aus der »Sendung mit der Maus«. Sprache und Tonfall der Wer-

bespottexte entsprechen exakt denen der Kindersendung, nur daß es um Fischstäbchen geht. Was bei den Kindern zu dem Zitat führte: »Die Käpt'n-Iglo-Fischstäbchen müssen her, Käpt'n Blaubär hat's gesagt.«
1998 mußte der Käpt'n-Iglo-Opa einem jüngeren Fischstäbchenverkäufer Platz machen. Schuld war die Marktforschung. Die hatte herausgefunden, daß Kinder und Mütter sich nicht länger mit dem Uralt-Käpt'n im abgegriffenen Meeres-Ambiente identifizieren wollten. Der Neue, US-Schauspieler Thomas Pescod, kämpft mit zwei Kindern gegen eine Gang, die das Geheimnis der »köstlichen Fischfilets« ergründen will.

Fischstäbchen für alle!

Karin Sommer
Das Kaffeegewissen der Nation

Zwei große Frauengestalten betraten in den Siebzigern das Zimmertheater, →Klementine und Karin Sommer. Sie lösten so entscheidende Fragen wie: Sauber oder rein? Krönung oder nicht Krönung? Sie waren immer da, ob man sie brauchte oder nicht, nahmen teil am Familienleben und verschönten den Feiertag. Ein Tip von Karin Sommer – schon gerieten der Dame des Hauses Konfirmationsfeiern, Kaffeekränzchen, Hochzeiten und Kindstaufen zur Perfektion. Die Empfehlung war immer dieselbe: »Nehmen Sie den Besten von Jacobs – die Krönung.« Männer waren anspruchsvoll in diesen Zeiten – wenn es um das Verwöhnaroma ging, verstanden sie keinen Spaß:

Inges Mann ärgert sich. »Dein Kaffee schmeckt mir nicht! Ich trink den im Büro!« poltert der Ehegatte, knallt die Tür hinter sich zu und rennt wutentbrannt zu seiner Sekretärin.

Inge ist verzweifelt. Bei Karin lernt Inge: »Deinem Kaffee fehlt das ganze Aroma. Probier mal Jacobs Kaffee!«

Inge ist hellauf begeistert. Sie sagt es Karin: »Den nehm ich jetzt auch.«

Am nächsten Morgen. Inge ist wieder glücklich. Ihr Mann lobt sie: »Siehste, das ist ein Kaffee. Der schmeckt.«

Mit Ehemann Peter konnte bei Frau Sommer zu Hause Ehezwist erst gar nicht aufkommen:

»Für meinen Mann fängt der Morgen erst beim Frühstück an. Bei einer ersten Tasse Kaffee. Und die muß gut sein, damit bei ihm die gute Laune wach wird. Diesen kleinen Wunsch kann ich ihm ganz leicht erfüllen. Ich mache einfach immer Jacobs Kaffee.«

Gemeinsam mit Peter und zwei Kindern bewohnte Karin Sommer ein Häuschen im Grünen, ihre Markenzeichen waren Einfachheit und Natürlichkeit. Ihr Leben war wie das Leben von Millionen anderen Hausfrauen:

»Ich gehe mit meinem Haushaltsgeld sehr sorgfältig um und achte beim Einkaufen immer darauf, daß ich für mein Geld nur Bestes für meine Familie bekomme. Bei Kaffee entscheide ich mich deshalb immer für Jacobs. Mein Mann trinkt meinen Kaffee sehr gerne. Für ihn ist das ein kleiner Beweis, daß ich mir mit meiner Familie sehr viel Mühe gebe.«

Was auch Peter Sommer bestätigte: »Karin ... Du bist wunderbar.«

Die berühmt-berüchtigte, von der Agentur J.W. Thompson kreierte Halbe-Tassen-Kampagne startete 1972. Schon ein Vierteljahr später kannte jeder vierte Deutsche die neue Kultfigur. Die zugrundeliegende Idee war es, Konsumanlässe zu prägen, zu denen Jacobs-Kaffee getrunken wird und mit denen die Marke sofort assoziiert werden kann. Karin Sommer rettet wichtige Lebenssituationen durch ein Päckchen Krönung. Die geniale Botschaft von Karin Sommer war der Halbe-Tassen-Effekt, der bei typisch deutschen Festivitäten vorgeführt wurde: Taufe, Hochzeit oder Jubiläum. Alle sind sie da: die Schwiegermutter, der Herr Pfarrer und die Tante dritten Grades. Die Hausfrau serviert den Kaffee, und dann geschieht es: der Alptraum jeder Gastgeberin. Das Verwöhnaroma fehlt, die Hälfte bleibt stehen. Die wiederauferstandene Angst der Hausfrauenkultur der siebziger Jahre. Aber zum Glück gibt es Karin Sommer, die immer ein Päckchen Jacobs Krönung dabei hat. Dank Frau Sommer gerät die Hochzeitsfeier nicht zum Debakel.

Kaffee galt in den Nachkriegsjahren als Beweis der neuen Prosperität und gehörte auf den Tisch wie die gute Butter. Karin Sommers Lächeln umfaßte die ganze Sehnsucht der Hausfrau, das Aroma des harmonischen Familienlebens:

»Ich habe eine erfreuliche Nachricht für Sie. Jacobs Kaffee gibt es jetzt wieder preisgünstiger. Da lacht das Kaffee-Herz. Und besonderes Lob ernten Sie mit dem Besten von Jacobs Kaffee, der Krönung.«

Gespielt wurde Karin Sommer von dem dreißigjährigen Wiener Fotomodell Xenia Katzenstein, die Kaffee-König Klaus J. Jacobs (Branchen-Spitzname: Kaffee-Napoleon) – wie er ausdrücklich betont – selbst mit ausgesucht hat. In einer Studie charakterisierte Jacobs seinen Werbestar: »Karin Sommer verkörpert ein höchst unkompliziertes Wesen, das die täglichen kleinen und großen Aufgaben für ihre Familie und ihren Haushalt mit einem Lächeln meistert. Ihr einfaches, natürliches, mit beiden Beinen auf dem Boden stehendes Naturell hilft ihr, mit allen Menschen gut auszukommen. Sie weiß in allen Fragen Rat. Sie geht in ihrer Familie auf, ohne dabei den Charakter eines Heimchens zu haben. Als werbliche Rahmenfigur findet sie Akzeptanz als modernes Idealbild einer heilen Welt. Daheim mit Jacobs – das ist schön.«

Wir wollen wieder gemeinsam Kaffee trinken – wie eine Jacobs-Anzeige aus den Siebzigern versprach.

13 Jahre lang war Karin Sommer Deutschlands bekannteste Hausfrauen-Beraterin. Am 31. August 1985 war Schluß mit den Spots. Karin Sommer war überholt. Mit einem Mutter-Typ konnten Werber keinen Kaffee mehr an die Frau bringen. Der Marktanteil war von einst stolzen 26 auf unter 17 Prozent gesunken. Heute führt Xenia Katzenstein eine kleine Model-Agentur in Wien und will mit Karin Sommer nichts mehr zu tun haben. Trotzdem beherrscht sie immer noch perfekt die Handbewegung, mit der sie als adrette Hausfrau die Kaffeepackungen aus dem Regal zauberte. Und natürlich auch den Spruch, mit dem sie die sorgengeplagten Zeitgenossen beriet: »Mühe allein genügt nicht!« In der Freizeit machte das ehemalige Fotomodell Fachabitur, studierte Sozialpädagogik, arbeitete in der Erwachsenenbildung und organisierte sich in der Emanzipationsbewegung. Therapie und Frauenkunst – das ganze Programm der 70er Jahre.

1988 waren dann die Zeiten der Hausfrauenidylle in der Jacobs-Werbung endgültig vorbei. **Hubert von Kaffee Swing** sollte gezielt die Jugend umwerben. Statt biederer Hausfrauen erschienen schlaksige Twens im Zeitgeist-Slang auf dem Fernseher und verkündeten: »Der freche Kaffee von Jacobs, denn frech kommt weiter.«

Katja und Anna
Reklame-Zwillinge

»Bei Katja und Anna ist alles gleich. Beide trinken Tee. Beide achten auf weiße Zähne. Doch nur Anna hat den Schutz vor neuen Verfärbungen. Der Unterschied: Anna nimmt Odol-med-3-samtweiß.«

1989 herrschten im Badezimmer noch feste Rituale. Die Mehrzahl der Verbraucher entschied sich gerade mal für drei der fünf großen Zahncreme-Anbieter, und die meisten Neueinführungen scheiterten, wie heute die FDP, regelmäßig an der Fünf-Prozent-Hürde. Da plazierte die Firma Smith-Kline Beecham mit Odol-med-3-samtweiß eine neuartige Zahncreme, die den Markt kräftig durcheinanderwirbeln sollte.

Rund 40 Prozent der Erwachsenen kämpfen mit häßlichen Flecken auf den Kauwerkzeugen, hauptsächlich verursacht durch Zigarettenrauch. Eine neue Formel sollte jetzt nicht nur Karies vertreiben (das schaffen herkömmliche Zahncremes auch), sondern zusätzlich die verfärbten Beißerchen wieder so richtig schön strahlend weiß machen. Das Geheimnis der Neuentwicklung ist ein Mineralstoff, der Zahnverfärbungen aufweicht, ohne den Zahnschmelz anzugreifen.

Um diesen Produktnutzen anschaulich nachzuweisen, bot die Agentur Grey eine neue Variante des beliebten Vorher-nachher-Spielchens und fuhr mit Katja und Anna echte Zwillinge auf: »Bei Katja und Anna ist alles gleich. Beide trinken Tee. Beide achten auf weiße Zähne. Doch nur Anna hat den Schutz vor neuen Verfärbungen ...« – der Rest der Geschichte ist aus zahlreichen Frauenzeitschriften bekannt.

Ein wahrer Erdrutsch im Zahncreme-Markt war die Folge. Die »Twins« (Zwillinge, so der Name des Films) entthronten die seit Jahrzehnten führende Marke Blend-a-med. Der Marktanteil stieg auf über 10 Prozent, und die Putzcreme wurde zur erfolgreichsten Markteinführung seit 25 Jahren. Nicht zuletzt dank eines TV-Etats von 15,8 Millionen Mark allein im ersten Jahr. Und die Raucher können wieder frohen Herzens zur Zigarette greifen.

Klementine
Waschfrau der Nation

Latzhose, kariertes Hemd, Käppi. Mit diesem Outfit wurde Klementine zu einer Art Spiritus rector für den nationalen Hauptwaschgang und revolutionierte mit dem Schlachtruf »Porentief rein!« das deutsche Reinweichungswesen: »Sauber ist gut – oberflächlich betrachtet, bis auf die Schmutzreste.« 16 Jahre lief sie mit einer Trommel Waschpulver unter dem Arm über den Bildschirm. Jeden Abend kurz vor der Tagesschau verkündete sie die Wahrheit aus der Waschküche und stellte die Frage, die wahrhaft die Nation bewegte: Sauber oder rein? Keine Frage. Nicht einweichen, sondern reinweichen:

»Sauber ... rein ... Gibt's da 'nen Unterschied, Klementine?« »Und ob! Hier ... diese Schmutzreste zum Beispiel ... die gibt's bei reiner Wäsche nicht.« So wurde sie zum Star und Ariel zum Renner.

Noch heute ist Klementine unvergessen, in Programmkinos laufen die Spots im Abendprogramm, in Cineasten-

Zeitschriften beschäftigen sich junge Kritiker mit der »unvergleichlichen« Klementine. Der *Stern* kürte sie zur »ungekrönten Königin der TV-Werbung« und Bunte-Bilder-Blätter zur »Waschfrau der Nation«. Als Klementine, gelernte Tänzerin und Schauspielerin, einstmals im Musical spielte, kamen die Leute, um die Waschfrau live zu sehen. In der Münchner Produktion »No, no Nanette« wurde sie vom Publikum mit Auftrittsapplaus empfangen. Noch heute wird sie auf der Straße angesprochen und um Waschtips gebeten.

Die Frankfurter Werbeagentur Compton (Saatchi & Saatchi) griff auf ein in den USA seit langem bewährtes Rezept zurück: die sogenannte Slice-of-Life-Werbung, kleine Filme rund um die alltäglichen Probleme der großen und kleinen Wäsche. Alltagsgeschichten, deren Lösung stets Ariel brachte.

Bei Procter & Gamble hatte dieses Modell Tradition. Nach dem Krieg hatte der Seifenmulti die besten Werbemänner Amerikas engagiert und die Seifenoper erfunden. Monatelang wurde den Hausfrauen zwischen New York und San Francisco die zu Tränen rührende Fortsetzungsgeschichte eines innerhalb weniger Tage verliebten, verlobten und verheirateten Paares vorgesetzt. Der Inhalt kreiste um die Frage, ob das nach sieben Monaten angekommene Baby, tatsächlich eine Frühgeburt war oder einen anderen Vater hatte. Sogar eine eigene Filmfirma – die P&G Productions – hatte man gegründet. Dort wurden Soap Operas und endlose Folgen von Slice-of-Life-Werbung hergestellt und mehr Filmmeter verbraucht als in irgendeinem Studio in Hollywood.

Heldin der deutschen Wäsche-Soap wurde die Schauspielerin und Tänzerin Johanna König, besser bekannt unter dem Künstlernamen Klementine. Daß ausgerechnet Johanna König den Job bekam, bezeichnet sie noch heute als Glück.

Klementine

Sie war zum Casting in Hamburg geladen und durfte als erste vorsprechen, weil einer ihrer Hunde Junge bekam.

Vor ihrer Verwandlung in Klementine hatte sie neben Joachim Fuchsberger, Theo Lingen und Hans Joachim Kulenkampff in Filmklamotten gespielt, auch Hauptrollen. Erstmals hatte sie mit sechs Jahren im Kinderballett der Dresdner Staatsoper als sterbender Schwan auf der Bühne gestanden. Später wurde sie Mitglied in Willy Schaeffers Kabarett der Komiker und spielte 1950 im Twen-Alter die 70jährige Csardas-Fürstin in der gleichnamigen Operette. Höhepunkte ihres Filmschaffens waren eine Rolle an der Seite des legendären Alpenveteranen Luis Trenker sowie der Kritikerpreis auf den Filmfestspielen in Locarno 1976 für ihren Auftritt in dem Film »Jane bleibt Jane«. Regisseur Walter Bockmayer hatte ihr die Hauptrolle allerdings nicht trotz, sondern wegen ihres Ruhms als Werbestar gegeben.

In der Rolle als Ariel-Klementine war sie die personifizierte Reinheitskraft. Vertrauenswürdig und stets in der Lage, in schwierigen Situationen mit all ihrem Ariel-Wissen in die Bresche zu springen. »Buntwäsche in die Maschine. 60 Grad einstellen. Ariel in den Hauptwaschgang. So wird's gemacht.«

Doch beschränkte sich ihre Kompetenz nicht aufs Waschen. Sie legte Verehrer in der Küche mit einem Nudelholz um oder ließ sich in Torten- und Kissenschlachten verwickeln. Das Geheimnis ihres Erfolges enthüllte sie später im *Stern*-Interview: »Ich war einfach glaubwürdig, ich habe nämlich selbst mit dem Zeug gewaschen.« Klementines Latzhose und die handbestickte Mütze erhielten später im Deutschen Werbemuseum in Frankfurt einen Ehrenplatz.

1984 verabschiedete sich Klementine dann vom Hauptwaschgang. Nach 16 Jahren Kampf gegen Flecken und Kragenschmutz konnte die Waschfrau in der Latzhose der modernen Karrierefrau nicht länger als Leitbild dienen. Ihre Nachfolgerin **Corinna** scheiterte in den Achtzigern, genauso wie ein Jahrzehnt später RTL-Talkmasterin Ilona Christen. Als knochentrockene Pseudo-Journalistin sollte Frau Christen eine Art kompetenten Persil-Mann für Ariel verkörpern. Das Ganze geriet zur Lachnummer. Dafür erlebte Klementine 1993 noch einmal ein kurzes Comeback, als sie die Umweltvorzüge des Öko-Jumbo-Nachfüllpacks erklären durfte.

Heute lebt Johanna König, mittlerweile Ende Siebzig, im Berliner Villenvorort Kladow und hat keine Lust mehr auf große Rollen. Zuviel Text. Ab und zu läßt sie sich trotzdem noch überreden. Sie spielte die Schwester Erika in der Serie »Praxis Bülowbogen«, kleine Nebenrollen in zwei weiteren Filmen (»Drei Damen vom Grill«) und mit Hape Kerkeling in einer WDR-Serie, in der es um die Geschichte einer Werbeagentur ging. Johanna König spielte – Klementine.

Den Unterschied zwischen sauber und rein kennt sie heute noch nicht. Johanna König: »Tja, das ist die Frage des Jahrhunderts. Sauber ist rein. Und rein ist sauber. Aber so ganz genau weiß ich es auch immer noch nicht. Vielleicht ist das ja so ähnlich wie mit dem Reinheitsgebot beim Bier: Das heißt ja schließlich auch nicht Sauberkeitsgebot.«

Um die Rente braucht sich Klementine keine Sorgen zu machen. Der Ariel-Vertrag läuft bis ins Jahr 2000, und ihr Waschmittel muß sie auch nicht selbst kaufen. Vertraglich sind ihr lebenslang jeden Monat zwei Gratispäckchen Ariel zugesichert – Pulver und flüssig. Da bleibt sogar noch was für die Nachbarn und ein Kinderheim übrig.

Knorr-Familie

Deutschlands bekannteste Fernsehfamilie

Die Familienserie als Werbestrategie. 1985 startete mit der »Lindenstraße« die deutsche Antwort auf die beliebten Soap-Operas Dallas und Denver. Im selben Jahr sollte erstmals die Knorr-Familie die Markensympathie für Tütensuppe »mit einem emotionalen Wert aufladen«.

Die Idee stammte aus der Werbeküche der Hamburger Agentur TBWA: Die sechsköpfige Familie war zwar nicht die Lindenstraße, aber sie funktionierte genauso. Im Soap-Opera-Stil erlebten die Darsteller spannende Abenteuer rund um die Tütensuppe. Zehn Jahre lang schwangen die sechs aus der Suppenküche – Opa, Vater, Mutter, Sohn »Rotschopf« und die beiden Zwillingstöchter – den Suppenlöffel und sorgten für heile Welt und Tütensuppenromantik.

> Mutter: »Na, wie wär's denn heut mit Würstchen?«
> Rotschopf: »Würstchen mag ich am liebsten!«
> Mutter: »Gut, und daraus machen wir uns heute mit Knorr ein schönes Würstchen-Gulasch Zigeuner-Art.«
> Rotschopf: »Au, ja!«
> Mutter: »Und morgen gibt's das Knorr-Pilz-Rahm-Ragout Tiroler Art mit Champignons dazu.«
> Rotschopf: »Champignons mag ich am liebsten!«
> Mutter: »So ... und was magst du am allerliebsten?«
> Rotschopf: »Meine Mama!«

Der Star der Serie war der Opa, wenn er sich abends in die Küche schlich, um sich heimlich eine Kräutercremesuppe zu genehmigen.

> Opa: »Hm, hm ... was mach ich mir denn Schönes ...? Knorr-Feinschmeckersuppe? Hm ... Kräutercreme mit

Champignons ... hm ... ausgewählte Kräuter, weitgehend frisch erhalten ...«
Rotschopf (ertappt Opa): »Opa, was machst du?«
Opa: »Pssst ... Feine Kräutercremesuppe ... hm ... schmeckt richtig frisch nach Kräutern.«
Rotschopf: »Und ich?«
Opa: »Hier ... aber ... pssst ...«
Opa und Rotschopf: »Pssst ...«

1995 kam für Deutschlands bekannteste Fernsehfamilie das Aus. Die Darsteller waren inzwischen bekannter als die Produkte, für die sie warben, was bei Knorr verständlicherweise nicht unbedingt auf Begeisterung stieß. Eine neue, vierköpfige Knorr-Familie wurde an den Herd geschickt. Die war zurückhaltender und lenkte die Zuschauer nicht von der Werbebotschaft ab.

1996 stellte das Emnid-Institut aus Bielefeld eine Seelenverwandtschaft zwischen Tütensuppen-Nutzern und den Zuschauern der SAT.1-Serie »Anna-Maria« fest. Mit ausgeklügelten Befragungsmethoden wird in der Werbung erforscht, welche Gefühle, Wünsche und Wertvorstellungen die Konsumentenseele beherbergt. Diese Recherchen dienen der Erkundung sogenannter Marktsegmente, also: Welcher Verbrauchertyp löffelt besonders gern Frühlingssuppen, und wer ist mehr fleisch-fixiert? Um den Wünschen auf die Spur zu kommen – und frühzeitig Etat-Verlusten entgegenzuwirken – halten die Agenturen sich umfangreiche Verbraucher-Testbataillone, sogenannte Panels, die melden, wie das neue Schuppenmittel gefällt oder was sie über die neue Nudelsorte denken.

Das Emnid-Institut fand nun heraus, daß die Zuschauer der SAT.1-Serie mit Uschi Glas in der Titelrolle mit Vorliebe Tütensuppen löffeln. Und die Uschi Glas-Fans setzen in der Mehrzahl auf traditionelle Werte: Sparsamkeit, Bescheidenheit und Tradition – dieselben Tugenden, für die die Tütensuppen-Fans einstehen.

Die Spots mit der Knorr-Familie wurden nach dieser Untersuchung vornehmlich im Umfeld von »Anna-Maria« gesichtet.

Knorr-Fußballer
Frühe Suppenstars

Lange vor der Knorr-Familie löffelte die halbe Fußball-Bundesliga Knorr-Suppen. In den sechziger Jahren entdeckte die Firma, die in den siebziger Jahren des letzten Jahrhunderts als erste Firma weltweit Fertiggerichte auf den Markt gebracht hatte, die gerade aufgelegte Fußball-Bundesliga als Werbeträger. Um Lederfreunde werblich auf Tütensuppen umzustellen, schöpften Nationalspieler wie Franz Beckenbauer, Helmut Haller oder Lothar Emmerich Kraft aus dem Knorr-Suppenteller:

»Franz Beckenbauer, Fußballer des Jahres 1966, sagt: Kraft in den Teller – Knorr auf den Tisch. Als Fußball-Nationalspieler versteht er was davon.«

»Helmut Haller, Fußball-Nationalstürmer, sagt: Kraft in den Teller – Knorr auf den Tisch. Und jetzt ein ordentlicher Schlag Knorr-Erbsensuppe mit Schinken.«

»Müssen Sie kochen – schmeckt prima, sagt Franz Beckenbauer.«

Krawatten-Muffel
Das Schlips-Drohmännchen

Harte Zeiten für die Krawatten- und Seidenwirker-Industrie in den sechziger Jahren. Die Deutschen waren Krawatten-Muffel. Von seinen durchschnittlich fünfzehn Schlipsen, die im Schrank ein mehr oder weniger unerfülltes Dasein als Alibistrick fristeten, schlang sich der marktforschungstechnisch aus- und durchgeleuchtete deutsche Mann gerade mal drei regelmäßig um den Hals. Was dem Interessenvertreter der Branche, dem Deutschen Krawatten-Institut, natürlich entschieden zu wenig war.

Um die seit Jahren anhaltende Schlips-Baisse zu beenden, kreierte die Agentur Team (→Puschkin-Bär) 1964 ein gezeichnetes Drohmännchen, den Krawatten-Muffel. Die Kampagne erregte so manch braves Gemüt, verhöhnte der Antiheld doch den unbeschlipsten Teil der Bevölkerung als Mode-Muffel und lächerliche Kleinbürger:
»Schrankkontrolle:
Sie öffnen den Kleiderschrank und teilen Ihre Krawatten. Nach links die nutzlosen, die nie ans Tageslicht kommen; nach rechts die aktiven, die Sie wirklich tragen. Wenn rechts nur drei hängen – oh je. Wenn es fünf sind – immer noch große Muffel-Gefahr. Der Mann, der etwas auf sich hält, besitzt zu jedem Anzug mehrere Krawatten. Und wechselt sie regelmäßig!«

Die Muffel-Gefahr lauerte überall:
»Der Krawatten-Muffel steckt in uns allen.
Wenn wir Männer eine Krawatte haben, die wirklich gut zum Anzug paßt, sind wir stolz und zufrieden. Meistens vergessen wir darüber, daß zu diesem Anzug bestimmt noch mehr Krawatten passen – und daß es uns eigentlich zukommt, ein bißchen vielseitig zu sein. Deshalb:

wer kein Muffel sein will, sollte zu jedem Anzug zwei, drei passende Krawatten haben – und regelmäßig wechseln!«

Auch die Ehefrau wurde eingespannt:
»Hilf ihm, Luise. Er vergißt's doch immer wieder. Immer wieder trägt er die von gestern. Willst Du, daß sie ›Krawatten-Muffel‹ zu ihm sagen? Zu ihm, der Tiere liebt und stets sein Auto pflegt und nichts auf die Familie kommen läßt? Es ist doch wirklich nicht so schwierig: einfach jeden Morgen eine andere Krawatte – und ab und zu mal eine neue kaufen.«

Und der Nachwuchs:
»Paapaa – die sagen, Du bist ein Krawatten-Muffel!«
Die Empfehlung: »Bleiben Sie ruhig. Lächeln Sie. Führen Sie den Sohn zum Kleiderschrank, zeigen Sie ihm, daß Sie zu jedem Anzug zwei, drei passende Krawatten haben. Versprechen Sie ihm zum Geburtstag selber eine, und dann schicken Sie ihn wieder spielen.
Halt – zeigen Sie ihm vorher, wie man jemand in den Schwitzkasten nimmt!«

Gegen aufkommende Muffel-Gefahr wurde der »Spiegel-Trick« empfohlen:
»Wenn Sie morgens die Krawatte umbinden, kneifen Sie kurz das eine Auge zu. Das bedeutet: ›Ich habe daran gedacht – ich binde eine andere um als gestern!‹ Wenn Sie das jeden Morgen tun – und regelmäßig neue Krawatten kaufen – dann kann der Krawatten-Muffel in Ihnen niemals hochkommen.«

Die in ihrer Eitelkeit verletzten Herren reagierten wie geplant und kauften Schlipse wie noch nie, über 35 Millionen Stück allein im Jahre 1965. Zwei Jahre zuvor waren es nur wenig mehr als 30 Millionen gewesen. Der Krawatten-Industrie verhalf der Muffel zu einer zweistelligen Umsatzsteigerung, aber es hagelte auch Beschwerdebriefe von Männern, die sich auf den Schlips getreten fühlten. Ein solcher schrieb an das Institut: »Ich muß mich aufs höchste Maß bei Ihnen beschweren. Ich galt bisher als der bestangezogene Mann in der Firma nach meinem Chef. Nun muß ich mir von allen die boshaften Sticheleien gefallen lassen, sogar von untergeordneten Kollegen. Ich trage nun mal nicht viele verschiedene Krawatten. Ich fühle mich durch Sie in meiner Intimsphäre aufs stärkste verletzt.«

Der gekränkte Herr hätte sich an das »Garantiert wirksame Krawatten-Muffel-Abwehr-System« halten sollen:
»Wenn Sie abends die Krawatte in den Schrank hängen: Bitte ganz nach links. Wenn Sie morgens eine herausnehmen: Bitte ganz nach rechts. Gleichzeitig dafür sorgen, daß zwischen »links« und »rechts« genug Krawatten hängen – am besten zwei, drei passende zu jedem Anzug.«

Auch bei den Mitgliedern der Werbegemeinschaft war der Muffel nicht überall beliebt. Der Inhaber eines Hauses für Oberbekleidung in Bingen beschwerte sich beim Institut: »Es müßte doch auch eine vornehme Werbung geben, die wirksam ist.« Ein Kollege aus dem Süden mokierte sich über den Spruch »Trag nicht die von gestern«: »... bei uns in Bayern eine Herabsetzung und Beleidigung«. 90 Prozent der Händler sahen das anders und feierten den Krawatten-Muffel als Erfolg.

Im Herbst 1966 hatte es sich ausgemuffelt. Die Krawatten-Zunft gelobte, Deutschlands Männer von dem argen Quälgeist zu befreien. In Anzeigen verkündeten sie: »Das ist das Ende des Krawatten-Muffels. Und nie mehr darf er wiederkommen.« In Fernsehspots wurde er vom Sockel gestürzt und mußte bei Nacht und Nebel fliehen. Genüßlich wurde er ums Leben gebracht: »Verbannt ihn! Schließt euch zusammen, Männer – gebt ihm keine Chance mehr. Wechselt regelmäßig die Krawatte! Kauft euch regelmäßig neue! Zwei, drei passende zu jedem Anzug. Das ist das Ende des Krawatten-Muffels. Und nie mehr darf er wiederkommen!«

Ein Preisausschreiben wurde veranstaltet, bei dem die teilnehmenden Herren so etwas wie ein »Gelöbnis« unterschreiben mußten, täglich die Krawatte zu wechseln. Selbst die beispiellose Umsatzsteigerung konnte das schwelende Unbehagen in der Branche über die triste Figur nicht vertreiben. Die Industrie bestellte bei einem Marktforschungsunternehmen eine Muffel-Studie. Und die gab dem Fiesling den Rest: »Der Muffel enthalte die Gefahr, über die Krawatte hinauszuwachsen und zum Spiegel menschlicher Befürchtungen über die eigene Unzulänglichkeit zu werden.« Nur zu gerne hörte man der Psychologen Rat – konnte man doch rund 1,4 Millionen Mark pro Jahr einsparen.

»Gib doch auf, Krawatten-Muffel! Schau, die Krawatten-Muffel werden immer weniger. Nur in entlegenen Gegenden gibt es noch vereinzelte Bestände.«

Mit den Versprechungen in der Werbung ist es ja bekanntlich immer so eine Sache. Nach drei Jahren war der Totgesagte dann doch wieder da, um Deutschlands inzwischen wieder krawattenmüde gewordene Männer erneut zu aktivieren. Umsatzrückgänge veranlaßten die Schlips-Manager zu dieser Maßnahme. Allein 1968 verkaufte die Branche vier Millionen Krawatten weniger als im Jahr zuvor.

Als besondere Überraschung hatte sich Team einen Wettbewerb ausgedacht. Der Hauptpreis war eine Reise nach Cape Kennedy, von wo aus der Muffel auf den Mond geschossen werden sollte. Die Verhandlungen mit der NASA waren in vollem Gange, führten aber nicht zum Erfolg. Auf die Frage, ob der Mondschuß nicht auch ein wenig riskant sei (schließlich schien man den Muffel doch immer wieder zu brauchen), wies Team auf den schnellen Fortschritt der Raumfahrt hin. Bei dieser Entwicklung könne ja der Muffel in drei bis vier Jahren ohne weiteres vom Mond zurückgeholt werden.

Kuh Hilde und Schwein Knut
Tierische Bauernhofbesatzung

Tierische Stars stehen als sympathische Werbeträger hoch im Kurs. Mit Bausparfüchsen, Hunden, Katzen, Kühen oder Schweinen ließen sich schon immer gut Mäuse machen. Wer Bundesbürgern Autos, Schnaps, Sandalen, Zigaretten, Fußbodenreiniger, Fernsehgeräte, Rasierwasser oder Brillen verkaufen will, kommt an der allabendlichen großen Tierschau nicht vorbei. Die Produktion mit Tieren hat aber auch ihre Tücken: Viele Werbefilmregisseure geraten schon Wochen vor dem tierischen Dreh ins Schwitzen. Erinnerungen an Pfützchen und Häufchen im Studio werden wach, an putzige Promenadenmischungen, die im Scheinwerferlicht zu wilden Bestien werden oder mit eingekniffenem Schwanz in der Ecke verschwinden. Billig sind die tierischen Stars auch nicht. 600 Mark pro Drehtag für einen pfiffigen Hund mit Betreuer gelten heute bei Profis als angemessener Preis. Beherrscht das Tier auch noch besondere Kunststücke oder soll's statt des Hundes ein Löwe sein, kostet der Auftritt entsprechend mehr.

Bei einem Spot für Tetra Pak (»... irgendwie clever«) warb 1995 eine ganze Bauernhofbesatzung für Milch aus der Tüte. Die Agentur Scholz & Friends arbeitete für den Spot mit Hollywood-erprobten Tier-Casting-Spezialisten zusammen. Die Bauernhof-Szenen drehte der dänische Regisseur August Baldurson allerdings nicht in Schleswig-Holstein, sondern in Südafrika. Gar nicht so einfach, Kuh Hilde, Katze Minka, Schwein Knut und Gans Inge unter einen Hut zu bekommen. Fünfzigmal mußte geprobt werden, bis es funktionierte. Für jedes Tier war ein eigener Trainer mit von der Partie.

In einem TV-Spot für eine QuickSnap-Kamera von Fujicolor ließ die Frankfurter Agentur Saatchi & Saatchi einen Rotaugenfrosch große Sprünge machen. Die Story: Der **Fujicolor-Frosch** hört das Ratsch-Geräusch des QuickSnaps-Filmrads, hält es für den Ruf eines Weibchens, springt in Richtung des Geräuschs und wird geblitzt. Slogan: »Einmal erwischt's jeden.«

Trotz anfänglicher Befürchtungen tat das Tier ohne Zicken alles, was die Werber wollten. Er wurde vor dem Dreh ans Scheinwerferlicht gewöhnt und mit einem Spritzer Wasser auf den Hintern zum Sprung gebracht. Nach wenigen Versuchen war alles im Kasten. Der Frosch stammte aus dem Privatzoo von Gerd Kunstmann, einem Spezialisten für Reptilien, der schon für Berentzen Apfelkorn die Tiger-Python Akira durchs Studio schlängeln ließ.

Sogar zu diplomatischen Verwicklungen kam es durch einen tierischen Werbestar. **Kater Arthur** trübte in den sechziger Jahren das englisch-sowjetische Verhältnis. Die Briten argwöhnten, die Sowjets hielten Arthur in ihrer Londoner Botschaft versteckt, und der Rechtsstreit beschäftigte schließlich sogar den Obersten Gerichtshof. Es ging darum, wem Arthur eigentlich gehört. Der Katzenfutter-Firma Spillers Ltd. oder dem Schauspieler Tony Manning.

Tony Manning fand den heruntergekommenen Kater 1964 unweit seiner Wohnung im Londoner Villenvorort East

Vinchley, nahm ihn auf, taufte ihn Arthur und entdeckte bald eine seltene Begabung bei ihm: Arthur ging nicht einfach mit der Nase in den Napf, sondern pflegte mit der Pfote das Fressen zu sich zu nehmen.

Manning bot dieses Talent der Firma Spillers zu Reklamezwecken für das Büchsenfutter Kattomeat an. Die Kattomeat-Leute waren beeindruckt und nahmen Arthur unter Vertrag. Damit bewiesen sie einen guten Riecher: Arthur wurde zum beliebtesten Reklame-Tier der Briten.

Nach zwei Jahren forderte Manning Arthur dann plötzlich wieder zurück. Spillers weigerte sich jedoch, den Kater wieder herzugeben. Mit einer einstweiligen Verfügung in der Tasche und Katzenliebe im Herzen erschien Manning bei Spillers und erzwang Arthurs Herausgabe. Spillers reichte Gegenklage ein.

Bei der ersten Verhandlung platzte dann die Bombe. Vom Gericht nach dem Aufenthaltsort von Arthur befragt, verkündete Manning, er habe für ihn bei der sowjetischen Botschaft um Asyl gebeten. Der Beamte hätte anfangs zwar laut aufgelacht, nach einigen erklärenden Worten Arthur aber Asyl gewährt.

Von Stunde an standen in der Sowjetbotschaft die Telefone nicht mehr still, sogar das britische Außenministerium mußte beschwichtigende Erklärungen abgeben. Aber die Russen ließen die Katze nicht mehr aus dem Sack, sie wußten nämlich nicht mehr, wo Arthur steckt. Presseattaché Sergej Rogow brummte genervt: »Wir haben dem verdammten Kater kein politisches Asyl gegeben.« Ein sowjetischer Botschaftsbeamter bekam einen Wutausbruch: »Uns interessieren kapitalistische Katzen nicht. Egal, wieviel sie im Fernsehen verdienen.«

Das britische Außenministerium sah sich genötigt, mit einer Erklärung einzugreifen. In der gepflegten Sprache der internationalen Diplomatie ließ ein Sprecher verlauten: »Man sieht keine Möglichkeit, einer Katze politisches Asyl zu gewähren.

Sie hat schließlich keinen Akt begangen, der ihr Leben oder ihre Sicherheit gefährden würde.«

Inzwischen war Arthur auf verschlungenen Pfaden wieder bei Manning gelandet, aber Spillers Gegenklage im Londoner Katzen-Kleinkrieg war inzwischen erfolgreich vom Gericht beschieden worden, und Manning mußte Arthur herausgeben. Der weigerte sich aber, so daß Arthur mit Hilfe eines Gerichtsvollziehers aus Mannings Wohnung geholt werden mußte. Das britisch-sowjetische Verhältnis normalisierte sich wieder.

Lenor-Gewissen
Die Schizophrene von Lenor

»Worüber freut sich eine Frau jeden Tag und immer wieder? Zum Beispiel über diesen Expreßkocher mit Temperaturautomatik (...) Freude bereitet auch dieser Toaster ...« – enthüllte die Werbeabteilung der Elektrofirma Braun 1965.

Was noch erfreute die Frau in den Sechzigern? Weichgespülte, aprilfrische Wäsche. Doch allzu einfach war die Freude nicht zu haben. Die Werbung wälzte die von Theodor Heuss beschworene Kollektivschuld auf die Hausfrau ab. Der Weichspüler-Hersteller Lenor erfindet das personifizierte schlechte Gewissen: das Lenor-Gewissen. Plötzlich steht es als eine Art visualisiertes Über-Ich schemenhaft neben der verunsicherten Dame des Haushaltes und redet ihr kräftig in den

Wäschekorb: »Hast Du wirklich ein gutes Gewissen?!« Lenor bleute so das Weichspülen tief in das Gemüt der Hausfrauen ein.

Verwandtenbesuch bei Tante Helga.
Nichte: »So was Blödes, ich hab kein Nachthemd mit, Tante Helga.«
Tante Helga: »Melanie leiht dir eins, unter Kusinen.«
Nichte (zu Melanie): »Du, sag's nicht deiner Mutti, aber zu Hause sind die Nachthemden anders.«
Melanie: »Anders?«
Nichte: »Ja, bei uns fühlen die sich so weich an, also überhaupt viel frischer, eben behaglicher.«
Mit bestürzter Miene hat Tante Helga das Geschehen im Hintergrund verfolgt: »Behaglicher? Ich hab doch weichgespült.«
Lenor-Gewissen: »Aber nicht alle Weichspüler sind genau gleich. Nimm lieber Lenor.«
Tante Helga: »Und ich hab Lenor genommen! Herrlich, dieses Lenorweich. Und diese Aprilfrische. Auch das Bügeln geht leichter mit Lenor.«

Die »Schizophrene von Lenor« *(Spiegel)* wurde 1967 im Kreativ-Labor der Agentur Grey ausgeheckt. Bis 1983 spukte das umherwabernde, oszillierende Weichspülgewissen der Nation durch bundesdeutsche Wasch- und Einbauküchen. Wann immer Handtücher kratzig und Pullover ungehorsam waren, meldete sich die klagende Stimme aus dem Geisterreich.

Baron von Holzschuher war einer der bekanntesten und dienstältesten Agentur-Chefs der fünfziger und sechziger Jahre. Der Baron versuchte sich auch als Amateurpsychologe. Die Gag-Werbung seiner Zeit bezeichnete er als Schmarren (bayrisch für: Blödsinn) und schwor auf die Appelle an das Unbewußte im Menschen: »Werbliche Wirkung ist nur möglich über den Gefühlsbereich mit den Appellen an die Primitivperson.«

Den Sitz der Primitivperson lokalisierte der greise Meister nach jahrelangen Studien im Althirn der Konsumenten. Nach Meinung des Freiherrn dürfen die Werbefachleute nicht mit dem »Portemonnaie des Verbrauchers verhandeln«. Der Reklamemann soll seine Kunden vielmehr »behandeln wie ein Psychotherapeut seine Patienten«.

Lenor-Mann
Der Kerl für den letzten Waschgang

1994 ließ dann der Lenor-Mann Frauenherzen höher schlagen. In dem TV-Spot »Kaltes Wasser« lustwandelt ein ansehnliches Mannsbild frühmorgens über einen Holzsteg dem Meer entgegen, entblättert sich unterwegs und gönnt dem Fernsehpublikum sekundenlang den Anblick seiner entblößten und durchtrainierten Rückseite. Derart erfrischt wandet sich der Beau alsdann in einen schmuseweichen, frisch duftenden Bademantel. Anschließend ein für die Waschmittelwerbung geradezu umwerfendes Bekenntnis: »Den habe ich selbst gewaschen!« Und natürlich mit Lenor weichgespült.

Die Konsumentinnen sahen's mit Vergnügen. Und selbst die Feministinnen dürften verzückt vor der Glotze gehockt haben. Sie sahen – neben der reizenden Kehrseite – in dem nackten Adonis eine emanzipatorische Botschaft: Selbst wäscht der Mann. George Greene, Creative Director der Marke bei Grey, registrierte mit Genugtuung unzählige Anrufe von Frauen, denen der Spot »unheimlich gut gefallen« hatte. War es doch seine Idee, einen nackten Mann mit Weichspülerfahrung in die Werbeschlacht zu schicken. Er wollte die Damen endlich mal aus der Waschküche rausholen. Auch wenn es, wie Greene gleichzeitig zugab, nur ein Wunschtraum ist, daß die Männer sich selbst um ihre Wäsche kümmern. Aber wo wird man sonst noch ein wenig träumen dürfen – wenn nicht im Werbefernsehen.

Der Spot mit Lenor-Mann Patrick Lao aus Frankreich (Größe: 1,86 m, Brustumfang: 1,02 m, Taille: 78 cm, Hüfte: 98 cm – da weiß man gleich, weshalb der Melitta-Mann immer einen Pullover trägt) wurde in Kapstadt gefilmt. Sicherheitshalber hatte man zwei Versionen des badenden Herkules drehen lassen: mit und ohne Hose. Man kann ja nie wissen. Doch bei Procter & Gamble entschied man sich sehr schnell für den nackten Lenor-Mann. Schließlich ging es ja nicht um Erotik, sondern um das »Wohlgefühl, das allein durch ein Lenor-gespültes Wäschestück hervorgerufen werden kann«.

Der Spot kletterte innerhalb kürzester Zeit auf Platz vier der Imas-Studie, die den Bekanntheitsgrad von Werbefilmen mißt. Der Absatz florierte, und eine *Stern*-Reporterin bezeichnete den Lenor-Mann als »Kerl für den letzten Waschgang«. Nur Weichspülen ist schöner.

Levis-501-Hintern
Knackige Kleiderständer

Die Hintern in der Levis-501-Werbung machen endlich klar, daß auch Männer nur bessere Kleiderständer sind. Das Hinterteil in der Levis-Werbung hinzuhalten, war schon immer eine Karrierechance für aufstrebende Jünglinge. Es begann Mitte der achtziger Jahre mit dem legendären Spot im Waschsalon und dem darin vorgeführten Männerstrip eines gutgebauten Typen namens Nick Kamen, später ein berühmter Sänger. Der spätere Mega-Star Brad Pitt schlüpfte 1991 in das popo-läre Beinkleid und schneiderte der Hosenlegende und sich selbst ein haltbares (Lenden-)Image zurecht.

In dem Spot »Campfire« von 1993 sieht man ein paar gutaussehende Cowboys im Wilden Westen. Der knackigste von ihnen (Ethan Browne, 19) verbrennt sich beim Versuch, eine junge Dame zu beeindrucken, den Hintern am Lagerfeuer. Der Held einer zweiten Geschichte (Matt Dotson, 20) – es geht um ein Footballspiel in den 20ern – verliert beim Kampf um den Ball seine Jeans. Und gewinnt die Dame seines Herzens. Eine gute Figur machten beide.

Aber nicht für Nachwuchs-Mimen ist die Levis-Werbung ein Sprungbrett. Auch längst verstorbene Pop-Stars kamen mit Hilfe der Levis-Werbung zu einem Comeback. In einem Levis-Spot steigt ein junger Mann an einem sonnigen Morgen in seine Jeans und legt sich, einem Teenager-Ritual der Fünfziger folgend, in die Badewanne, um die Hose in Form zu bringen. Dazu erklingt das schöne alte Lied »Wonderful World« des Soul-Stars Sam Cooke, ein Hit von 1960, den im Jeans-Spot ein begabter Imitator singt.
    Unverzüglich setzte ein Run auf die 501 ein und, gänzlich überraschend, 22 Jahre nach Cookers Tod auch auf die Originalmusik. Die Plattenfirma RCA verkaufte allein in der Bundesrepublik 250.000 Singles, eine Doppel-LP mit Cooke-Songs erreichte eine Auflage von 50.000 Exemplaren. Songs von Marvin Gaye und Percy Sledge folgten. Zu den Klängen von »Should I stay or should I go« zog ein cooler Jüngling seinem fetten Kontrahenten beim Billard-Spiel die Hose aus, und verhalf der einstigen Punk-Band The Clash zu ihrem ersten Number-One-Hit in der englischen Top Ten.

Lila-Kuh von Milka
Die heilige Kuh der Nation

Für Kühe gibt es traditionell nur Statisten-Rollen in Western und Heimatfilmen. Einzige Ausnahme ist die alte französische Kriegskomödie, »La vache et le prisonnier«, mit Fernandel und der Kuh Margueritte, die dem französischen Komiker mehrfach das Leben rettet. Diese Vernachlässigung der Kuh sollte sich erst ändern, als 1972 pfiffige Werbeleute auf die Idee kamen, ein besonders prächtiges Exemplar lila einzufärben.

Die Preise, die die Ikone der deutschen Werbung inzwischen einheimste, die Zeitungsseiten, die sie füllte, sind wohl nicht mehr zu zählen. Selbstverständlich gab es Gold vom Art-Directors-Club, einer Art deutschen Meisterschaft der Werbung. 1980 schlug Kreativ-Guru Michael Schirner den lila Milchspender allen Ernstes für den Literatur-Nobelpreis vor. Im stets adretten Lila-Look gilt sie längst als eine Art Schweizer Bundeskuh; Stadtkinder glauben, daß Kälber lilafarben zur Welt kommen. Bei einer Malaktion in Bayern färbte jedes dritte Kind die Vollmilch-Lieferanten milka-gerecht ein. Die *Frankfurter Rundschau* knittelte daraufhin auf der Titelseite: »Lilalu, lila ist die Kuh.«

Der *Stern* schrieb 1990: »Ein Rindvieh aus den Schweizer Alpen wird zum lila Reklame-Star.« Das Zeitgeist-Magazin *Max* ernannte sie zum »heiligen Rind der Nation« und bemerkte: »Die zarteste Versuchung, seit es Schokolade gibt, ist – eine Kuh!« Ein anderes Zeitgeist-Magazin, der *Wiener*, merkte 1992 etwas respektlos an: »Gehört neben Flipper, Lassie und Norbert Blüm in die Ahnengalerie der selbstlosen Helden- und Herdentiere.« Selbst die Edelfedern des *Zeit-Magazins* kamen an dem Werbetier aus dem Berner Land nicht vorbei. »Der Bauer und die Milka-Kuh« schrieben die Hamburger über eine zweiseitige Reportage. Und ein weniger vornehmes Blatt aus Hamburg, die *Bild-Zeitung*, erregte sich sehr, als die bekannteste Milka-Kuh namens Schwalbe 1992, weil sie keinen Nachwuchs mehr gebar, aus Altersschwäche geschlachtet werden sollte.

Die Geburtsstunde der Lila-Kuh datiert zurück auf das Jahr 1972. Uwe Ortstein (Creative Director), Ilse Theisen (Texterin) und Sandor Szabo (Art Director) von der Frankfurter Agentur Young & Rubicam waren auf Stippvisite bei den Suchard-Schokoladenfabriken in Lörrach. Beim Rundgang durch die Fabrik erstaunte die drei, daß dort vom Treppengeländer über die Kittel der Mitarbeiter bis zu den Conciermaschinen alles lila eingefärbt war.

Die Kreativen wußten scheinbar nicht, daß bereits die erste Milka-Tafel von 1901 einen lila Einwickler hatte. Auf der Tafel war ein Bauer mit seiner Kuh auf einer Alpenwiese zu sehen. Die Szenerie sollte sichtbar machen, worum es schon damals ging: um echte Alpenmilch-Schokolade. Das Milchvieh war allerdings noch wie jede gewöhnliche Alpenkuh ganz bieder braun-weiß gefleckt.

Tief bewegt von den Eindrücken bei Suchard, brüteten Ortstein, Theisen und Szabo auf der Zugfahrt nach Frankfurt über einer Werbeidee. Als der Zug an einer Weide mit friedlich grasenden Kühen vorbeifuhr, erfolgte der kreative Urknall: Warum machen wir die Kuh nicht lila?!

Zur Präsentation bei Suchard ließ man neben der Kuh vorsichtshalber alles mögliche lila einfärben, was ersatzweise an die heile Alpenwelt erinnern könnte. Vom Lila-Tannenzapfen bis zum Lila-Weihnachtsbaum. Als Alternativ-Konzept zu Lila hatte Ortstein den Vorschlag im Gepäck, den – längst verstorbenen – Herrn Suchard wiederzubeleben. Dem Management in Lörrach gefiel jedoch die Kuh besser als der Senior-Chef: Es gab grünes Licht für Lila.

Der Rinderwahnsinn begann. Zuerst mußte ein Location-Scout die passende Almwiese erspähen. Fündig wurde er im Berner Oberland, im idyllischen Simmenthal. Dann machte der Scout den Bauern ausfindig, dessen Fleckvieh bei den örtlichen Zuchtschauen am häufigsten prämiert worden war. Das war Bauer Werner Kuhnen mit seinem besten Stück: Adelheid. Einen Tag, bevor Bauer Kuhnen sein Vieh auf die Alm treiben wollte, kam das Filmteam auf seinen Hof und begutachtete die Kühe. Als die Städter Adelheids gleichmäßig geschwungene Hörner, ihre breite, wuschelige, weiße Stirn und das dicke Euter sahen, hatten sie sich sofort in das Prachtexemplar verliebt und engagierten es vom Fleck weg.

Zwischen 500 und 800 Schweizer Franken bekam Kuhnen für jeden Dreh. Für die TV-Spots wurde das Simmenthaler Mädel unter tierärztlicher Aufsicht mit wasserlöslicher Farbe besprüht, wie sie auch Schauspieler zum Haarefärben verwenden. Die Farbe wurde nur auf die Seite gesprüht, die porträtiert werden sollte, und es dauerte Stunden, bis sie mittels einer Schablone aufgetragen war. Die Farbe war so empfindlich, daß sie jedesmal abfiel, wenn Adelheid mit dem Schwanz wedelte. Bauer Kuhnen mußte ihr gut zureden, damit sie stillhielt. Um Adelheid dazu zu bringen, den Blick auf die Kamera zu richten, stand hinter der Kamera ein Mann mit einem Regenschirm. Stundenlang mußte er den Schirm aufspannen, um Adelheids Aufmerksamkeit zu wecken.

Die bekannteste Lila-Kuh aber war Schwalbe, ebenfalls aus dem Stall von Bauer Kuhnen. Zwischen 1984 und 1990 stand sie für Milka Modell. Bevor das Filmteam kam, legte ihr Kuhnen stets eine extra dicke Lage Stroh in den Stall, damit sie nicht dreckig wurde, und fütterte sie, bis ihr Bauch prall und stattlich war.

Ein Producer mußte vor jedem Dreh beim Schweizer Militär einen Bericht über die Großwetterlage einholen. War die günstig, stand Schwalbe »on standby«. War das Gras schon herbstlich braun, wurde mit einem Kompressor grüne Lebensmittelfarbe auf die Almwiese gespritzt. Als die Werbeleute Schwalbe einmal einen Blumenkranz um den Hals drapieren wollten, wurde das Gefummel dem ansonsten gutmütigen Tier nach zwei Stunden zuviel. Kein Zureden von Bauer Kuhnen half – Schwalbe brach den Dreh kurzerhand ab und trottete davon.

1990 kam Schwalbe dann in die Jahre und wurde in den Ruhestand geschickt. Suchard ging auf die Suche nach einer neuen Kuh. Aber Rindvieh ist nicht gleich Rindvieh und nur ein echtes Simmenthaler Mädel ist milka-tauglich. Denn bei dem, so wußte schon der alte Tiervater Brehm, sind »Flotzmaul und Augenränder stets hellrot«. Diesmal erwählte das Kuh-Casting-Team der Münchner Filmproduktion Fairplay jedoch kein Rind von Bauer Kuhnen, der lukrative Werbejob ging an Perle, das schönste Stück aus dem Stall von Nachbar-Bauer Imdorf.

Wie auf einem Model-Contest mußte Imdorf eine Kuh nach der anderen aus dem Stall holen, aber stets schüttelten die Filmleute den Kopf. Entweder war die Aspirantin nicht weiß genug oder das Euter zu klein. Erst als Perle aus dem Stall trottete, war man begeistert. Die Dreieinhalbjährige war ebenso sanftmütig wie rosaschnäuzig. Bei der Frühjahrs-Rinderschau im talwärts gelegenen Dorf Lenk war sie unter siebzig Bewerberinnen Siebte geworden.

Ärger gab es am Drehtag. Die Damen von der Maske waren zwar hin und weg (»Ist die süüüüüß!«) von Perle. Frankie, der Mann für die »Special Effects«, hatte dagegen seine Mühe und

Not mit ihr. Er hatte ganze Kisten voller Utensilien mitgebracht – bis hin zu Schminke von Chanel. Eine der Kisten mußte erst mal wieder gesäubert werden. »Hat die mir doch da reingeschissen«, fluchte Frankie.

Dann wurde Perle mit Spray – Theaterfarbe, garantiert unschädlich und FCKW-frei – grundiert: zunächst dort, wo später um eine Gummischablone herum weiß auf Lila der Milka-Schriftzug gesprüht wurde. Als Frankie mit der zischenden Sprühdose an den Kuhbauch kam, erwies sich Perle als kitzlig und stieß mit den Hörnern um sich. Frankie, kuherfahren, mußte erst mal ein ernstes Wort mit ihr reden. Als Frankie zu den Ohren kam, wollte Perle ihn da nicht ranlassen und zog Bauer Imdorf, der ihr auf schweizerisch gut zuredete, ein paar Meter über die Wiese. Aber Frankie gab nicht auf, kraulte Perle und flüsterte ihr zu, daß sie eine wunderbare Kuh sei – schon waren die Lauscher, wie er sie haben wollte. Anschließend wurde noch mit einer Kunststoff-Schablone der Schriftzug auf die Flanke gesprüht – fertig war die Milka-Kuh. Dergestalt feingemacht wurde Perle von Bauer Imdorf auf eine Kuppe geführt, bekam eine besonders edle Kuhglocke umgehängt, schnupperte noch ein wenig im Gras und hob dann drehbuchgerecht den Kopf. Ganze zehn Minuten hatten die Aufnahmen gedauert, die Schminkprozeduren zuvor einige Stunden.

Einen kurzzeitigen Karriereknick mußten Schwalbe & Co Anfang der Achtziger hinnehmen. Anno 1982 befahl die Chefetage von Suchard, die optische Dominanz der Kuh zurückzufahren. Die Schwerpunkte sollten mehr auf die guten Zutaten gelegt werden. Die unter dem Anti-Slogan »Die Kuh ist weg!« geführte Kampagne währte jedoch nicht lange. Nach massenweisen Protesten waren die 800 Kilo Lebendgewicht zum Jahreswechsel 1983/84 wieder präsent. Und auch Schwimmstar Franzi von Almsick und der rüstige →Milka-Alm-Öhi Peter Steiner konnten die Kuh in den Neunzigern nur kurz von den Bildschirmen verdrängen.

1991 machte dann Schwalbe noch einmal Schlagzeilen. Mittlerweile war sie die berühmteste Kuh der Schweiz, der Fremdenverkehrsverein Lenk schickte Touristen auf Bauer Kuhnens Hof. Schwalbe hatte mit ihren 12 Jahren ein für ein Simmenthaler Rind biblisches Alter erreicht. Als sie im Frühjahr kein Kalb mehr bekommen wollte, tat Bauer Kuhnen das, was Bauern in diesem Fall seit jeher tun. Er beschloß, Schwalbe zu schlachten. Dummerweise kam diese Absicht Journalisten zu Ohren. *Bild* berichtete, deutsche Tierschützer tobten, und eine empörte Öffentlichkeit lief Sturm gegen den Schlachtplan. Eine Flut von wütenden Protestbriefen überschwemmte das Simmenthal, bei Bauer Kuhnen stand das Telefon nicht mehr still.

Ein Freizeitpark in Süddeutschland witterte seine Chance und bot Kuhnen an, Schwalbe zu kaufen und für die neue Attraktion einen Stall im Chalet-Stil zu bauen. Kuhnen lehnte ab. Schließlich schlachtete der PR-Chef von Milka die Situation aus. Für eine zusätzliche »nette Werbegeschichte« fuhr er von Bremen ins Berner Oberland, gab sich dort als Generaldirektor von Kraft Jacobs Suchard aus und bot Kuhnen 400 Mark monatliche Rente für Schwalbe an, wenn er sie leben ließe. Kuhnen willigte ein, *Bild* berichtete erneut, und die Leute glaubten, Suchard sei eine besonders nette Firma. Zwei Jahre später bekam Schwalbe dann Arthrose und mußte doch noch unters Hackebeil.

Im Simmenthal ist man mittlerweile auf Milka nicht mehr gut zu sprechen, weil die Firma mit anderen Kühen fremdgeht und ihre Werbefilme in Österreich dreht. Einen Weihnachts-Spot ließ Young & Rubicam sogar in Argentinien drehen, weil dort im Sommer Schnee liegt.

Heute kennen 98 Prozent der Deutschen die Lila-Kuh. In

beinahe 100 TV-Spots spielte sie die Hauptrolle, im Internet kann man Kuh-Pate werden, das Tier wird unter anderem auf Uhren, Emailleschildern und Alpenrock-CDs verkauft. Weniger lustig fand Erfinder Ortstein wahrscheinlich Bewerbungsmappen, die er des öfteren von Nachwuchswerbern auf den Tisch bekam, in denen sich die Jungkreativen als Urheber der Idee ausgaben.

Lüpi, der Heidschnuckenbock
Der wildeste Bock der Lüneburger Heide

Eine gnadenlose Parodie auf die Freiheit-und-Abenteuer-Werbung von Marlboro war 1990 der 30-Sekunden-Brüller in jedem Kino. Statt feuriger Rosse und markiger Cowboys dominierten blökende Schafe und ein dösender Heidehirte die Szene. Held des Films war Lüpi (von LÜneburger PIlsener), ein prächtiger Heidschnuckenbock aus der Lüneburger Heide, der mindestens so schlau sein sollte wie Lassie. Die Lüneburger Heide wurde zu Lüpi-Country. Motto: »Komm ins Lüpi-Land!«

Den Spot für das Gebräu der Holsten-Brauerei drehte die Hamburger Agentur Lintas, auf den Bock kam deren Kreativ-Direktor Helmut Böning. Er wollte ein Markensymbol schaffen, das in Gestalt eines stattlichen Heidschnuckenbocks unterschiedlichste Abenteuer besteht. Und da nach Bönings Ansicht Lüpis Heimat, die Lüneburger Heide, durchaus jenes Feeling von Freiheit und Abenteuer zukommt, das die Cowboys in Arizona verbreiten, ergab sich die atmosphärische Nähe zum werblichen Szenario von Marlboro fast von selbst.

Die Story: Lüpi fängt in bester Schäferhund- und Schweinchen-Babe-Manier in wilder Jagd eine versprengte Schafherde wieder ein, nachdem der vertrottelte Schäfer dazu nicht in der Lage war. Ursprünglich wollte Böning als Auslöser für das Erschrecken der Herde verwirrte und verirrte Bundeswehrsoldaten durch die Heide stolpern lassen. Man befürchtete jedoch Stunk mit der Hardthöhe und wies statt dessen einem kleinen Fuchs die Rolle des Störenfrieds zu.

Die Abenteuer in Lüpi-Country wurden an Originalschauplätzen mit Originalschnucken gedreht, aus Frankreich wurden eigens Tiertrainer aus dem Team von Jacques Annaud eingeflogen. Die hatten jedoch noch nie zuvor mit den Heidschnucken gearbeitet, was zu einiger Aufregung und sogar zu gefährlichen Situationen führen sollte. Heidschnucken lassen sich nämlich nicht dressieren wie Hunde und haben ihren eigenen Dickkopf. Erst eine kleine Bestechung in Form ihres Lieblingsfutters am anderen Ufer konnte die eigenwilligen Tiere zu der gewünschten Flußüberquerung überreden. Und immer wieder brachte es die Tierfilmer zur Verzweiflung, daß die Viecher, nachdem man die Kameras mühevoll in Position gebracht hatte, einfach dahinter vorbeipreschten.

Im Drehbuch stand ursprünglich auch eine Lovestory für Lüpi, natürlich mit Happy-End. Die ohnehin schon recht kräftigen Böcke zeichnen sich jedoch, so sie eine schnuckelige Schnucke im Visier haben, durch eine ausgeprägte Angriffslust aus. Das Team sicherte sich aus naheliegenden Gründen mit Zäunen ab, und Lüpis geplantes Téte-á-téte mit seiner Lieblings-Schnucke geriet zu einer derart heftigen Begegnung, daß, um der Schicklichkeit genüge zu tun, nurmehr der Griff zur Schere übrigblieb.

Das Markenzeichen des Lüneburger Pilsener ist (wie bei »Werner's« Bölkstoff Flensburger Pilsener) ein Bügelverschluß, der mit einem laut vernehmlichen »Plopp« aufspringt. Zum großen Showdown am Ende des Films zieht der Schäfer

eine Bierflasche hervor, um die erfolgreiche Jagd mit einem lauten Plopp und einem kräftigen Schluck Lüneburger Pilsener zu feiern. Eine erneute Stampede ist die Folge.
Der Spot wurde mit Kreativ-Preisen überhäuft.

Lurchi
Liebling aller Kinder

Millionen von Kindern kennen den Salamander mit Hut und Schuhen: Lurchi, die Kultfigur von Deutschlands größtem Schuhhersteller Salamander. Seit Jahrzehnten bekommen kleine Kunden, denen Mama in Salamander-Filialen neue Schuhe kauft, eine Folge von »Lurchis Abenteuer«. Das sind sechs Seiten lange, gezeichnete und gereimte Geschichten, in denen das menschenähnliche Reptil mit Mut und Witz von einem Abenteuer ins nächste stolpert – immer siegreich, dank Salamander-Schuhen. Seine Abenteuer sind heute die älteste noch erscheinende Werbebildergeschichte.

Bereits 1904 hatte der Schuhhändler Rudolf Moos einen Lurch im Ring mit den Worten »Marke Salamander« schützen lassen. Moos' Geschäfte waren zu dieser Zeit rückläufig. Deshalb wollte er seinen Kunden ein Paar Stiefel zum festen Preis von 12,80 DM statt der üblichen 20 DM anbieten. Es entstand der Kontakt zu der Herstellerfirma J. Sigle & Cie., die die günstigen Rohmaterialien anbot. Um sich auch in der Namensgebung von der Konkurrenz abzuheben, wählte Moos als Warenzeichen den Salamander, das heilige Tier der Freimaurer und das mystische Sinnbild für Gerechtigkeit und für den Dämon, der im Feuer lebt.

Der enorme Verkaufserfolg führte zur Kooperation zwischen Moos und der Firma Sigle in Form der Salamander-Schuhgesellschaft mbH im Frühjahr 1905. Ab 1909 warb der Lurch dann aufrecht stehend und mit Versen für preiswerte Qualitätsschuhe: »Des Winters rauhe Macht verblich. Es geht zum Frühling! Schmücke dich! Wie wirst du reizvoll froh und fein im Salamanderstiefel sein!« Und trug in wilhelminischer Steifheit seine ersten Verse vor: »Bezwungen folgt er ihr auf Schritt und Tritt/Als zog ihn etwas seltsam Schönes mit/Man ist, dacht' sie, sogleich wie ein Magnet/Wenn man in Salamander-Stiefeln geht.«

Lurchis eigentliche Geburtsstunde aber fällt in das Jahr 1936. Damals erfand der Reklamechef der Salamander-Schuhfabrik »Lurch, den kleinen Salamander«, um für Kinderschuhe zu werben. Die ersten kleinen grünen Hefte mit seinen Abenteuern erschienen 1937/38, nach den Kriegswirren wurde die Reihe 1951 fortgesetzt. Lurchis Glanzzeit läutete der Grafiker und Zeichner Heinz Schubel 1952 ein, der den Lurchi-Heften bis 1972 seinen eigenwilligen Stempel aufdrückte. Während der Seriencharakter der Hefte den US-Comics entsprach, orientierten sich Zeichenstil und Versmaß an Wilhelm Busch: temporeiche, humorvolle Geschichten, liebevoll und detailreich illustriert, ohne Sprechblasen, statt dessen mit Versen unter den Bildern. Die Auflage stieg in den 50er und 60er Jahren auf 2,75 Millionen Exemplare. 1990 lag die Auflage bei einer Million Heften. Zum Vergleich: Mickymaus verkaufte sich gerade rund 400.000mal. Insge-

samt wurden seit 1937 über 300 Millionen Hefte verteilt.

Die Handlung spielte stets in einer Mischung aus realer Welt und Märchenreich. Die Themen waren Reisen in ferne Länder wie Australien, Afrika und Japan, aber auch aktuelle gesellschaftliche Ereignisse wurden aufgegriffen, wie das Wirtschaftswunder, die Olympischen Spiele oder das Weltraumfieber: »Weltraummilch ist delikat/ weil man sie sehr selten hat.« Als Fortbewegungsmittel diente alles, was die moderne Technik zu bieten hatte, vom Motorrad bis zur Raumfähre. Wobei erstaunlich viel zu Bruch ging: »Angsterfüllte Schreie gellen:/ Bremse Lurchi! Wir zerschellen!/ Lurchis Antwort kommt gequält:/ Kann nicht bremsen! Bremse fehlt!« Besonders hatte es Lurchi auch das Eintreten von Türen angetan, an denen er gerne die Haltbarkeit seiner Schuhe demonstrierte.

1955 bewährte sich Lurchi in der Doppelrolle als Torwart Toni Turek und »Boß« Helmut Rahn aus dem WM-Dreamteam von 1954, das Ungarn 3:2 bezwang. In bester Herberger-Diktion (»Der Ball ist rund«) hieß es bei Lurchi: »Lurchi mit der Straßenwalze/Steuert zu den Maulwurfshügeln/ Und beginnt sie glattzubügeln/Daß die schwarzen Erdgesellen/Flüchtend aus dem Boden quellen/Wütend und mit viel Gestampfe/Fordern sie zum Fußballkampfe.«

Der Salamander ist in Lurchis Fall ein Herdentier. Sein

bester Freund ist Hopps, der Frosch. Ferner gehören zu seiner Bande: die ungeschickte Kröte Unkerich, Pechvogel vom Dienst, die Mäusepiep, Igel oder Igelmann (gern verwechselt mit →Hörzu-Mecki) und der begnadete Bastler Zwerg Pipping. Der pfiffige Lurchi besteht jedes Abenteuer mit Bravour, auch hemmungslosem Feiern ist er nicht abgeneigt. Schon lange bevor in einem kleinen gallischen Dorf legendäre Wildschwein-Essen stattfanden, endete fast jede Lurchi-Folge mit einem Gelage und dem lautstarken Ruf: »Salamander lebe hoch!«

Seit 1995 prägen der Zeichner Dietwald Doblies und der Texter Günther Bentele Lurchis Abenteuer. Zur 100. Folge 1989 hat *Titanic* den Werdegang des Comic-Klassikers dokumentiert, Sammler archivieren die Ausgaben, und anläßlich einer Ausstellung im Jahre 1994 haben Wissenschaftler Informationen über die Kultfigur der deutschen Markenwerbung zusammengetragen. Selbst heutige Computer-Kids lieben den frechen Lurch, seit einigen Jahren ist er im Internet präsent.
Lang lebe Lurchi!

Lux-Filmstars
Der Seifen-Club der Beauty-Stars

»Herrlich, meine milde Lux. Sie pflegt den Teint so sorgsam und zart«, ließ uns Ursula Andress als Hauptdarstellerin des Films »Jean Blond – null null sex« wissen. Die italienische Filmdiva Sophia Loren lächelte von den Litfaßsäulen: »Ich habe einen guten Grund, Lux zu benutzen: meine Haut.« Sie war nicht die einzige, denn »neun von zehn Filmstars nehmen Lux«.

»Lux-Toiletteseife macht Ihre Haut zart und schön«, sagte auch Jane Russell und wurde wie Elisabeth Taylor Mitglied im »Lux-Club der Beauty-Stars«: »Ganz besonders gepflegt müssen Filmstars sein. Ihr Aussehen, ihr Teint, ihre Schönheit werden Tag für Tag kritisch betrachtet. Darum pflegen Filmstars in aller Welt ihre Haut mit der weißen und reinen Lux. Sie schenkt blütenzarten Teint.«

Auch Vivi Bach (sie spielt in dem Film »Das Geheimnis der roten Quaste«) wusch sich regelmäßig mit Lux. Was ein bekanntes Hamburger Nachrichtenmagazin zu dem gehässigen Kommentar hinriß: »Deutschlands Filmmimen agieren für die Lux-Seife und für Appels Rollmöpse (Heinz Erhardt).«

Auf Großmutters Einkaufszettel stand neben Persil und Frauengold auch immer: dreimal Lux besorgen. »Haste mal ein Tempo?« »Gib mir doch mal das Maggi rüber!« – Triumph der Werbung, wenn der Markenname die eigentliche Produktbezeichnung verdrängt. Lux gelang dies jahrzehntelang mit einer Strategie, die in den USA bereits in den zwanziger Jahren üblich war: der Filmstar-Werbung.

1929 wurde die 10-Cent-Seife in den Staaten erstmals als »Seife der großen Stars« angepriesen und avancierte sogleich zum Marktführer. Alle großen Hollywood-Heldinnen zeigten für Lux ihre schönen Gesichter vor: Marlene Dietrich, Rita Hayworth, Audrey Hepburn, Lana Turner, Marilyn Monroe, Jane Russell, Raquel Welch oder Elizabeth Taylor.

Nach Deutschland kam die »reine weiße Schönheitsseife« 1951, und mit ihr die Filmstar-Masche. Anfangs griff man auf amerikanische Leinwandheldinnen zurück, ab 1953 durfte dann auch die deutsche Filmprominenz auf den Plakatwänden ausplaudern, daß sie an ihren Teint nur Wasser und Lux läßt. Für die gute Sache kämpften unter anderem: Senta Berger, Heidi Brühl, Herta Feiler, Conny Froboes, Hildegard Knef, Lilli Palmer, Liselotte Pulver, Elke Sommer, Sonja Ziemann, Marie Versini, Marika Rökk, Vera Tschechowa, Heidelinde Weis und über 20 Jahre →ADO-Frau Marianne Koch.

Nur TV-Ansagerin Petra Schürmann wusch sich nicht mit Lux. Sie gestand, daß sie ihren 30jährigen Teint nur deshalb noch unter Scheinwerferlicht zeigen konnte, weil sie ihn mit »Kaloderma« gepflegt hatte. Was vielleicht an der Großzügigkeit des Kaloderma-Herstellers lag. Lux-Filmstars wurde das Seifen-Geständnis mit einem Honorar zwischen 2.000 und 4.000 Mark entlohnt, die Kaloderma-Fürsprache brachte der ehemaligen Miss World dagegen 10.000 Mark pro Jahr ein. Aufstrebende Nachwuchssternchen mußten sich gar mit einem Gratiskarton Lux monatlich zufriedengeben.

Um Kontakt zu Stars und Sternchen zu halten, hatte der Lux-Hersteller Lever-Sunlicht sogar eine ehemalige Filmjournalistin engagiert. Die Münchnerin Lucie »Lu« Wortig schloß nach eigenen Angaben mehr als 2.000 Verträge für Lux. Junge, aufstrebende Schauspielerinnen wurden von Lu Wortig animiert, sich frühzeitig zur Lux-Seife zu bekennen.

Drei Jahrzehnte blieb Lux mit der Filmstar-Masche Spitzenreiter unter Deutschlands »Familienseifen«. Aber Schönheitsidole wandeln sich – nicht mehr Filmstars, sondern Mannequins sind in den 90ern gefragt. Heute werben Super-Models wie die Russin Sonia Ryzi-Ryski für die Lux.

Allen Nicht-Filmstars spendete Scherk-Gesichtswasser 1955 Trost: »Kein neuer Filmstar – doch schön geworden durch Scherk!« Auch eine Nivea-Dame machte Mut: »Obwohl mein Kleid gar nicht so elegant war, machte man mir Komplimente über mein Aussehen. Ich bin sicher, es ist die tägliche NIVEA-Pflege, der ich diesen Erfolg verdanke.«

Maggi-Kochstudio
Deutschlands Küche Nr. 1

Jeder kennt sie, hat sie lieben oder hassen gelernt, und zumindest in den ersten Tagen nach Verlassen des mütterlichen Kochtopfes verzweifelt auf sie zurückgreifen müssen: die berühmten Instant-Brühen von Maggi. Firmengründer Julius Maggi (sprich Madschji) hatte schon 1886 die ersten Schnellfertigspeisen erfunden. Er mixte sie im Stammwerk Kempttal bei Winterthur aus geröstetem Bohnen- und Erbsmehl, das er mit Fett zusammenschmolz. Der eiweißreiche Magenfüller wurde fast ausschließlich von Fabrikarbeiterinnen gekauft, die für Haushalt und Familie keine Zeit hatten.

Für Jägersoße und Frühlingssuppen ist seit 1959 das Maggi-Kochstudio zuständig. Und für erfüllte Hausfrauenträume, wie ein Werbeinserat aus dieser Zeit verriet: »Hausfrauentraum wurde Wirklichkeit – eine Suppe mit neun zu verschiedenen Jahreszeiten geernteten Gemüsen zu kochen. Maggi Feine Frühlingssuppe mit Nudeln.«

Das Schönste ist: Die Maggi-Küche gibt es wirklich. Im Frankfurter Stadtteil Niederrad befinden sich die großzügigen Räumlichkeiten, in denen jährlich 15.000 telefonische und 50.000 schriftliche Anfragen rund um Leberknödel-, Käseklößchen- und Zwiebelsuppe beantwortet werden. Die Durchwahlnummer ist auf jedem Maggi-Tütchen angegeben. Ein Maggi-Kochstudio-Club hat mehr als 200.000 Mitglieder. Die Philosophie hinter der Suppenküche: ein Helfer, Freund und guter Geist bei allen Fragen rund ums Essen zu sein, der »Wohlbehagen, Sicherheit und Geborgenheit« vermittelt. Die Rezepte »gibt's gratis vom Maggi-Kochstudio«.

In den Fünfzigern überlegte man am Firmensitz in Winterthur, wie man der deutschen Edelfreßwelle mit anspruchsvollen

Suppen- und Fertiggerichten entgegenkommen könnte. Jährlich fuhren Millionen von Deutschen nach Italien und fanden an den südlichen Küchenprodukten Gefallen. Maggi brachte ein Ravioli-Schnellgericht heraus, das sich sehr gut verkaufte. Ansonsten überließ man es einer Phantomfrau, den Suppenkonsum anzureizen. Talentierte Werbegrafiker und Verkaufspsychologen erfanden »eine Synthese der Frau im aktiven Alter zwischen 20 und 45, nicht zu elegant, aber kein Hausmütterchen«.

Das Idol präsentierte sich an einem Seiteneingang der Schweizer Maggi-Fabrik überlebensgroß auf Pappe, darunter der Namenszug Marianne Berger. Die Suppenbetriebsleitung organisierte rund um die Pappkameradin ein ganzes Beratungsinstitut, das nicht nur Kochrezepte ausbrütete, sondern auch konsultiert werden konnte, wenn die Ehe nicht stimmte. Als Leiterin dieses Instituts engagierte man die Journalistin Elisabeth Herzog. Sie schlüpfte in die Haut der Papierfrau und tönte: »Schon der feine Geruch einer guten Suppe und der Anblick eines behäbigen Suppentopfes erwecken Gefühle der Behaglichkeit – und wie gemütlich ist eine Suppenparty im Kreise lieber Freunde!«

Alle Mitarbeiterinnen des Instituts meldeten sich telefonisch nur mit »Marianne Berger«. Die wiederum war ein Abklatsch der in den USA so populären Betty Crocker – einer Pin-up-Lady des Maggi-Konkurrenten General Foods, die in Amerika seit 1921 als Galionsfigur für geschickte Werbefeldzüge diente. Heute leitet Barbara Nickerson das Maggi-Kochstudio.

Mainzelmännchen
Die Pausenfüller des ZDF

Am 1. April 1963 begrüßten die Mainzelmännchen erstmals ihre Zuschauer, mit kichernden Stimmen und urigen Lauten. Angeführt vom »schlauen Det« (mit Brille) trieben sie ihre Späße. Es war der Start des zweiten deutschen Fernsehprogrammes, des ZDF.

Die liebenswerten Hausgeister des ZDF, die zwischen Waschmittel- und Weingeist-Reklame Schabernack veranstalten, sind in Deutschland bekannter als alle anderen Zeichentrickfiguren. In den Siebzigern ließ ein Karrieresprung sie von Lückenfüllern zu Stars aufsteigen, und viermal in der Woche, immer um 17.35 Uhr, bekamen sie zwei Minuten Sendezeit: Im »Mini-Krimi« jagten sie mit einem fahrenden, fliegenden und schwimmenden Supermobil einer diebischen Elster nach. Bei »Gewußt wie« ließen sie Naturgesetze für sich arbeiten, in der Serie »Kapriolen« bewiesen sie Bauernschläue, und freitags sattelten sie ihren Einsatzdackel, um unter dem Titel »06131/...« (der Vorwahl von Mainz) einen liebeskranken Goldfisch zu kurieren.

Ausgedacht und in Bewegung gesetzt wurden die sechs Wichte – Anton, Berti, Conny, Det, Eddy und Fritzchen – von dem Wiesbadener Grafiker Wolf Gerlach. Dem gelernten Bühnenbildner und Maler kam die Idee für die bei jung und alt beliebten Trickfiguren, als er von den vielen fleißigen Händen erfahren hatte, die rund um die Uhr den Start des

ZDF vorbereiten halfen (Mainzelmännchen gleich Heinzelmännchen). Den Programm-Managern gefiel Gerlachs Vorschlag.

Gerlach zeichnete nicht nur über 20 Jahre die drolligen Kerlchen, von ihm stammten auch die meisten Einfälle für die Mini-Geschichten – sogar die Stimmen sprach er selbst ins Mikrofon.

1963 noch in Schwarzweiß, wirkten die Mainzelmännchen im Gegensatz zu den heutigen liebenswerten Knuddelfiguren recht koboldhaft und hatten einen Ausdruck, den man durchaus als durchtrieben, wenn nicht sogar als boshaft bezeichnen könnte. Vielleicht deshalb wurden den bösen Buben auch unlautere Profilierungsabsichten nachgesagt. Einige Werbeforscher vermuteten, daß die Mainzelmännchen die Zuschauer von den eigentlichen Werbebotschaften ablenken würden, und prägten dafür den Begriff »Mainzelmännchen-Effekt«. Das ZDF widerlegte die Wissenschaftler aber umgehend mit einer eigenen Studie.

Zu Beginn der 80er Jahre streiften die Mainzelmännchen dann ihre koboldhaften Züge ab, und auch die Werbeforscher gaben Ruhe. Rundliche und ausgewogene Proportionen machten sie zu rundum sympathischen Zeitgenossen. Zehn Jahre später wurden Fritzchen & Co. abermals einem Facelifting unterzogen, sie wurden moderner und individueller. So präsentierte sich Fritzchen als Sport-Freak, Anton als Faulpelz.

Weit mehr als 10.000 Cartoons sind inzwischen produziert worden, die zusammen mehrere abendfüllende, überlange Spielfilme abgeben würden. Und die Zeichentrick-Stars wurden auch für die Spielwarenhersteller zum Knüller. In Form kleiner Puppen wurden die Mainzelmännchen bereits zigmillionenmal verkauft.

Marlboro-Cowboy
Bewohner von Marlboro-Country

Dort, wo der harte Mann allein mit dem Vieh in Sturm, Staub und Schnee seinen Lebensunterhalt verdient, ist Marlboro-Country – das der Huttracht der Kuhhirten nach zu schließen, in der Nähe von Texas liegen muß. Genauer gesagt, in Arizona. Hingelümmelt am Planwagen, oder mit dem Lasso hoch zu Roß, lebt hier der Marlboro-Cowboy. Auf der linken Wange Rasierschaum, im rechten Mundwinkel eine Kippe, bestreitet er das letzte Rückzugsgefecht des Mannes als Planer, Macher und Abenteurer. Das schöne Märchen von Freiheit und Abenteuer per Lungenzug machte die Marlboro zur meistgerauchten Zigarette der Welt.

Leo Burnett, einer der bekanntesten Werbemänner Amerikas, hat der erfolgreichsten Werbefigur der Welt 1954 Leben eingehaucht. Daß Burnett ausgerechnet auf einen harten Mann verfiel, hatte seinen Grund. Er wollte der Marlboro das »weibische und schwule Image« nehmen. Über 100 Jahre war die Marlboro nämlich eine »Damenzigarette«. Wo immer da auch der Unterschied liegen mag. Seit 1847 hatte Philip

Morris, ein kleiner Tabakwarenhändler in der Londoner Bond Street, eine selbstgedrehte Mischung als Ladies Favourite verkauft, als sehr leichte Damenzigarette. 1885 taufte er sie »Marlborough«, nach dem Duke of Marlborough.

Ab 1902 wurde die Marlborough in die neue Welt exportiert und 1922 von den Amerikanern aufgekauft. Seit 1924 heißt die Zigarette Marlboro. Der Verkaufsschlager war der Red Beauty Filter, ein Mundstück, auf dem die Lippenstiftspuren der Damen nicht auffielen. Der wirtschaftliche Erfolg hielt sich in Grenzen, die Marlboro dümpelte bei einem Marktanteil von um die 1 Prozent jahrzehntelang vor sich hin.

Die Geschlechtsumwandlung erfolgte 1954. Die Marktanteile waren auf gerade mal 0,25 Prozent gefallen, und Burnett beschloß, aus dem Damenkraut eine »maskuline Full-Flavour-Zigarette« zu machen. Inspiriert hatte Burnett womöglich eine Studie der amerikanischen Motivforscher Ernest Dichter und Pierre Martineau. Ihr Befund: »Die Zigarette ist eines der stärksten Symbole der Männlichkeit.« Durch die zivilisatorische Verweichlichung und Stärkung der Rolle der Frau fühlten sich die Amerikaner bedroht. Aus Protest und Selbstbestätigungsdrang griffen sie zur Zigarette. Rauchen sei ein »unbewußt feindlicher Akt« gegen die Frau und bereite um so größeres Behagen, je mehr sich die Frauen über den Qualm und Gestank ärgerten.

Der Damenzigarette wurde eine gründliche Metamorphose verordnet: neue Packung, neue Werbung. Der Designer Frank Giannoto gestaltete die charakteristische rot-weiße Packung, und Burnett wählte einen Cowboy als Verkaufshelfer. Daß es ausgerechnet ein Kuhhirte und kein Bauarbeiter, Schuhverkäufer oder Navy-Testpilot wurde, war Zufall. In der Branche werden neue Marken zuerst auf einem Testmarkt gründlich ausgelotet, bevor sie landesweit in die Auto-

Marlboro-Cowboy 199

maten geschoben werden. Burnett hatte als Testmarkt Texas ausgeguckt, und da sollen ja bekanntlich noch echte Kuhjungen leben.

Genauso schnell, wie er aufgesessen war, fiel der Marlboro-Cowboy aber wieder vom Pferd. Weil der Test nach hinten losging, mußte er seine Sporen erst einmal wieder an den den Nagel hängen. Pferdestärken hatten die Amerikaner doch noch lieber unter der Motorhaube als unter dem Sattel. Rauhe und verwegene Gestalten, Männer »mit dem Merkmal einer interessanten Vergangenheit«, die »Männlichkeit, Reife, Kraft und Potenz« symbolisieren, schlüpften zwar für die nächsten zehn Jahre immer wieder in die Rolle des Marlboro-Mannes. Aber wie so oft, Potenz alleine genügt nicht – die Marktanteile stagnierten.

Erst 1964 war es soweit – der amerikanische Westen wurde endgültig zu Marlboro-Country und der erste Spot passenderweise mit der Musik aus dem Film »Die glorreichen Sieben« unterlegt. Die Marlboro wurde zum meistverkauften Glimmstengel überhaupt, und die Cowboy-Kampagne – in ihrer Grundidee seit vier Jahrzehnten unverändert – ist die erfolgreichste und am längsten laufende Werbekampagne weltweit.

Der Marlboro-Erfolg war auf eine neue Strategie von Burnett zurückzuführen: der »Emotionalisierung der Marke«. Produkte werden nach ihr hauptsächlich über »Produkteigenschaften« verkauft, die Kundschaft wird mit Versprechen gelockt, die mit dem eigentlichen Produkt nichts zu tun haben. Wenn der Marlboro-Cowboy sein Pferd sattelt, sein Vieh fängt und sich anschließend eine Marlboro zwischen die Lippen schiebt, sagt das über die Qualität des Tabaks an sich ja nicht das geringste aus. Aber allen Rauchern (und denen, die es werden wollten) wird idealtypisch vorgeführt, was sie von dieser Marke haben, besser noch, was sie mit ihr sein können.

Mit Marlboro-Country schuf Burnett erstmals eine sogenannte Markenwelt. Erkenntnisse der Marktforschung, nach denen 65 Prozent der Raucher »ihrer« Zigarette treubleiben, obwohl sie bei Tests die eine Kippe nicht von der anderen unterscheiden können, bestätigen Burnett.

In Deutschland gibt der Cowboy erst seit 1971 dem Umsatz die Sporen. 1960 hatte Philip Morris of America die Lizenz an die Bremer Zigarettenfabrik Brinkmann vergeben. Brinkmann wiederum hatte eine Schweizer Werbeagentur namens Triple engagiert. Ein von Triple erdachter Zigarettengenießer stellte lakonisch fest: »Wenn Sie mich fragen, ich rauche Marlboro! – Für Marlboro-Raucher eine typische Antwort. Klar und präzis: So sind sie, die Erfolgreichen unserer Zeit.« Und: »Sie schmeckt ihm, seine Marlboro. Er kennt viele Zigaretten. Jetzt raucht er nur noch Marlboro.«

Als der Lizenzvertrag 1970 auslief, rangierte die Marlboro mit einem Marktanteil von gut einem Prozent unter ferner liefen. Erst als die männerbündige Cowboy-Truppe auch durch deutsche Lande ritt, kam der Absatz auf Trab. Zusätzlichen Schwung bekamen die Verkäufe durch einen veränderten Rauchergeschmack. Ständig neue Meldungen über gesundheitsschädliche Stoffe in der Umwelt brachten die Deutschen vermehrt zu der Erkenntnis, daß Rauchen wohl nur eine von vielen Ursachen ist, die das Leben verkürzen. Die Folge: Der Konsum leichter Zigaretten nahm ab, starker Tabak war wieder gefragt. Und den verkörperten die Figuren aus dem Marlboro-Land.

Ein rasanter Aufstieg begann. 1973 erstmals unter den Top ten, lag die Marlboro 1979 bereits auf Platz 5 und überholte

1985 den Marktführer HB. Seitdem ist sie auch in Deutschland, was sie zuvor bereits weltweit war: Die Nummer eins. Bei einem Marktanteil von ca. 35 Prozent.

Zuvor aber galt es noch, ein feministisches Donnerwetter der Leserinnen der *Emma* zu überstehen. Dank des zunehmenden Erfolges bei weiblichen Rauchern sollte diese Zielgruppe gezielt beworben werden. Eine Cowboy-Anzeigenserie in dem Frauenblatt wurde allerdings von *Emma*-Herausgeberin Alice Schwarzer wieder gestoppt. Empört über den »Macker von der hartgesottenen Sorte, der den Mädels im Saloon immer auf den Hintern knallt«, hatten *Emma*-Leserinnen die Zeitschrift abbestellt. »Dabei sind auch gerade *Emma*-Leserinnen unsere Zielgruppe«, mußte ein Leo-Burnett-Manager bedauernd feststellen. Heute sind rund ein Drittel der Marlboro-Raucher Frauen.

In den USA hatte der Marlboro-Cowboy 1999 ausgequalmt. Nach Schmerzensgeldzahlungen in Millionenhöhe darf Nikotin dort nicht mehr auf Großplakaten beworben werden. Die amerikanische Tabakindustrie mußte 377 Millionen Mark für die Behandlung von Nikotinschäden zahlen und ihre Werbung einschränken. Bereits angemietete Plakatflächen nutzte die Regierung für Anti-Raucher-Kampagnen. Aus dem Mundwinkel des Marlboro-Cowboy hing z. B. schlaff eine Zigarette – als Warnung vor durch Rauchen verursachte Impotenz.

Meister Proper
Popeye des Wischwassers

Meister Proper ist Kult. Weniger durch seine TV-Auftritte als Handelsvertreter für Reinigungsmittel als vielmehr durch seinen Ritterschlag zur Szenefigur in den 90ern. Die dienstbare Flaschengeist, der seit mehr als 20 Jahren breitbeinig und glatzköpfig wie ein Einpeitscher der Marines als Freund aller Hausfrauen in der Küche steht, wurde 1994 vom *Wiener* zur Popart-Ikone erkoren. Was kann man von einem Handelsvertreter für Haushaltsreiniger mehr verlangen?

Seine Geschichte beginnt 1958 in Chicago. Dort gebar die Werbeagentur Tatham-Laird & Kudner einen kraftstrotzenden, auffallend sauberen Jungen und taufte ihn »Mr. Clean«. Die amerikanischen Hausfrauen waren begeistert und machten den Procter & Gamble-Reiniger zum erfolgreichsten Saubermann der USA.

Nach Deutschland kam der Meister 1967. Auch hier war sein besonderes Merkmal – neben seinem Ohrring – seine Spiegelkraft, mit der er alle Wohnungen zum Glänzen brachte. Vier Jahre später war Meister Proper der beliebteste Haushaltsreiniger Deutschlands. Im April 71 überholte er Ajax, Dor und IMI. 1984 wurde Meister Proper, wie viele junge Männer seines Alters, ein wenig eitel und legte sich einen neuen Duft zu. Zum 20. Geburtstag 1987 bekam er schließlich neben den üblichen Glückwünschen eine durchsichtige Flasche und ein neues, modisches Label geschenkt.

In den Neunzigern war sein Image bei der Hausfrau schon ziemlich angestaubt, als er plötzlich zur Kultfigur der Generation X aufstieg. Eine Offenbacher Werbeagentur namens »Die Brut« nahm sich 1992 des mittlerweile 34jährigen an und gründete speziell für ihn die Trendagentur ProperGanda. In der RTL-Samstag-Nacht-Show wurde er von Wigald Boning interviewt, die Rap-Gruppe »Die fantastischen Vier« ging mit ihm auf die Bühne. Er bekam einen Plattenvertrag, bei dem Sony Music den Vertrieb der von ProperGanda produzierten »Meistermusik« übernahm. In Kooperation mit zwei Frankfurter Techno-DJs entstanden drei Songs; besonders angesagt auf den »Get-Clean-Prop-Out«-Parties war der »Mr. Clean Hard House Mix«.

Doch damit nicht genug. Die Overlook Textil GmbH brachte 1993 eine Meister-Proper-Modekollektion heraus, von der in der Herbst-Winter-Saison 93 fast 10.000 Kollektionsteile verkauft wurden. Von den 1994 aufgelegten Meister-Proper-Socken verkauften sich mehr als 6.000 Stück. Duschvorhänge, Snowboards, Computerspiele und In-bed-with-Meister-Proper-Pappen gingen weg wie warme Semmeln.

Natürlich gründete sich auch der unvermeidliche Fan-Club. Ehrenvorsitzender ist der Meister selbst, jährliche Höhepunkte des Vereinslebens sind Snowboardcamps im Winter und Szenefußballturniere im Sommer. Täglich ging bei ProperGanda Fanpost ein: »Auch ich vertraue dem kultigen Glatzkopf«, »... ich habe Euch ja schon in meinem ersten Brief geschrieben, wieso mich der Meister so fasziniert ...«, »Hallo, Meister, heute muß ich Dich leider um eine schwierige Aufgabe bitten, aber ich bin guter Dinge, daß Du das Unmögliche möglich machst ...«.

»Als Freibeuter mit Ohrring besitzt er mittlerweile Kultstatus wie keine andere Werbefigur. Er ist auf dem besten Weg, ein Szenetyp zu werden ...«, schrieb *Max* 1993, und *Stern-TV* (8/93) ernannte ihn – dank des Ohrrings – zum »Urvater des Punk«.

Aber nicht immer kam er gut weg. Eine inzwischen verschiedene Zeitgeistpostille sah in ihm eine Art »Brutalo und Skinhead unter den Saubermännern« und einen »Reichspropaganda-Stoiber des deutschen Wisch-Mobs«.

Meister Proper hat heute Brüder unter anderem in Großbritannien (Flash), Italien (Mastro Lindo) und in Spanien (Dr. Propre).

Melitta-Mann
Der Mann mit der Tasse

Er war der Mann mit der Tasse, ein redseliges Beispiel deutscher Witzlosigkeit, ein Fürst der abgestandenen Nettigkeit. Seit 1990 plauderte der Melitta-Mann über die Vorzüge von Kaffee und Filtertüten und betrieb die neuerliche Spaltung der Republik. In Fans und Feinde. Letztere gewannen schließlich die Überhand. Er war spießig, er nervte, aber er ging einfach nicht weg. Werbung, die von der Politik das Prinzip Aussitzen abgeschaut hat. Er sagte Wörter wie »blöd« oder »oberflächlich«, spielte Saxophon und gab sich gern umweltfreundlich. Der Prototyp des neuen Mannes, der Traumsohn der modernen Schwiegermutter. Das kommt an. Zumindest bei den Frauen. Bei Melitta gingen säckeweise Fan-Post, Liebesbriefe und Heiratsanträge ein. Männer dagegen fanden ihn zum Kotzen. Die Zeitschrift *Wiener* nannte ihn 1992 einen »Schleimer und Faxenheinz mit Vorbildcharakter für den Lufthansa-Jetset und andere Krawattenträger«. Bei einer Sympathie-Befragung unter TV-Sehern unterlag er dagegen 1994 nur knapp

Melitta-Mann 205

den →Toyota-Affen. Er polarisiert, sagen die Fachleute. Den Trick hatte er schon in einem der ersten Spots verraten: Werbung sei ihm peinlich.

Daß er überhaupt so locker daherreden durfte, verdankte die Kaffeenase einer Dresdner Hausfrau namens Melitta Bentz. Jene hatte 1908 den ersten Kaffeefilter der Welt erfunden. Frau Bentz hatte sich immer über den Kaffeesatz beim Aufbrühen geärgert. Also borgte sich die patente Frau aus dem Schulheft ihres Sohnes Willy ein Löschblatt. Mit Nagel und Hammer durchlöcherte sie siebartig den Boden eines alten Messingtopfs und schnitt das Löschpapier so zu, daß es in den Topf paßte. Sie schüttete das Kaffeepulver hinein und goß kochendes Wasser darüber.

Zuvor war das gemahlene Kaffeepulver immer einfach ins Wasser geschüttet, das Ganze aufgebrüht und durch ein Sieb gefiltert worden, oder man goß den Sud durch immer denselben muffigen Kaffeebeutel. Von Verwöhnaroma konnte da keine Rede sein. Am 8. Juli 1908 ließ Melitta Bentz ihre Erfindung beim kaiserlichen Patentamt in Berlin eintragen und gründete noch im selben Jahr, gemeinsam mit ihrem Gatten Hugo, eine eigene Firma. Die ersten 50 verkaufsfertigen Filter brachten die Bentz-Söhne Willy und Horst im Haus-zu-Haus-Verkauf an den Mann beziehungsweise die Frau. Aus diesem Urfilter entstand 1936 der noch heute gebräuchliche konische Schnellfilter mit passender Filtertüte.

Der Melitta-Mann war eine Idee der Düsseldorfer Werbeagentur Grey, absolute Spezialisten in Sachen Werbefiguren. Grey hatte bereits das →HB-Männchen und Deutschlands berühmtesten Zahnklempner, →Dr. Best erfunden. Einen Präsenter mit einer Tasse Kaffee in der Hand vor die Kamera zu stellen und ihn ein paar nette Sätze vom Monitor ablesen zu lassen, ist aber nicht gerade originell. Zudem hatte man schon jahrelang versucht, mit einem mittelalterlichen Kaffeemenschen schwindende Marktanteile zu stabilisieren. Der war mittlerweile in die Jahre gekommen – ein neuer Vortrinker mußte also her.

Er sollte als »Personifizierung der Markenpersönlichkeit« den vollkommenen Genußmenschen repräsentieren. Und er sollte Kaffee lieben. Alles, was zum Ritual, zum Umfeld des vollkommenen Genusses gehört, interessiert ihn brennend. Der genießende Verbraucher, der sich von Melitta verstanden fühlt. Er redet nicht für Melitta. Sondern über Melitta. Einfach, glaubhaft und enthusiastisch. Fern aller Kaffee-Klischees von gespitzten Lippen und abgespreizten kleinen Fingern. Der Zuschauer sollte das Gefühl haben, der Melitta-Genußmensch spreche ihn persönlich an, sitze mit ihm im Ohrensessel.

Der Wetterfrosch von Radio Bremen erfüllte das Profil: Egon Wellenbrink, Hobby-Musiker und Kaberettist. Im Swinging Schwabing der Sechziger groß geworden und früher Mitglied in der Band von Schnulzenkönig Roy Black. Für SAT.1 drehte Wellenbrink eine Kinderserie. Mit dem »Schlagerblödsinn« hat er heute nichts mehr am Hut. Mit »flachbrüstigem Scheiß« möchte der softe Frauenheld, der Hausfrauen ungebleichte Filtertüten andreht, nichts mehr zu tun haben. Der Schweizer Kaberettist Emil Steinberger verpaßte als Autorenregisseur den Melitta-Spots eine subtil humorvolle Note und ließ Wellenbrink charmant lächeln und munter drauflosplappern – über Lippenstifte, Schach und natürlich Kaffee. Mit der Quasselmasche stieg Wellenbrink zur Werbeikone der frühen neunziger Jahre auf und bescherte Melitta traumhafte Zuwachsraten im heiß umkämpften Bohnenmarkt.

Nach zehn Jahren Dauerpräsenz auf der Mattscheibe und über 200 verschiedenen Spots verschwand der Melitta-Mann Ende 1999 von den Bildschirmen. Statt des 54jährigen Wellenbrink präsentieren der junge **Vater Roland** und **Sohn Ben**

Melitta-Filtertüten und Kaffeebohnen. Als sympathisch-chaotische Serienfamilie sollen sie neue Zielgruppen erschließen. Die von der Hamburger Agentur Klose & Co. kreierten Spots schildern Alltagsstorys: Ob eine Fünf in Mathe oder liegengebliebener Abwasch – mit einer Tasse Melitta wird's gerichtet.

Wellenbrink hat sich inzwischen auf seine Finca nach Mallorca zurückgezogen. Auf der Sonneninsel läßt es sich der altgediente Werbestar komponierend und saxophonspielend gutgehen. Dem Werberuhm verdankt er nämlich einen Plattenvertrag. »Reflexiona«, eine Art Meditationsmusik, heißt das Werk, das laut Plattenfirma IC vom Spirit der Insel Mallorca inspiriert ist.

Michelin-Männchen
Das Reifenmännchen

8 von 10 Deutschen kennen Bibendum, das Michelin-Männchen. Als dickes Reifenmännchen hockt es auf den Führerhäusern der Brummi-Fahrer und hält Unglück von ihnen fern. Seine Geburtsstunde fällt in die 90er Jahre des letzten Jahrhunderts. Wie bei jedem Klassiker ranken sich Anekdoten um die Entstehungsgeschichte, aber sicher ist, daß die Firmengründer André und Edouard Michelin höchstpersönlich die Werbefigur ersannen. Als die Brüder 1897 den Stand der Firma auf einer Messe in Lyon besuchten, meinte Edouard beim Anblick eines Reifenstapels, wenn man diesem nur ein paar Arme hinzufüge, ähnelte er einem Menschen. Gesagt, getan: Der bekannte französische Plakatkünstler O'Galopp setzte die Idee um.

Ein Werbeplakat für Bier diente O'Galopp als Vorbild für die erste Darstellung: »Nunc est bibendum!« – Nun muß man trinken! lautete die Schlagzeile über dem ersten Auftritt des

Reifenmannes. Ironischerweise setzte der Künstler ihm genau den Kneifer auf, den auch André Michelin bevorzugte. Die Michelin-Kunden sollten mit ihm auf den Sieg über die Konkurrenz anstoßen, denn der »luftgefüllte« Michelin-Reifen verschaffte den Michelins einen enormen technischen Vorsprung. Einen Namen hatte das Michelin-Männchen noch nicht. Erst einige Zeit später soll der seinerzeit berühmte Autorennfahrer Thery beim Anblick von André Michelin ausgerufen haben: »Schaut, da kommt Bibendum!«, womit er dem Reifenmann den Spitznamen verschaffte, den er bis heute trägt.

Die Gestalt des Michelin-Männchens und die frühen Geschichten auf den Plakaten waren alles andere als harmlos oder niedlich. Er betätigte sich als tollkühner Frauenräuber und entführte die Damen seines Herzens auf Velos mit luftgefüllten Pneus. Er wetteiferte als erbarmungsloser Sportsmann mit seinen hoffnungslos unterlegenen Kollegen oder plazierte mit einem gewaltigen Tritt die neueste Gummisohle mitten ins Gesichtsfeld des Betrachters. Mit Kneifer und Zigarre trug er die Insignien des aristokratischen Lebemannes und glich damit dem damaligen Michelin-Kunden. Autoreifen waren um die Jahrhundertwende noch ein Luxusartikel.

Zum 100. Geburtstag wurde das Michelin-Männchen 1998 einem gründlichen Face- und Bodylifting unterzogen. Ein abgespeckter Körper und ein lächelndes Gesicht sollten dem Jubilar zu einem dynamischen, heutigen Image verhelfen.

Milka-Alm-Öhi
Der coole Kult-Opa

In der Welt der Werbung ist alles möglich. Auch der betagte Alm-Öhi mit dem weißen Rauschebart aus dem Milka-Werbespot. In TV-Spots murmelte das Schweizer Opa-Original durch seinen struppigen Bart: »It's cool, man«, machte mit einer Alpenrap-CD als Popstar Karriere und tingelte fortan eher durch deutsche Talkshow-Landschaften als durch Schweizer Berge.

Begonnen hatte alles, als die Milka-Lila-Pause im Frühjahr 1994 durch ein Pressefoto ins Schwimmen kam. Das zeigte den Milka-Werbestar Franziska van Almsick in Playmate-Pose. »Sie trägt einen knappen Badeanzug, auf dem sich deutlich die Umrisse ihrer Brüste abzeichnen«, notierte die Fachpresse eifrig und fragte sich weiter: »Paßt ein Sympathieträger wie Franziska van Almsick in so erotischer Form zum Produkt?«

Gelegenheit, das Mütchen zu kühlen, bot der Sommer in Form der neuen Milkafresh-Täfelchen, gefüllt mit Mint-Crisp. Der zugehörige authentische Vollbartträger aus dem Fernsehspot, der am Schluß die verspiegelte Sonnenbrille aufsetzt und »Isch cool, man« sagt, wurde augenblicklich in die Legion der Kultreklamen aufgenommen: »Wenn wir in den Alpen zu einem Rendezvous gehen, nehmen wir immer die Milka Mona Lila mit.«

Die Idee stammte von der Agentur Young & Rubicam.

Über Schokolade grübelte in den Fünfzigern auch der Motivforscher Dr. Ernest Dichter. Er riet den Verkaufstechnikern: »Jedesmal wenn Sie Genußmittel verkaufen ... müssen Sie die Schuldgefühle des Käufers einlullen und ihm Absolution erteilen.« Man müsse ihm einflüstern, daß er sich die Genußmittel ja nicht aus Genußsucht zu Gemüte führe, sondern weil er sie sich durch allerlei brave Leistungen die Extraportion redlich verdient habe.

Bei der Motivforschung handelte es sich um eine neue Errungenschaft der Marktforschung, mit deren Hilfe die Wirtschaft versuchte, einen verläßlichen Überblick über Meinung und Verhalten der Konsumenten zu gewinnen. Zuvor unternahmen die Marktforscher ausschließlich quantitativ-statistische Erhebungen: Sie beschränkten sich darauf, »Nasen zu zählen«. Scharen von Interviewern schwärmten bei diesem System aus und drückten Türklingeln, um durch die Befragung des repräsentativen Bevölkerungsquerschnitts beispielsweise zu ermitteln, welcher Prozentsatz der Hausfrauen im Alter von 25 bis 40 Jahren sich einen dreibeinigen Gasherd mit vier Brennern wünscht und ihn kaufen würde, wenn er nicht mehr als 287 Mark kosten würde.

Der Psychologe Dr. Ernest Dichter, ein Einwanderer aus Wien, war der Pionier der Motivforschung. Er erkannte, daß derjenige, der gerade genug verdient, um sich und die Seinen am Leben zu erhalten, gezwungen ist, sein Geld so zweckmäßig wie möglich zu verwenden. Konsumenten mit überschüssigen Dollars dagegen kaufen nicht nur, um einen rationalen Zweck zu erreichen. Sie kaufen, um Lebensglück, Zufriedenheit, Macht, Sicherheit, Liebe zu gewinnen. Schon früh erklärte er einer Schuhfirma: »Verkauft keine Schuhe, sondern schöne Füße.« Nur so könne man eine Konsumentin, die schon ein halbes Dutzend Pumps zu Hause stehen hat, dazu animieren, immer mehr Schuhe zu kaufen – weit mehr, als sie nach praktischen Gesichtspunkten braucht.

Als die Werbeagentur Foote, Cone, Belding zum Beispiel wissen wollten, wie man eine Gesichtsseife an Teenager verkauft, fanden die »Tiefen-Boys« (wie die Motivforscher im

Fachjargon heißen) in sogenannten »Tiefeninterviews« heraus, daß Mädchen so oft Seife benutzen, weil sie ein Schuldgefühl abwaschen wollen, das aus dem erwachenden Geschlechtsverlangen herrührt. Ein Direktor der Agentur beschwerte sich daraufhin: »Was zum Teufel sollen wir damit anfangen?«

Eine Menge anfangen konnten die Werber aber mit anderen Entdeckungen der Psychos. Und es zeigte sich auch, daß das Konsumverhalten – wenn schon nicht der Seifenverbrauch der Teenager – tatsächlich ganz entscheidend von verborgenen Nöten und Schuldgefühlen beeinflußt wird. Wer sie in der Werbung richtig anzusprechen verstehe, dem würden kaufwütige Kunden nur so zuströmen, versprachen die Tiefen-Jungs.

Mister L.
Männer dieser Welt

In den Sechzigern waren Männer noch Männer, und Haarwasser war lange Zeit das Äußerste, was ein Herr der Schöpfung seinem Kopf gönnte. Der Mann hatte nach Mann zu riechen und nach großer Freiheit.

Erst nachdem die Agentur Dr. Hegemann für die Herrenkosmetika der Firma Lohse aus Berlin Mister L. (»Gefällt auch Frauen«) erfand, wurde der deutsche Mann allmählich zum wohlriechendsten in ganz Europa. Niemand wusch, becremte und beduftete sich bald derart verschwenderisch wie der Bundesbürger.

»Wer ist Mister L.? Das ist ein Mann von Welt, auf dem internationalen Parkett zu Hause, den Blick über den gestirnten Himmel über sich gerichtet, an dem sich schöne Mädchen heimlich oder weniger heimlich scheuern, weil er selbst mit Größerem, mit Höherem beschäftigt ist. Frauen spüren es. Frauen fühlen es. Frauen fragen nicht. Frauen sagen nur: Das ist Mister L.!«

Die Konkurrenz stand dieser knisternden Erotik nicht nach. Die Mouson-Werbung bildete eine beringte Männerhand ab, die auf einem nackten Damenleib das abdeckte, was sonst nur in Striptease-Lokalen als Höhepunkt dargeboten wird. In Amerika warb der Herrenkonfektionär Howard mit dem Slogan: »Howard macht Kleidung für Männer, die Babys machen.«

Männlichkeit, wohin das umworbene Auge auch blickt. Für Duftwässerchen aller Art warben der **Hattric-Mann** (»Männer mögen Hattric, schenken Sie es ihm, bevor es eine andere tut«) und der **Brisk-Mann**: »EIN MANN, der Verantwortung trägt, muß immer auf dem Posten sein. Viel hängt dabei von der Wirkung seiner Persönlichkeit ab. Ein Mann WIE ER legt daher Wert auf sein Äußeres. Er sieht gepflegt aus – vom Scheitel bis zur Sohle. Sein Haar ist BRISK-FRISIERT. Klebt nicht – fettet nicht.«
»EIN MANN, der mit beiden Beinen im Leben steht, fühlt sich jeder Situation gewachsen. Ein Mann WIE ER sorgt aber auch dafür, daß seine Erscheinung immer tadellos in Ordnung ist. Vor allem das Haar! Nun, sein Haar IST BRISK-FRISIERT.«
Zum Schluß gab es immer die Empfehlung: »Nimm Brisk dazu – denn Fett oder Leitungswasser tun es nicht.«

Die **Pitralon-Männer** nahmen Pitralon, **Der Mann, der sich auskennt**, nahm Kaloderma-Rasierschaum und **Der Mann, der Lincoln raucht** – rauchte Lincoln-Pfeifentabak: »Er weiß, warum. Glimmt gleichmäßig durch – kein hastiges Ziehen mehr.«

Die Männer, denen wir Vertrauen schenken, rauchten Tabak aus dem Hause Brinkmann: »Täglich begegnen wir ihnen. Ein Gefühl unbeirrbarer Sicherheit geht von ihnen aus. Die Erfolgreichen von morgen. Das Pfeiferauchen gehört zu ihrem Lebensstil. Die angenehme Pause, in Ruhe seine Pfeife zu stopfen, verbannt alle Nervosität aus der Umgebung.«

Auch den **Pfeifen-Männern** (Gemeinschaftswerbung) wurde Vertrauen geschenkt: »Es rauchen nicht nur bekannte Männer vom Film mit Vorliebe Pfeife: Überall wo die Persönlichkeit gilt, wo nur Menschen zählen, die jede Situation durch besonnne Überlegenheit meistern – dort wird bevorzugt Pfeife geraucht. Kein Wunder, wenn wir gerade Pfeiferauchern unsere ganze Sympathie, unser Vertrauen schenken.«

Das Feuerzeug zu Pfeife und Zigarette empfahl der **men-Mann**: »men – nicht für jeden, aber für Sie! men – ein Feuerzeug für Männer! men – gehört in kraftvolle Hände, die zupacken. men – liegt gut in der Hand, verläßlich. men – spricht für den, der es besitzt.«

Der **Schiesser-Mann** schwor auf die »anatomisch zugeschnittene« Schiesser-Unterwäsche: »Sie haben richtig kombiniert – diese Schiesser-Kombination sitzt. Sportjacke Erich, Slip Eros.«

Für hochwertige Herrenanzüge aus deutscher Konfektion warben die **Erfolgsmänner**: »Gut angezogen – gut aussehen. Männer, die gut angezogen sind, gelten mehr.«

Brylcreme, die meistverkaufte Frisiercreme der Welt, wurde »benutzt von Männern, die in der Welt Beachtung finden«. Dem **Diplona-Mann** »strahlt der Erfolg aus allen Augen, Diplona hat daran teil«. Selbst zum Kaugummi-Kauen »wird der ganze Mann gebraucht. Er weiß, daß man sich ganz auf ihn verläßt. Dabei hilft ihm Wrigley's Spearmint.«

Für Mister L. waren 1971 die hemmungslosen Zeiten vorbei. Anstelle seiner Verführungskünste präsentierte er Renntermine, empfahl musische Veranstaltungen oder pries renommierte Feinschmecker-Lokale an. Die Werber von Dr. Hegemann hatten auf 49 Seiten der *Neuen Revue*, Heft 30/1970, 39 Damen und Herren mit »in der Öffentlichkeit normalerweise bedeckten Körperteilen« und 27 eindeutige Sexwitze entdeckt. Resigniert gestanden die Reklamekünstler ihren Auftraggebern: »Da können wir nicht mehr mithalten.«

Mon Chéri – Kirschexpertin
Die anonyme Kirschdame

Claudia Bertani heißt sie. Im Werbefernsehen. Alter: ungefähr Anfang 30. Beruf: Kirschexpertin. Angestellt bei Mon Chéri. Auf den Ferrero-Gütern in Italien. Dort prüft sie die Piemont-Kirschen, das süße Geheimnis der Mon-Chéri-Pralinés. Soviel ist bekannt. Aber wie heißt sie wirklich? Ist sie deutscher oder italienischer Abstammung? Was ist ihr Lieblings-Praliné, und seit wann prüft sie die Kirsche? Macht sie sonst in Sekretärin, Arzthelferin oder Schauspielerin? Kann sie Kirschen überhaupt von Weintrauben unterscheiden? Fragen über Fragen. Aber keine Antworten. Mit dem italienischen Süßwarengiganten Ferrero ist nämlich nicht gut Kirschen essen. Die Firma ist so auskunftsfreudig wie die Casa Nostra.

Die Zentrale der Firma sitzt in Turin und Alba, die deutsche Tochter in einem hessischen Ort namens Stadtallendorf. Dort mischt und formt Ferrero Kugeln, Riegel, Schnitten und Cremes namens Nutella, Mon Chéri, Kinder-Schokolade, Ferrero-Küßchen, Giotto, Rocher, Hanuta, Milchschnitte und noch ein paar andere Süßigkeiten. Die gesamtdeutsche jährliche Gewichtszunahme dank Ferrero-Kalorien wird auf mehrere tausend Tonnen geschätzt. Alle weiteren Fragen prallen an der sogenannten Presseabteilung ab. Man redet nicht mit Journalisten.

Mon Chéri – Kirschexpertin 215

Die Geheimniskrämerei beruht auf einer Marotte des kauzigen, 75jährigen Firmengründers Michele Ferrero. Der hatte durch Zufall die Nutella-Paste erfunden und gilt als erzkonserativer alter Herr, der die Presse für eine gottlose, sittlich verdorbene Institution hält. Teufelswerk. Als die Ferrero-Leute beim Dreh eines Werbespots mit der Popsängerin Nena – sie knabbert mit ihrem kleinen Sohn Kinder-Schokolade – erfuhren, daß die Sängerin mit dem Vater des Kindes nicht verheiratet ist, brachen sie die Zusammenarbeit sofort ab.

Mon Chéri ist die Praline mit der Sommerpause. Die wurde 1964 eingeführt, nachdem im extrem heißen Sommer 1959 ein Großteil der Produktion vergammelt war. Bei Temparaturen über 25 Grad bekommen Pralinen einen Grauschleier, schlimmer noch, Alkoholpralinen fallen ein, der edle Tropfen verfliegt. Der Kern des Produkts ist die Piemont-Kirsche, und wie der Dicke von Tchibo – der an den Kaffeekirschen riecht – prüft die Kirschexpertin die jeweils letzte Ernte, um sicherzustellen, daß kein verfaultes Obst in die leckeren Pralinés kommt.

Mit der Presse hat man bei Ferrero so seine Schwierigkeiten, mit redaktionell aufgemachten Werbespots nicht. In den Achtzigern hatte die Agentur Heumann, Ogilvy & Mather für Mon Chéri kleine Slice-of-Life-Geschichten rund um die Praline und das Familienglück gedreht:

Dame sticht Bube.
Wie eine Frau eine Skatrunde gewann, bei der sie gar nicht mitspielte.
Klaus: »Hast Du alles für meine Skatfreunde, Gerda?«
Gerda: »Ja, ich stell' nur noch was zum Naschen dazu.«
Klaus: »Wozu denn? Das ist ein Männerabend, da wird nicht genascht.«

Doch Gerda läßt sich nicht beirren.
Die Türglocke klingelt. Gerda denkt laut: »Er weiß ja gar nicht, was ich besorgt habe.«
Die Skatfreunde sind da. Gerda macht die Probe aufs Exempel. Werden die Skatfreunde wirklich nein sagen können zu Mon Chéri?
Später: Das Spiel ist zu Ende. Mon Chéri auch. Gerda hat gewonnen.
Gerda: »Klaus, schau mal. Von wegen Männerabend, da wird nicht genascht ... ein einziges Mon Chéri ist übriggeblieben.«
Klaus: »Tja, Mon Chéri, das ist ja nicht irgendwas zum Naschen. Wer kann dazu schon nein sagen?«

Noch Fragen?

Monsieur Hennessy
Cognac-Animateur

Die Gäste auf Schloß St. Brice, dem Familiensitz der Cognac-Dynastie Hennessy in Frankreichs Charente, waren nicht von der üblichen Sorte. Erst verschwand – zum Entsetzen des Butlers – ein Jockey samt Rennpferd ohne Rücksicht auf das Parkett in einem der großen Salons. Später folgte ein gestiefelter Kerl in sowjetischer Generalsuniform. Der Butler wurde rasch beruhigt, Mensch und Tier dienten als Staffage für Werbeaufnahmen mit dem Cognac-Erben Gilles Hennessy. Der bürgt seit 1982, das Cognac-Glas locker in der Linken, mit seinem guten Namen für seinen Schnaps und animiert deutsche Genießer zum Trinken. Als Monsieur Hennessy saß er immer mit den Schönsten dieser Welt an den schönsten Plätzen und trank Cognac. Hennessy natürlich.

Umfragen hatten damals ans Tageslicht gebracht, daß Cognac in Deutschland kein hohes Ansehen genießt. Er galt als müdes Altherrengetränk und wurde in der Regel mit »älteren Herren mit Glatze und Zigarre« assoziiert. Der erste Feldzug in Sachen Verbraucheraufklärung geriet auch erst einmal zum Flop. In der 1982 von der Frankfurter Werbeagentur Young & Rubicam gestarteten Kampagne trat Gilles Hennessy vorwiegend im gediegenen Ambiente Pariser Hotels auf, als geistreicher Gesprächspartner schöner Frauen. Sagt etwa eine: »Ich muß Ihnen gestehen, Monsieur Hennessy, daß ich Ihren Cognac noch nie getrunken habe«, antwortet er: »Gleich werden Sie wissen, was Sie versäumt haben.«
Die Cognac-Freunde spielten da nicht mit. Sie sahen in Gilles Hennessy nicht wie geplant den weltmännischen Aufsichtsratsvorsitzenden des Moet-Hennessy-Konzerns, sondern eine Art französischen Gunter Sachs. Einen reichen Playboy, der Daddys Geld ausgibt.

Die Imagewerte und Umsätze stiegen erst, als Monsieur Hennessy sich 1986 vom Dandy zum charmanten Gastgeber wandelte. Wie üblich in solchen Fällen wurde die Agentur gefeuert – der Etat wanderte zu RG Wiesmeier nach München. In der Weißwurst-Metropole hatte man offenbar ein besseres Händchen für französisches Savoir-vivre. RG Wiesmeier präsentierte Monsieur Hennessy fortan auf farbigen Doppelseiten als lebensfrohen, witzigen Gastgeber auf einem roten Sofa, das sich schnell zum Markenzeichen entwickeln sollte.
Daß die launigen Dialoge ausgerechnet auf dem roten Sofa stattfanden, war Zufall. Die Idee von RG Wiesmeier für

die neue Kampagne lautete: »Wer so eine Position hat, reist nicht um die Welt – die Welt kommt zu ihm.« Monsieur Hennessy, so hieß es im Werbekonzept, »soll als Herr des Hauses französischen Esprit und weltmännische Souveränität ausstrahlen.«

Bei der passenden Sitzgelegenheit für den Weltmann und seine Gästeschar dachte man anfangs an mehr oder weniger gewöhnliche Stühle. Feico Derschow, ein Mitarbeiter der Agentur, begab sich zusammen mit dem bekannten Fotografen Ben Oyne in Paris auf die Suche. Oyne, ein Spezialist für ausgefallene Accessoires, wußte von einem Möbellager am Boulevard Périphérique, das eine wahre Fundgrube sein sollte. Irgendwo in der Halle stand unbeachtet die rote Couch. Auf der Stelle war die Idee mit den Stühlen gestorben. Art Director und Fotograf waren sich einig: Ein Sofa ist ein Möbel, das verbindet. In der einen Ecke sollte Gilles Hennessy Platz nehmen, in der anderen sein Gast.

Gegen eine Flasche Hennessy als Vergütung stellte der Händler eine leere Halle auf dem Gelände als Fotostudio zur Verfügung. Das Sofa wurde ins rechte Licht gerückt, Feico Derschow verwandelte sich in Gilles Hennessy. Mit Dinner Jacket, Brille und entsprechender Frisur. Sogar der echte Monsieur Hennessy war später von der Ähnlichkeit überrascht.

Bei der Präsentation hatte Gilles Hennessy noch seine Zweifel. Er fand die Idee mit dem Sofa »doch recht verwegen«. Allein die realen Fotos hätten ihn überzeugt, daß diese »verrückte Kampagne« wirklich machbar sei. Für die nächsten vier Jahre fand sich Gilles Hennessy dann in illustrer Gesellschaft wieder. Als da waren: ein Jockey nebst leibhaftigem Pferd, ein Kardinal im besten Mannesalter mit zwei (»Honi soit qui mal y pense«) mädchenhaften Ministranten, Toulouse-Lautrec mit leichtgeschürztem Damen-Trio. Sie alle machten Monsieur Hennessy die Aufwartung und plauderten mit ihm auf der Sitzgarnitur.

Die Münchner Werbemänner hatten dabei ihre eigene Vorstellung vom französischen Geist: In einer Anzeige sagt der Jockey, der sein Pferd gleich mit aufs Schloß gebracht hat: »Seit es sich herum gesprochen hat, daß Sie nach jedem Sieg Ihren herrlichen Cognac servieren, Monsieur Hennessy, gewinnt der Gaul jedes Rennen.« Der Gastgeber: »Merkwürdig, nicht wahr? Dabei dachte ich auch immer, Araber trinken keinen Alkohol.« Der trinkfreudige russische General, in Begleitung seiner offenkundig ebenso trinkfesten Dolmetscherin, beschwert sich auf dem Sofa: es sei eine »infame, westlich-imperialistische Propaganda-Lüge«, daß Sowjet-Menschen nur Wodka trinken. Er bevorzuge Cognac der Marke Hennessy. Darauf Gilles Hennessy: »Das freut mich, verehrter General! Wollen Sie ein paar Flaschen davon kaufen oder lieber gleich alle erobern?«

Mit der Zeit wuchs Monsieur Hennessys Unbehagen an der »verwegenen Idee«. Er fühlte sich von den Werbern auf die Schippe genommen und suchte sich nach vier Jahren abermals eine neue Agentur. Die rote Couch landete dort, wo sie hergekommen war, im Fundus. Monsieur Hennessys Anzeigenauftritte hatten den Appetit der Deutschen auf Cognac durchaus gefördert. Hennessy hatte Marktführer Rémy Martin überrundet, und Gilles Hennessy war zum bekanntesten französischen Unternehmer in Deutschland aufgestiegen.

Nivea-Jungen
Werbestars aus den zwanziger Jahren

Die Nivea-Creme gehört zur Standardausrüstung in jedem deutschen Badezimmer. Jeder Babypopo ist irgendwann einmal mit der Paste aus der blau-weißen Blechdose in Berührung gekommen, von denen über 400.000 täglich die Beiersdorf-Fabriken verlassen. Erfunden wurde der Klassiker unter den Markenartikeln am Ende des letzten Jahrhunderts von dem schlesischen Apotheker Oscar Troplowitz.

Troplowitz hatte 1890 für 70.000 Mark das Geschäft des Hamburger Apothekers Paul C. Beiersdorf erworben. Seine ersten Verkaufsschlager waren technische Klebebänder und Kautschuk-Heftpflaster, die Vorläufer von tesa und Hansaplast. 1911 rührte Troplowitz in einem Butterfaß eine Mixtur aus Wasser und verschiedenen Ölen zusammen, eine schneeweiße Paste, die mit Glyzerin, Rosenöl und Zitronensäure veredelt wurde. Weil sich diese Komponenten jedoch nicht ohne weiteres miteinander verbinden, entwickelte er gemeinsam mit Dr. Isaac Lifschütz den Emulgator Eucerit, der die Natur überlisten und Fett und Wasser zu einer festen Creme verbinden konnte. Die erste Fett- und Feuchtigkeitscreme weltweit war erfunden.

Den Namen »Nivea« ersann die Mutter eines Beiersdorf-Prokuristen, die sich, inspiriert durch die weiße Farbe, ihrer Schulkenntnisse erinnerte und aus dem lateinischen »nix« für Schnee (Genitiv nivis) das Eigenschaftswort Nivea bildete.

Die erste Nivea-Creme kam 1911 in einer gelben Dose mit Jugendstil-Ornamenten auf den Markt. Die blaue Blechdose mit dem weißen Schriftzug wurde 1925 eingeführt. Zu verdanken ist die klassische Form einer späteren First Lady: Elly Heuss-Knapp, der Frau des ersten Bundespräsidenten Theodor Heuss. Sie war seit Mitte der zwanziger Jahre für Beiersdorf tätig. Nachdem ihr Mann im Mai 1933 aus seinem Lehramt an der deutschen Hochschule für Politik entlassen wurde und wenig später auch sein Reichtstagsmandat verlor, war es an Elly Heuss-Knapp, die Familie über die Runden zu bringen. Berühmt wurde sie durch die Erfindung des »akustischen Warenzeichens« in der Rundfunkwerbung.

Bekannte Nivea-Werbefiguren aus den zwanziger Jahren waren die Nivea-Jungen, drei frische, salopp gekleidete Burschen, die den Aufbruch der Deutschen zu den Stränden und Badeseen symbolisierten und schnell zu den Lieblingen der deutschen Mütter wurden.
 Der Erfolg von Nivea ist Reflex einer Wandlung des Schönheitsideals. Wollte eine Frau früher als Schönheit gelten, mußte sie vornehme Blässe tragen. In dem Moment aber, in dem Arbeit zum Großteil nicht mehr im Freien, sondern in Büros verrichtet wird, erscheint »Bräune« nicht länger als Attribut der Arbeiterklasse, sondern wird ihrerseits zum Zeichen von Freizeit und Luxus. Die Nivea-Creme und das neue Nivea-Sonnenöl gehörten bald zu einem Lebensgefühl, das die kommende Freizeitgesellschaft einläuten sollte. In großen Seebädern wurden riesige luftgefüllte Gumminachbildungen der Nivea-Creme-Tuben verteilt. Wer die Tuben-Tummeleien seines Urlaubs als Foto oder Zeichnung festhielt und einschickte, wurde veröffentlicht und konnte einen Geldpreis gewinnen. Seit 1932 wurden die Nivea-Werbeplakate sogar mit aktuellen Wettervorhersage-Grafiken ausgestattet.

Berühmt wurde der Nivea-Werbefilm »Face to Face« von 1993. In dem Film tauschten die beiden Darsteller Maya Saxton und Anthony Bernard zärtliche Küsse zum 60er-Jahre-Klassiker »I've got you, Babe« aus. So intensiv, daß sie sich während der Dreharbeiten ineinander verliebten. Passenderweise wurde der Spot mit dem Preis »Schönster Werbefilmkuß 1993« ausgezeichnet.

North-State-Mann
*Der Mann, der die ganze Welt sah
und bei North State blieb*

Als 1957 in den USA das Buch »Die geheimen Verführer« (»The Hidden Persuaders«) des amerikanischen Journalisten Vance Packard erschien, verkündete die einflußreiche und allen effektheischenden Übertreibungen abholde *New York Times*, die von George Orwell in seinem utopischen Schauerroman »1984« prophezeite Totaldiktatur sei von der Wirklichkeit längst überholt: Die Reklame-Männer würden jeden Konsumenten »zu einem wandelnden Mechanismus unbewußter Reflexe machen, wie jene Pawlowschen Hunde, denen beim Klang einer Glocke der Speichel zu fließen beginnt«. Die Konsumenten (Branchenspott: »Konsumidioten«) würden darauf abgerichtet, auf ein bloßes Werbesignal hin »zu kaufen, kaufen, kaufen« – ohne Sinn, Zweck und Verstand.

Die pfiffigen Entertainer vom Rummelplatz der Konsumbühne, die Trommel- und Schaumschläger eines schier endlosen Wirtschaftswunders, warfen mit Bonmots um sich wie andere mit Äpfeln. Der Zwang, in dem anschwellenden Chor der Verkaufsgesänge noch gehört zu werden, trieb Deutschlands Sprücheklopfer zu den absurdesten Wort- und Bildkombinationen. Besondere Blüten trieb dabei die Werbung für den Glimmstengel. Um energischen Konsum zu stimulieren, versprachen die Zigaretten-Männer so ziemlich alles, egal wie absurd die Botschaft im einzelnen auch war. Die Zigarette »Lord«, zum Beispiel, hatte 1953 »ausgehend von den Kenntnissen der modernen Atomforschung« ein neues Filterprinzip entwickelt. Passend dazu der Slogan »Rauchen mit Verstand«.

Die **Meteor-Raucher** konnten ebenfalls mit einer technischen Neuerung aufwarten: der ersten Kühlfilter-Zigarette. Besonders zu empfehlen als »wohltuende Erfrischung« nach dem Sport: »Eine Meteor-Kühlfilter – in Ruhe genossen – das gibt neue Frische, das belebt den ganzen Menschen.«

Die Zigarette Filtra machte nicht nur frisch, sie machte sogar fit. Wovon der **Filtra-Mann** ausführlich in halbseitigen Anzeigen berichtete: »Man müßte eigentlich jedes Wochenende raus aus der Stadt – in die Natur, in den Frühling. Aber wie oft kommt es denn dazu? Etwas jedoch kann jeder für sich tun: mit Bedacht die Zigarette wählen. Wer FILTRA raucht, der fühlt sich immer fit und frisch.« Die Empfehlung: »Bleib fit – rauch FILTRA.« Zudem war die Kippe auch noch ein Leckerbissen: »Die Freude am Rauchen wird zum Genuß durch das appetitliche Naturkork-Mundstück.«

Der North-State-Mann war »Der Mann, der die ganze Welt sah und bei North State blieb«. In den Anzeigen hing er bequem und breitbeinig in seinem Stuhl. Betont lässig zeigte seine Zigarette nach unten, sein Anzug knitterte und warf Falten; er war demonstrativ unabhängig von Äußerlichkeiten. »Luxuriös wie ein US-Bürger Südeuropa bereisen«, beschrieb ein Fachblatt das vorgeführte Wunschbild.

Um den Zuschauern mitzuteilen, daß die Zigarette Royal Star die »beste Zigarette auf der ganzen, ganzen Welt« sei, ließen die Werber sogar einen Dreikäsehoch mit Quietsche-Ente im Schlepptau über die Leinwand hoppeln. Obwohl das Taschengeld in diesem Alter in der Regel noch nicht für den gewohnheitsmäßigen Griff zur Kippe reicht, schwor der **Royal-Star-Junge** auf den Sargnagel:
»Mein Papi sagt, es gibt überhaupt keine bessere Zigarette auf der ganzen, ganzen Welt als Royal Star. Viele Leute ha-

ben viele, viele Zigaretten probiert und haben gesagt, es gibt überhaupt keine bessere Zigarette auf der ganzen, ganzen Welt. Sagt mein Papi. Ich habe Royal Star noch nicht probiert. Ich rauche nicht. Ich bin noch zu klein. Aber mein Papi sagt, es gibt auf der ganzen, ganzen Welt keine bessere Zigarette als Royal Star. Und mein Papi ist der klügste Mann von der ganzen, ganzen Welt.«

Eine besondere Idee für die Erhöhung des Zigarettenumsatzes steuerte auch der Fleckviehzuchtverband des württembergischen Unterlandes e. V. bei. In einer Art Verbundwerbung sollten der Milch- und der Zigarettenkonsum gleichzeitig angekurbelt werden. In ihrem Verbandsblatt schlugen die Landwirte vor: »Sollte man nicht in Verbindung mit der Zigarettenindustrie den großen Kreis der Raucher und Raucherinnen mit Werbesprüchen ansprechen wie: ›Das Rauchen wird nicht zum Verdruß, bei regelmäßigem Milchgenuß!‹?«

Obstgarten – Deckenkracher
Eine durchschlagende Werbeidee

»Manche Dinge sind etwas schwerer« – jeder kannte sie, und jeder lachte über sie, die durchgeknallten Werbespots, in denen die Leute durch die Decke krachen. Mitte der siebziger Jahre erstmals gesendet, verhalfen sie auch dem Obstgarten-Quark von Gervais zum Durchbruch.

Die durchschlagende Idee stammt von Charles Greene, seines Zeichens Chefkreativer bei der Werbeagentur Grey. Die Entstehungsgeschichte verlief genauso skurril wie der Inhalt der Spots. Eines schönen Tages versammeln sich Greene und Kollegen bei Grey am großen Konferenztisch. Auf der Tagesordnung steht die neue Werbekampagne für Gervais, und auf dem Tisch stehen ein Dutzend Obstgarten-Packungen. Ebenfalls anwesend: das Gervais-Management, dessen Marketingdirektor nach kurzer Begrüßung sofort zur Sache kommt. Er erwarte etwas Geniales, etwas Ungewöhnliches, etwas Neuartiges.

Greene atmet tief ein und stolziert auf den Tisch zu, wissend, daß er jetzt einen klugen Plan abliefern muß. Einen Plan, der noch nicht existiert. Da ihm nichts einfällt, schlägt er vor, den Deckel von der Obstgarten-Packung abzumachen. Schließlich müsse man sich erst einmal mit dem Produkt auseinandersetzen, das sei immer der erste Schritt. Alle fangen belustigt an, die Deckel abzureißen: Ein Quark sieht aus wie der andere. Ganz einfach weiß. Greene, um kompetent zu wirken, meint schmunzelnd: »Der Obstgarten sieht ganz weiß aus.« Verdatterte Blicke von Marketingdirektor und Management.

Da läuft Greene schnell in die Cafeteria, kommt mit einer Flasche Ketchup, einer Flasche Steaksauce und einer Tube Senf zurück und verkündet: »Obstgarten sieht nicht schmackhaft aus. Da gehört eine leckere Sauce drauf. Das gibt Appetit-Appeal.« Und schüttet auf sämtliche Obstgarten Ketchup, Senf und Steaksauce: »Sehen Sie. Jeder normale Quark ist weiß. Obstgarten nicht. Das ist der erste Schritt zur Andersartigkeit der Marke.« Greene blickt erwartungsvoll in die Runde, der Marketingdirektor erwidert verdutzt: »Aber der Obstgarten hat schon eine Sauce.« Das ist Greene neu: »Wo denn?« »Unten«, wispert ein Kundenberater. »Aus Erdbeeren oder Kiwi oder sonst was Süßem.«

Greene geht auf den Obstgarten zu, beugt sich vor und sieht genau hin – tatsächlich. Keiner schaut ihn an. Die Augen wandern überall hin, nur nicht auf ihn. Was nun? Da löst ein Geistesblitz die Spannung: »Genau!« ruft Greene triumphierend aus. »Die Sauce ist unten – wo keiner sie sieht.« Er schnappt sich einen Obstgarten, reißt den Deckel ab und stülpt ihn auf einen Teller. Eine phantastisch rote Erdbeersauce läuft genüßlich-langsam den Quark herunter. Greene: »Und so präsentieren wir Obstgarten von nun an.« Was sogar dem Marketingdirektor einleuchtet: »Der hat recht. Die Sauce ist unten – wo keiner sie sieht.« Und fängt an, ebenfalls einen Obstgarten auf den Tisch zu klopfen. Die anderen Teilnehmer folgen seinem Beispiel.

Inhalt der Spots. Eines schönen Tages versammeln sich Greschafft! Voller Freude springt er mit einem kurzen Anlauf mitten auf den Tisch. Ohne an seine neunzig Kilo Lebendgewicht zu denken. Der Tisch kracht sofort zusammen, Greene landet auf dem Boden. Als er aufblickt, ist er umringt von Gesichtern, die ihn erstaunt anstarren. Aber Greene weiß, was zu tun ist. »Und das ist der zweite Schritt«, behauptet er mit dramatischer Stimme. »Obstgarten ist nicht schwer. Man kracht durch nichts durch. Weil er leicht ist.«

Soweit die Legende. Was sich an jenem Tag wirklich abgespielt hat – wir wissen es nicht. Aber dank der Obstgarten-Spots können wir es uns lebhaft vorstellen.

OMO-Reporter
Der rasende Wäschemann

Der OMO-Reporter unterwegs. Er spricht mit Frau Hensel in Herne. Frau Hensel: »Ich finde OMO einfach prima. Wenn ich meine schmutzige Wäsche in die OMO-Lauge lege, merkt man sofort, daß sich der Schmutz löst.«
OMO-Reporter: »Und was ist das Besondere für Sie an OMO?«
Frau Hensel: »Dadurch, daß ich im Ruhrgebiet wohne, ist unsere Wäsche besonders schmutzig und auch fettig. Darum nehme ich OMO, weil es so wunderbar wäscht.«
Stimme aus dem Off: »Ja, OMO hat unermüdliche Waschkraft, das zeigt sich am Weiß, das spürt man am Griff. OMO von Sunlicht.«

Das »aktuelle Vollwaschmittel« OMO hielt sich in den Sechzigern einen eigenen rasenden Reporter, der speziell auf die »junge, aktive Hausfrau« angesetzt war. 1960 hatte Sunlicht OMO in die Schlacht um die Waschbottiche geworfen: »OMO mit dem modernem Schaum. Sie brauchen nur noch OMO. Und Ihre Wäsche ist weiß und frisch wie neugeboren.«
  Für den neuen Weißmacher kreierte die damals noch hauseigene Werbeagentur Lintas den OMO-Reporter. Auf Straßen und Plätzen, in Vorgärten, im Keller und auf dem Dachboden stellte er den Hausfrauen nach. Auskunft heischend, was sie von dem neuen Vollwaschmittel hielten. Die schönsten Kommentare wurden zu Fernsehfilmen zusammengeschnitten und über die Kanäle ausgestrahlt.

OMO-Reporter

Der OMO-Reporter sprach mit Frau Kraft, Münster: »Mit OMO habe ich keine Ablagerungen in der Maschine! Gerade bei den pastellfarbenen Babysachen muß man aufpassen!«

Der OMO-Reporter sprach mit Frau Hilgers, Bitburg: »Meine Gardinen werden wirklich weiß, viel klarer!«

Auch mit Frau Plath aus Dortmund sprach der OMO-Reporter, und auch Frau Plath bestätigte: »OMO gefällt mir!«

Der unermüdliche Einsatz des OMO-Reporters sicherte dem Pulver in der blau-weiß-rot-grün gestreiften Packung einen Marktanteil von 25 Prozent. Erst als sich 1964 die ersten Schmutzflecken auf der weißen Weste zeigten und die Marktanteile auf mickrige 12 Prozent gesunken waren, wurde der OMO-Reporter nach vierjähriger Tätigkeit erlöst.

Da ihnen ihr Starprodukt unter den Händen verkümmerte, wurden die Lintas-Werber zur Gehirnwäsche ins Londoner Hauptquartier geladen. Die Kritik: Sie hätten immer noch kein weißes Lebewesen zustande gebracht wie den **Weißen Dash-Mann** oder den **Weissen Riesen** von der Konkurrenz. Auch das »fleckenlose, randlose, schattenlose Weiß« konnte die düsteren Wolken über dem OMO-Image nicht verscheuchen. Die Ausbeute der Manöverkritik waren ein **Weißer Schornsteinfeger**, der später durch einen **Weißen Bergmann** abgelöst werden sollte. Die Figuren wurden vom Publikum jedoch nicht angenommen – 1966 schickte Lintas die **Familie Saubermann** ins Rennen.

»Im Boxen ist Jürgen großer Meister. Aber Traubensaft mit Handschuhen trinken – das klappt nicht! Frau Saubermann weiß: Jetzt muß OMO in den Ring! OMO besiegt den stärksten Schmutz schon in der ersten Runde.«

»Bei der bekannten Fernsehfamilie Saubermann: Monika und Rolf (Herr Saubermann/d. A.) helfen beim Abwaschen: Das halbe Schnitzel im Geschirrtuch – nur keine Aufregung! Kein Problem für Frau Saubermann. OMO packt den Schmutz und – wirbelt ihn raus!«

Einen besonderen Trick hatten sich die Lintas-Kreativen auch 1970 für OMO – mit »Durchdrehungskraft« – ausgedacht, den Knotentest:

»Durch und durch drin. Schmutz. Durch und durch raus holt ihn Omo. Omo mit Durchdrehungskraft. Hier der Beweis. Der Original-OMO-Knotentest. Ein stark verschmutztes Küchenhandtuch. Da hinein ein Knoten, ein fester Knoten. Normaler Waschgang, normale Waschzeit. Und das Ergebnis: Der Knoten ist nicht nur außen sauber, sondern auch innen. Mit Omo. Durch den Knoten hindurch sauber. Omo – die Kraft, die durch den Knoten geht. Omo – keiner wäscht reiner.«

Zum Beweis wurde das Wäschestück nach dem Waschgang aus der Maschine gezogen und vor laufenden Kameras entknotet. Und – welch Wunder – das gute Stück war wieder porentief weiß. Lintas jubelte, Hersteller Sunlight rieb sich die Hände, die Kunden kauften fleißig OMO.

Die Stiftung Warentest und das ARD-Magazin »Monitor« wollten die Werbebotschaft aber nicht glauben und stellten im Studio den OMO-Test nach. Auch hier wurde gründlich vor- und hauptgewaschen, doch als das Handtuch entknotet wurde, war der Fleck immer noch drin. Fast so stark wie zuvor. Es folgte eine juristische Auseinandersetzung, die damit endete, daß das Landgericht Berlin den OMO-Knoten höchstrichterlich verbot.

Onkel Dittmeyer
Saftonkel

Er ist der Vitaminexperte der Nation: Wer sonst als der legendäre Onkel Dittmeyer könnte erklären, daß es zu »frisch gepreßt« nur eine einzige Alternative gibt: Valensina. 90 Prozent der Deutschen kennen die Marke, 82 Prozent halten Valensina für den besten Apfelsinensaft überhaupt, und 85 Prozent glauben zu wissen, wer Onkel Dittmeyer ist. Jahrelang wandelte Rolf H. Dittmeyer als freundlicher Pflanzer mit dem Strohhut höchstselbst durch sonnendurchflutete Orangenhaine und das Vorabendprogramm, streichelte Kinder und besprach gelehrsam mit naseweisen Kleindarstellern Saftfragen. Viele waren enttäuscht, als er, anfangs unsichtbar, dann erstmals ins Bild rückte: »Unsere Kleinen haben ihn sich immer ganz anders vorgestellt«, mäkelte eine Mutter brieflich. Daß der Saftonkel meist nur von hinten oder aus sicherer Entfernung gefilmt wurde, hatte seinen Grund. Dittmeyer wollte nicht ständig auf der Straße erkannt werden. Den Slogan hat er selbst erfunden.

In der Branche wurden die biederen Spots schnell zum Gespött der Kreativen: Warum nur lauert der leicht senil wirkende alte Herr ständig unschuldigen Kindern in Orangenhainen auf, um ihnen seinen O-Saft aufzudrängen? Doch die Unbeholfenheit war nicht gespielt. Herr Dittmeyer war wirklich Herr Dittmeyer. Die unfreiwillige Komik seiner Auftritte machte ihn zur Kultfigur der Subkultur. Die Punk-Band »Die angefahrenen Schulkinder« komponierte ihm sogar ein Lied: »Tötet Onkel Dittmeyer«. Die Spots seien »die übelste Päderastenserie unter der Sonne«, schimpfte die Kombo aus Osnabrück. Ihre Warnung: Nicht alle Onkels, die hinter Büschen hervorschleichen, wollen den Kids nur Erfrischungen verkaufen. Der musikalische Mordaufruf hatte kein gerichtliches Nachspiel.

Jedes Frühjahr, wenn Blüten und Früchte gleichzeitig an den Bäumen der Apfelsinensorte Valencia Late sprießen, fiel ein Filmtroß mit quirligen Kindern in Dittmeyers Orangen-Plantage im südspanischen Ayamonte ein. »Der größten und schönsten in Europa«, wie Dittmeyer nie müde wurde zu versichern, »da liegt kein Papierchen herum«. Auf der andalusischen 1000-Hektar-Plantage entstanden dann Jahr für Jahr die Spots über den berühmten Saft aus den Spätapfelsinen. Von seinen Pflückern wird Dittmeyer nur »Don Rodolfo« gerufen. Die eigene 35.000-Tonnen-Ernte landet allerdings seit jeher nur im Frischverkauf und nie in den Valensina-Flaschen. Wie andere Produzenten greift Dittmeyer lieber auf das weit billigere Konzentrat aus Südamerika zurück.

Werbung und Säfte hatte der Sohn eines Rostocker Schlossers nicht im Sinn, als er sich nach dem Krieg für einen »ordentlichen Beruf« entschied. Er studierte Anglistik in Hamburg und schrieb seine Examensarbeit über den englischen Romantiker Lord Byron. Erst in den fünfziger Jahren stieg Dittmeyer ins Obstgeschäft ein. Damals gab es nur Saft in Dosen. Und der schmeckte nach Blech. Dittmeyer dachte »Das kannst du besser« und fuhr mit seiner Vespa (wenn es sein mußte, schon mal in vier Tagen) von Hamburg nach Valencia. 1960 verkaufte er, um Kapital flüssig zu haben, seine Eigentumswohnung, holte sich für drei Mark einen Gewerbeschein, legte den Rest in einer nordafrikanischen Fabrik an und startete daheim in der Garage die ersten Abfüllversuche.

Im marokkanischen Kenitra baute Dittmeyer in den folgenden Jahren die größte Flaschenfabrik Nordafrikas auf. 9000 leere Flaschen ließ er dazu per Schiff von Deutschland nach Rabat schaffen. Das Geschäft begann zu laufen, nachdem er den von Hand gepreßten Saft auf dem wohl kleinsten Stand der Kölner Lebensmittelmesse Anuga 1962 erstmals anbot. Dittmeyer schaffte 1,5 Millionen Flaschen Orangensaft nach Deutschland. Als er im Hamburger Hafen eine Probe nahm, glaubte er an eine Katastrophe – der Saft war so sauer, daß »sich die Löcher in den Socken zusammenzogen«. Die Ware verkaufte sich trotzdem gut. Was Dittmeyer bis heute nicht verstehen kann. Die Marke Valensina entstand 1967. Der Name ist einer valencianischen Buslinie entlehnt.

In der Folge boomte Dittmeyers Saftgeschäft – mit kleineren Rückschlägen: In der zweiten extrem heißen Saison explodierten die Flaschen serienweise, weil die gelbe Brühe gärte. Die Ursache konnten selbst aus den USA angereiste Fachleute nicht feststellen. Erst viel später stellten sich Haarrisse im Glas als Grund für die Bombagen heraus. Und als die Fabrik in Kenitra endlich richtig lief, kam der zweite Rückschlag: Die Marokkaner lieferten keine Früchte mehr und enteigneten Dittmeyer einfach kaltschnäuzig. Als dann die Umsätze zurückgingen, holte man ihn wieder zurück.

Für Dittmeyer war es selbstverständlich, persönlich in den Fernseh-Spots aufzutreten: »Bevor ein Schauspieler meine Texte aufsagt, tue ich es lieber selbst.« Und so verwandelte sich Rolf H. Dittmeyer Anfang der achtziger Jahre in Onkel Dittmeyer. 1984 verlor Dittmeyer die Lust am Saftmarkt und verkaufte seinen Laden an den Multi Procter & Gamble, den weltgrößten Waschmittelproduzenten (Ariel, Dash, ...) und seitdem auch Orangenplantagenbesitzer. Onkel Dittmeyer stand nur noch ehrenamtlich als Berater und Gratis-Akteur für die Werbung zur Verfügung.

Ende 91 frohlockte die Branche, denn Onkel Dittmeyer (mittlerweile 70jährig) zog sich auch im Werbefernsehen aufs Altenteil zurück. Zu früh gefreut – heute ist Onkel Dittmeyer wieder da. 1998 kaufte er nach 14jähriger Abstinenz seinen

Markennamen für angeblich rund 30 Millionen Mark zurück, und auch ein persönliches Werbe-Comeback will er nicht ausschließen: »Die Leute mochten mich. Und den freundlichen Opa kann ich heute auch noch spielen.«

Pepsi-Affen
Tierische Cola-Tester

Vergleichende Werbung war in Deutschland lange Zeit verpönt. Auch für die beiden Brause-Giganten Pepsi und Coca-Cola, die in den USA jahrzehntelang einen gigantischen Reklamefeldzug gegeneinander führten. Der Pepsi-Spot »Schimpansen« von 1994 zeigt einen »wissenschaftlichen Laborversuch«. Ein Schimpanse wird 6 Wochen lang mit Pepsi, ein anderer mit Coca-Cola getränkt. Das Ergebnis überrascht nicht: Der Coca-Cola-Affe kann bunte Holzstifte in die entsprechenden Löcher hämmern. Der Pepsi-Affe hingegen türmt am Steuer eines Buggy mit drei hübschen Bikini-Mädchen und meldet sich von der Strandbar aus per Handy. Die deutschen Werbezensoren konnten darüber nicht lachen. Die in dem Original-Spot deutlich sichtbaren Coca-Cola-Dosen mußten mit weißen Dosen der Marke »X« ausgetauscht werden.

Das Lachen verging 1987 auch den Pepsiherstellern, als Afri-Cola den berühmten »Pepsi-Test« so richtig auf die Schippe nahm. In dem Spot treffen sich zwei Schimpansen in einer Bar. Sagt der eine: »Du bist doch ein schlauer Bursche – mach mal den Cola-Test.« Der macht das und findet, daß der Stoff in der mittleren von den drei Flaschen am besten schmecke. »Gewonnen«, brüllt der erste Affe. Doch die drei Cola waren alle von derselben Marke, von Afri-Cola. »Afri-Cola – da wird man wieder Mensch.«

Der Spot lief einzig im Regionalprogramm des Bayerischen Fernsehens, Pepsi-Cola ließ ihn sofort per einstweiliger Verfügung verbieten. Ein Unternehmenssprecher damals: »Wir lassen uns nicht durch Afri-Cola unsere Test-Kampagne lächerlich machen.« Pepsi ließ deshalb auch gleich einen zweiten Afri-Cola-Spot gerichtlich stoppen. In dem 20-Sekunden-Film fragte ein Affe den anderen, ob er wieder den Cola-Test machen möchte. Doch der will nicht: »Da mußt du dir einen anderen Affen suchen.«

In dem dergestalt verspotteten Pepsi-Test wurden Versuchspersonen von Prominenten, wie etwa dem bekannten Teeniestar Benny aus der Lindenstraße, drei oder vier Gläser anonym auf den Tisch gestellt. Die Testpersonen sollten dann entscheiden, was ihnen am besten schmeckt. Dann wurden die Flaschen enthüllt. War's eine Pepsi, gab es großen Jubel: »Mach doch den Pepsi-Test – nur Dein Geschmack entscheidet.«

Die Idee zum Test entstand 1975 in Dallas, Texas, in einer kleinen, dort ansässigen Agentur. Die betreute einen der sechshundert Pepsi-Konzessionäre, dem es besonders schlecht ging. Als der Pepsi-Zentrale der sprunghafte Anstieg des Umsatzes auffiel, verordnete sie allen Konzessionären den Test. Für die Geschmacksprüfung boten die Pepsi-Leute Coca-Cola in einem Glas an, das durch ein Q gekennzeichnet war. Pepsi war in einem Glas mit einem M. Die Coke-Manager erklärten, der Test sei ungültig, weil der Pepsi-Erfolg nur darauf beruhe, daß den Leuten der Buchstabe M besser als der Buchstabe Q gefalle. Zum Beweis schütteten sie ihre Cola in Gläser mit dem Kennzeichen M oder Q. Tatsächlich erklärten die meisten Testpersonen, das Getränk in Glas M schmecke besser als dasjenige in Glas Q. Die Pepsi-Werber ersetzten daraufhin einfach die Buchstaben auf ihren Testgläsern durch ein S und ein L – und erhielten wiederum das gewünschte Ergebnis. Lag es am L? 1987 erklärte der Bundesgerichtshof in letzter Instanz die Rechtmäßigkeit der Testkampagne in Deutschland.

Persil-Mann
Werbe-Polit-Profi

Immer donnerstags kurz vor der Tagesschau schaute er zwischen 1975 und 1986 herein und wies, ganz seriös im dezenten Anzug, auf den Wert seiner Ware hin: der Persil-Mann. Nachdem das erledigt war, verabschiedete er sich stets mit dem Satz »Persil – da weiß man, was man hat«, einen Spruch, den er, ganz unseriös, von der VW-Käfer-Werbung stibitzt hatte. Als eine Art Mischung aus Politprofi und US-Infotainer etablierte der Persil-Mann die Journalisten-Masche fürs Image-Lifting der Konzerne. Elf Jahre lang beriet der studierte Landwirt Jan-Gert Hagemeyer in Schlips und Kragen als Persil-Präsenter (alsbald volkstümlich in Persil-Mann umgetauft) die Hausfrauen in allen Fragen der Koch-, Fein- und Buntwäsche. Bei 40 Grad und natürlich auch im Hauptwaschgang.

In über 100 Werbespots wurde er nicht müde, vor falscher Sparsamkeit beim Waschmittelkauf zu warnen und mit immer neuen Demonstrationen und Experimenten nachzuweisen, daß mit Persil Wäsche und Waschmaschine länger leben: »Daß Persil besonders rein wäscht, sieht man sofort. Was man nicht sofort sieht, ist, wie Persil die Wäsche pflegt. Und das ist genauso wichtig. Sie würden zur Gesichtspflege ja auch keine Kernseife benutzen. Persil, da weiß man, was man hat. – Guten Abend.«

Zwei Jahre zuvor, 1973, war Persil in der Krise. Die Hausfrau sparte, und das nicht zuletzt am Waschmittel. Ölkrise, Sonntagsfahrverbote im November und Dezember 1973 ließen sie auch beim Waschmittelkauf die Mark umdrehen. Persil war nie das billigste, aber immer das qualitativ beste Waschmittel gewesen. 1973 zweifelten aber bereits 65 von 100 Hausfrauen an der überragenden Qualität von Persil und griffen zu billigeren Marken wie Ariel, Dash oder Omo. Der Marktführer verlor langsam, aber stetig die Gunst seiner Stammkundschaft. Henkel reagierte mit einer neuen Werbekampagne und wechselte den Slogan. Das mittlerweile 60jährige »Persil bleibt Persil«, seit 1913 im Einsatz, und der seit 1959 benutzte Slogan »Das beste Persil, das es je gab«, wurden ersetzt durch das Qualitätsbekenntnis »Da weiß man, was man hat«.

Für die neue Kampagne standen zwei Alternativen zur Auswahl: eine »emotionale Sympathiestrategie« und eine »Qualitätskampagne«. Henkel entschied sich für die Qualität und einen Präsenter, der die »sympathische Autorität der Marke« herüberbringen sollte. Persil-Argumente sollten in journalistischer Aufmachung daherkommen, begleitet von Experimenten wie Reißtests oder das Einspielen von Testergebnissen: »Hausfrauen haben das neue Persil getestet. Hier unser Bericht aus Krefeld.« Darsteller war Jan-Gert Hagemeyer, 1974 bei einem Casting aus 40 Bewerbern ausgewählt. Persil-Kundinnen half er stets mit Rat und Tat, aber auch mit praktischer Lebenshilfe. Die PR-Abteilung schrieb in Hagemeyers Namen Trostbriefe an Bettlägerige, lehnte Heiratsanträge freundlichst ab und beantwortete die restliche Fan-Post.

Die Präsenter-Kampagne lief bis 1984, als sich bei den Zuschauerinnen erste Ermüdungserscheinungen einstellten. Der leistungsbezogene, argumentative Auftritt ließ, wie die Marktforscher aufspürten, »emotionale Defizite« bei den Persil-Freundinnen entstehen. Nicht nur wegen der abgelehnten Heiratsanträge: Hagemeyers ständige Präsenz auf den Bildschirmen ließ die Verbraucherinnen glauben, seine Botschaften schon zu kennen – sie schalteten einfach geistig ab. Was natürlich nicht der Sinn der Sache war.

Bis 1986 durfte Hagemeyer noch in den sogenannten »Treffpunkt-Spots« über Persil sprechen. 1987 wurde das Konzept von der sogenannten »Moderatoren-Kampagne« abgelöst. Darsteller: wiederum Jan-Gert Hagemeyer. Das Grundmuster des Präsenters wurde beibehalten, der reine Männerauftritt aber ersetzt durch Frau und Mann, die im Nachrichtenstil die Persil-Botschaften verkündeten. Die Kampagne lief von 1987 bis 1990, 1988 ergänzt durch die Kampagne mit dem schönen Namen »Zuhause ist Persil«. 1990 wurde Hagemeyer dann endgültig in der Mottenkiste versenkt. 1995 noch einmal kurz aus dem Ruhestand geholt, verabschiedete er sich mangels Erfolg dann endgültig von den Bildschirmen.

Heute arbeitet Hagemeyer als freier Journalist für Wirtschaftsmagazine und fürs Fernsehen, unter anderem hat er Khomeni und Helmut Kohl interviewt. Außerdem arbeitet der passionierte Golfspieler an einer Methode zur Verbesserung der Schwungtechnik. Und noch immer kennen ihn 60 Prozent der 28- bis 39jährigen und 36 Prozent der 18- bis 27jährigen. 90 Prozent davon halten ihn für seriös. Einem Zeitungsreporter war er lebhaft in Erinnerung geblieben, wenn auch nicht unbedingt in guter. Der bezeichnete ihn 1992 als »Ersatzdaddy für die Opfer der ersten Scheidungswelle«.

Persil-Mann Beppo Brem
Der erste Star des Werbefernsehens

In den Fünfzigern war der Volksschauspieler Beppo Brem als bekennender Persil-Verwender der erste Star des aufkommenden Werbefernsehens. Die Geschichte trug sich am Sonnabend, dem 3. November 1956, zu. Vor den Augen von etwa 75.000 bayrischen Zuschauern zerschnitt ein im Freistaat als Roider Jackl bekannter Schnaderhüpfelsänger eine Kette von Weißwürsten, die in der Form des Buchstabens »W« aufgehängt waren. Dem »W« aus Weißwürsten war eine besondere Bedeutung zugedacht: Es war der erste Buchstabe des Wortes »Werbung«.

Bevor er in die Weißwurst-Kette schnitt, verlas Conférencier Roider mit starrem Blick und pathetischer Stimme eine Erklärung: Der Bayerische Rundfunk könne für die im folgenden angepriesenen Artikel weder Garantie noch Haftung übernehmen. Es war der Start der ersten Werbesendung im deutschen Fernsehen. Die bayrischen Zuschauer konnten fortan an jedem Wochentag zwischen 19.30 und 20 Uhr (nach einem regionalen Heimatprogramm) ein Unterhaltungsprogramm sehen, das von Reklamehinweisen zahlungsfähiger Firmen eingeleitet und abgeschlossen wurde. Kosten pro Werbeminute: 7.000 Mark. Auch eine Klage des Bundesverbandes deutscher Zeitungsverleger auf Unterlassung beim Münchner Landgericht konnte den Siegeszug des Konsum-Theaters nicht stoppen. Die Nachfrage nach Sendespot-Zeiten war so groß, daß die Anstalten etwa 50 Prozent der Orders zurückweisen mußten.

Wie nicht anders zu erwarten, war der erste Werbespot, der im deutschen Fernsehen lief, von Persil. Beppo Brem ist zu sehen, wie er in einem Restaurant während des Essens die Tischdecke bekleckert, woraufhin Liesl Karlstadt ihn beschimpft:

Persil-Mann Beppo Brem

Karlstadt: »Saubär, da schau her, was du wieder g'macht hast! Du bist a' richtiger Dreck ...!«
Brem: »Sprich dich nur aus, wir sind ja schließlich nicht daheim!«
Karlstadt: »Aber du benimmst dich so, als wie wenn du daheim wärst! Wenn ich Wirt wär' ..., mein Lieber!«
Brem: »Was wär dann, wenn du Wirt wärst?«
Karlstadt: »Rausschmeißen tät' ich dich!«
Wirt: »Mahlzeit, die Herrschaften! ... Oh, ein kleines Malheur, Gisela, die Serviette!«
Brem: »Entschuldigens' bittschön!«
Wirt: »Aber ich bitte Sie, das kann doch vorkommen, dafür gibt es doch Gott sei Dank Persil, nicht wahr, gnädige Frau?«
Brem: »Siehst du, Lieserl, das ist der Unterschied zwischen dir und einem gebildeten Menschen!«
Karlstadt: »Was?«
Brem: »Na ja, du machst allerweil so ein Theater, wenn a bisserl was auf die Tischdecke kommt, der gebildete Mensch sagt bloß ›Persil‹. Persil und nichts anderes!«

Pirelli-Mädchen
Das deutsche Fräuleinwunder

Deutsche Frauenbeine waren 1964 schwer im Kommen. Jenseits des großen Teiches hatte gerade das *Time-Magazine* »Brunhildes neue Figur« entdeckt und bestaunt. *Life* pries »Deutschlands zweites Nachkriegswunder«, der *Playboy* blies den »Salut für die hübschesten Fräuleins«: »Sexy, leidenschaftlich und wunderbar«. Der *Stern* mußte zwar bedauernd notieren: »Er ist vorbei, der busenfreie, der halt(er)lose Badesommer 1964«; machte aber Appetit auf die neue Saison: »Wo 1964 nichts war, soll 1965 ein Lätzchen mit Einschnitt die Blicke fangen« und verriet Geheimtips auf der Ratgeberseite: »Da kann man Busen sehen.« Und auch der Filmstar Elke Sommer versprach: »Ich drehe bald wieder Nackt-Szenen.«

In der ADAC-Zentrale in München war man in diesen Tagen noch recht zugeknöpft. Die langen Beine des New Yorker Fotomodells Susan Turner und ihrer Stuttgarter Kollegin Ida Kairies durften in der größten deutschen Kraftfahrer-Zeitschrift *ADAC-Motorwelt* nicht mehr gezeigt werden. ADAC-Präsident Bretz und seine Kollegen empfanden die Veröffentlichungen als »anstößig« und »entwürdigend«. Was dem sittlichen Empfinden der Verbandsfunktionäre zuwiderlief, entzückte seit vielen Monaten Millionen deutsche Autofahrer: eine Anzeigenserie der Reifenfirma Veith-Pirelli. Unter dem Motto »Die Beine Ihres Autos« lüpften die beiden wohlproportionierten Damen das kurze Röckchen, zeigten viel Bein und wenig Reifen. Der knappe Text für die Sommerreifenwerbung begann mit der knappen Feststellung: »Die Beine Ihres Autos ... sind – an diesem Vergleich gemessen – harte Prosa.« Und weiter: »Die Beine Ihres Autos ... sind nicht so attraktiv. Und doch sollte man auch ihnen hin und wieder einen Blick gönnen. Sogar einen tiefen, denn ab 2 mm Profiltiefe kann es kritisch werden.«

Fotografiert wurden die Pirelli-Mädchen von Charles Wilp, der zuvor die Deutschen bereits mit einer Wodka-Welle (→Puschkin-Bär) überschwemmt hatte und einige Jahre später brave Bürger und katholische Moralapostel mit ekstatischen Nonnen im Brause-Rausch (→Afri-Cola-Nonnen) entsetzte.

Die Bein-Anzeige des August-Heftes gab den Ausschlag für die Empörung der ADAC-Funktionäre. Das Foto zeigt Susan Turner im Bikini. Sie beugt sich über die Karosserie eines VW-Karmann-Ghia 1500, während neben ihr Ida Kairies mit hochgezogenem Knie am Schnürsenkel nestelt. Die Herren vom Zentralorgan verhängten einen Bein-Bann über ihre Club-Gazette, versagten sich weiteren Pirelli-Anzeigen und ließen sich damit einen bereits erteilten 100.000-Mark-Anzeigenauftrag entgehen.

Was wiederum bei den Lesern der größten deutschen Postwurfsendung Protest hervorrief. Sie sahen nicht ein, wieso ausgerechnet sie von den tiefen Einblicken ausgeschlossen werden sollten. Herr Heiner Gross aus Kiel erregte sich: »ADAC-Chef Bretz sollte lieber die Bundesregierung veranlassen, daß die Autosteuer voll den Autofahrern zugute kommt, statt dem ADAC-Blatt moralinsaure Anzeigenvorschriften zu machen.«

Dr. Friedrich Soltau aus Hamburg schrieb erbost: »Ich halte den ADAC nicht für einen Spießer- und Muckerverein, der eine Sittenkontrolle über seinen Inserententeil auszuüben berechtigt ist, sondern hielt den ADAC bisher für einen Motor-Sportclub. Im übrigen halte ich die geübte Beigabe von Werbeprospekten für das stärkste Bier der Welt aus Kulmbach für wesentlich gefährlicher im Hinblick auf die Moral der Kraftfahrer.«

Herr H. J. Köhler aus Bad Pyrmont fand dagegen versöhnliche Worte und versuchte zu schlichten: »Haben Herr Bretz und seine Mannen sich überlegt, daß es sicherlich Hunderte von Kraftfahrern gibt, die durch die charmante Reklame überhaupt erst auf die Idee kommen, einen Blick auf ihre Reifen und die Tiefe des Profils zu werfen?«

Pril-Ente
Der erste Tierversuch in der Werbung

Die Geschichte der Werbung ist voll von clever geplanten Feldzügen, listigen Tricks und schlauen Ideen. So hatte 1963 ein Supermarkt-Besitzer in Manhattan einen völlig absurden Einfall. Er füllte Leitungswasser in farbig etikettierte Flaschen, ließ auf jedes Etikett das Wort »Instant-Water« drucken und darunter die Empfehlung: »Hervorragend geeignet für Kaffee und Tee sowie zum Eierkochen.« Die Hausfrauen kauften das angepriesene Naß, als wäre es Weihwasser gewesen. Nach vier Wochen zerstörte der Geschäftsinhaber selbst die Illusionen und klärte die Kundinnen auf, er habe nur testen wollen, welche magische Wirkung von dem Wort »Instant« ausgeht.

Die (unfreiwillige) Hauptdarstellerin eines ebenfalls besonders raffinierten Reklameschlachtplans war 1951 die Pril-Ente. Sie war als lebende Ente das Opfer des ersten Tierversuchs in der Werbung. Von Wissenschaftlern wurde sie in ein Becken mit Spülwasser geschmissen und soff beinahe darin ab. Ente aus dem Off: »Pril hat alles Fett aus meinem Gefieder gelöst. Ich habe die wunderbare Wirkung des mit Pril entspannten Wassers bewiesen.«

Das arme Tier versackte trotz verzweifelter Schwimmversuche in der Abwaschlauge wie ein vollgesogener Schwamm und mußte anschließend von den Mitarbeitern eines beaufsichtigenden Schweizer Instituts wieder trockengeföhnt werden. Der Enten-Test sorgte damals für einen gewaltigen Medienrummel. Tierschützer gingen auf die Barrikaden angesichts solcher Entenquälerei.

Normalerweise sind Enten im Wasser ja in ihrem Element und ausgezeichnete Schwimmer. Am hinteren Ende ihres Leibes besitzt die Ente eine Birzeldrüse, die Fett absondert und das Gefieder resistent gegen das Eindringen von Wasser macht. Dieses Fett der Birzel-Drüse hatten sich die Chemiker zum Gegner erkoren und ein Mittel entwickelt, das diesen Panzer unwirksam werden läßt. »So wie es in das fettige Federkleid drang, so dringt es unter den Schmutz. Gewöhnliches Wasser hat so etwas Ähnliches wie eine zähe Haut. Es ist schwerfällig und träge. Mit anderen Worten: Normalem Wasser fehlt die richtige Reinigungskraft. Machtlos kullert es über Schmutz und Fett hinweg.«

Der Mann, der das »entspannte Wasser« erfand, war Hubert Strauf, der wohl bekannteste Werber der fünfziger Jahre und vielleicht der Vater der deutschen Nachkriegswerbung. Aus seiner Feder stammen einige der berühmtesten Slogans der 50er Jahre. Konrad Adenauer bescherte er bei der Bundestagswahl 56 mit »Keine Experimente« die absolute Mehrheit. Dem amerikanischen Nationalgetränk Coca-Cola verhalf er in Deutschland mit »Mach mal Pause – trink Coca-Cola!« zum Durchbruch. Die Pril-Lauge pries Strauf mit gewaltigem Wortgetöse: »Entspanntes Wasser ist nasser. Der Kampf in der Spülschüssel ist der Beweis für die Wunderkraft des entspannten Wassers. Das müssen Sie sehen, wie der Schmutz reißaus nimmt, als sei die Polizei hinter ihm her. Wilde Flucht ergreifen die Staubteilchen, wenn einige Tropfen mit Pril entspanntes Wasser in die Schüssel fallen.«

Pril-Ente

Das Experiment hatte Strauf auf einer USA-Reise gesehen und dann im Wasserwerk selbst nachgestellt. Die Hausfrauen waren begeistert – denn der süßen Ente passierte ja nichts. Wie ausdrücklich betont wurde. Verschwiegen wurde, daß es Wochen dauerte, bis sich der natürliche Fettschutz im Gefieder wieder aufbauen konnte. Hätte man die Ente wieder ausgesetzt, wäre sie unweigerlich ertrunken.

Das »entspannte Wasser« machte Pril zum Marktführer. Konkurrent Spüli erfand in den 60ern ebenfalls ein ganz besonderes Wasser: »Spüli macht das Wasser schneller.« Wie lange Spüli von null auf hundert brauchte, wurde nicht verraten.

Rama-Mädchen
Die Margarine-Dame

Die Rama-Margarine kennt praktisch jeder Deutsche. Auf jedem zweiten Eßtisch steht ein Rama-Topf – von denen immerhin 14 pro Sekunde über den Ladentisch gehen –, mit der Jahresproduktion können 7,7 Milliarden Brötchen bestrichen werden. Den Becher ziert seit über 75 Jahren ein strahlendes Mädchen mit »umgedrehtem Brötchenkorb auf dem Kopf« (Branchendienst *kressreport*). Auf den Topfdeckel verbannt wurde das Rama-Mädchen aber erst zu Anfang der 90er Jahre, davor strahlte sie siebzig Jahre lang auch von Werbeplakaten, Emailleschildern und brachte in Fernsehspots die gute Rama auf den Frühstückstisch.

Die erste künstliche Butter, aus Magermilch und erhitztem Rindertalg zusammengerührt, hatte der Pariser Professor Hyppolite Mége-Mouriés 1867 aus der Zentrifuge geschabt. Napoleon III. hatte einen Wettbewerb ausgeschrieben, um seine Streitkräfte mit einem billigen, aber nahrhaften Fett versorgen zu können. Das Zeug muß, überlieferten Quellen zufolge, ziemlich grauslich geschmeckt haben, vom Verbrauch wurde dringend abgeraten.

Den Markt beherrschten die beiden Margarineproduzenten Jurgens und Van den Bergh, die sich, gelinde gesagt, nicht gerade wohlgesonnen waren. Der holländische Butterhandelsgroßkaufmann Anton Jurgens hatte 1888 das Patent erworben. Er schickte seinen Sohn Jan mit einer Probe zu seinem Geschäftsfreund Simon van den Bergh, ebenfalls Buttergroßhändler, und bat ihn, diese »französische Butter« zu kosten. Wenig später war der Familienzwist da: Beide begannen französische Butter zu produzieren, Jurgens die Rahma, Van den Bergh die Schwan im Blauband.

So kam es, daß es in den 20er Jahren die Margarine-Dame im Doppelpack gab: Rahma (damals noch mit h) mit dem Rahma-Mädchen und Schwan im Blauband mit dem **Blauband-Mädchen**. Das Rahma-Mädchen wurde 1924 von dem Künstler C. Mummert entworfen (das Blauband-Mädchen erschuf der Maler Professor Bauer). Sie war der Idealtyp der Hausfrau. Adrett und patent, ländlich und natürlich, immer damit beschäftigt, die gute Rahma herzustellen. Sie kocht und backt alle Speisen wundervoll – aber preiswert. Modell stand eine gewisse »Frau von M.«, Genaueres wurde nie verraten. Am 15. August 1924 wurden 800.000 Plakate geklebt und 1.800 Anzeigen geschaltet. Der Erfolg blieb nicht aus: Allein in den ersten Wochen wurden über 2.300 Tonnen Rahma verkauft.

Aber wo der Erfolg ist, da sind auch Neider. Andere Buttergroßhändler waren erbost über den Wortstamm »Rahm« in Rahma. Sie wollten sich die Butter nicht vom Brot nehmen lassen und zwangen Jurgens 1927, das H aus der Rama zu streichen. Hinzu kam, daß die ehemaligen Geschäftsfreunde nicht nur seit Jahren einen erbitterten Reklamefeldzug gegeneinander führten, sondern sich zu allem Überfluß auch noch regelmäßig gerichtlich in den Haaren lagen. Das verschlang Hunderttausende, und trotz der enormen Gewinne mußten hohe Kredite aufgenommen werden. Die Banken zwangen die beiden Streithähne, sich zu verbrüdern. 1927 entstand so die Margarine-Union, heute Bestandteil des Unilever-Konzerns und größter Margarine-Produzent Europas.

Gemeinsame Werbefigur wurde das Rama-Mädchen im Blauband.

Die Mütter machte die Margarine-Union zu Stammkunden, indem sie jeder Rama-Kiste bis 1933 die Kinderzeitschrift »Der kleine Coco« beilegte, eine Art Dr.-Doolittle-Geschichten. Sie kam alle 14 Tage heraus, erreichte eine Auflage von 8 Millionen Stück und war damit die am weitesten verbreitete Zeitschrift der Welt. Die Margarine war so populär, daß Spottverse im Schwange waren: »Wenn Du eine Schwiegermutter hast,/steck sie in ein Rama-Butterfaß,/roll sie einmal hin und her,/und Du hast keine Schwiegermutter mehr.« 1933 begann für die streichfähige Margarine eine harte Zeit: Fettsteuer, Zwangswirtschaft, Werbeverbot, Kriegsbeginn. 1939 wurde sie zur Sicherung der Fettreserven gänzlich verboten.

Ihre Wiederauferstehung konnte das Rama-Mädchen erst 1954 feiern. Es gab noch ein kleines Problem mit der Garderobe – die traditionelle Holland-Tracht war inzwischen geschützt –, aber die Agentur Lintas organisierte der Rama-Deern schnell ein neues Outfit aus dem Kostümfundus der Hamburger Staatsoper: eine Original Vierländer Tracht, die sie bis 1980 nicht mehr gewechselt hat.

Den historischen Verkaufsrekord erreichte die Rama 1956. Danach ging es mit dem Rama-Mädchen stetig bergab. 1967 verschwand sie erstmals aus der Werbung, dafür warb 1968 ein später berühmter Kinderstar namens Thomas Ohrner (Timm Thaler) für die Margarine. 1980 bekam die Rama-Frau nicht nur ein neues Kostüm, sie wurde mit ihrem zweiten Comeback zur Frühstücksfrau der Nation. Immer als Radlerin unterwegs, naturverbunden und stets die Frühstückskollektive (gleich Wohngemeinschaften) bedienend. 1991 wurde das Rama-Mädchen (aus den Spätfolgen der Emanzipation heraus?) dann von ihrem Hausfrauendasein befreit und endgültig auf den Topfdeckel verbannt. Sie war nicht mehr zeitgemäß.

Was auch eine bekannte deutsche Zeitschrift so sah, sie schmähte das Rama-Mädel als »Landsmannschaftliche Margarine-Maus mit Heile-Welt-Tick« und »frühe Sendbotin des Müsli-Wahns und Mutter aller werblichen Öko-Schlachten«.

Red-Bull – Strichmännchen
Die Kult-Cartoons

Frosch: »Quack, Quack.«
Prinzessin: »Oh, bist Du der Froschkönig?«
Frosch: »Ja.«
Prinzessin: »Und jetzt willst Du bestimmt einen Kuß!«
Der will aber lieber einen Red Bull, denn der belebt Geist und Körper.
Prinzessin: »Da hast Du einen. Hauptsache, Du wirst ein Prinz.«
Der Frosch verwandelt sich in einen schmucken Prinzen.
Prinzessin: »Oh, Du bist sogar ein schöner Prinz.«
Kaum zum Prinzen geworden, schwebt der aber von dannen.
Prinzessin: »Halt! Wart! Wo willst Du denn hin?«
Prinz: »Ich werd mal schaun, ob es da noch andere Prinzessinnen gibt.«
Prinzessin: »So sind's, die Prinzen.«

Witzige Strichmännchen-Cartoons, wie der Spot »Froschkönig«, zeigen (in Deutschland) seit 1994 die beflügelnde Wirkung des Energy-Drinks: »... verleiht Flüüügel«. Red Bull, die Alternative zum Suff, kam damals aus Österreich über die Alpen und wurde sogleich zum Kult.

Der Blendax-Manager Dietrich Mateschitz hatte Energy-Drinks in den 80ern auf einer seiner zahlreichen Japan-Reisen kennengelernt. Die Muntermacher mit dem Placebo-Kick und dem Geschmack von aufgelösten Gummibärchen wurden dort überall von fliegenden Händlern feilgeboten und sollten müde Krieger wieder munter machen. Mateschitz beflügelten sie jedenfalls: Nach gründlichen wissenschaftlichen und medizinischen Untersuchungen von Wirkung und Unbedenklichkeit überzeugt, ließ er den fernöstlichen Trunk auf westlichen Geschmack trimmen. Mateschitz schmiß seinen Job als Marketingdirektor bei Blendax hin, kratzte sein Erspartes zusammen und setzte voll auf »die Idee meines Lebens«.

1987 wurde der erste europäische Energy-Drink erstmals in Österreich angeboten. Mit einem Medienrummel, wie Mateschitz ihn sich nur wünschen konnte. Hartnäckige Gerüchte über die Schädlichkeit bestimmter Inhaltsstoffe gaben dem Getränk den Ruch des Verbotenen und sorgten für einen verkaufsfördernden Mythos. So kam die Bullen-Brause in der Alpenrepublik in den Verdacht, an Autounfällen jugendlicher Raser mit schuld zu sein. Polizisten forderten deshalb noch 1992, den »Todes-Cocktail« in der Disco zu verbieten. Den Vogel schoß ein wackerer Beamter ab, der wegen der angeblichen »gesundheitsgefährdenden Wirkung« eine parlamentarische Anfrage im österreichischen Gesundheitsministerium startete. Der Staatsdiener erregte sich umsonst. Die einzige meßbare Nebenwirkung von Red Bull ist ein durch den beschleunigten Schadstoffabbau verursachter Harndrang.

Weil Red Bull bis 1994 aufgrund von Inhaltsstoffen, die unter das Lebensmittelgesetz fielen, in Deutschland verboten war, wurde das Getränk schnell zum Geheimtip. Heimkehrer von österreichischen Aprés-Ski-Feten und aus happy swinging London berichteten schier Unglaubliches von der Party-

Front. So wurden dem Gebräu Sex- und Sucht-Potentiale unterstellt, aufgrund des Wirkstoffes Taurin (lateinisch: taurus, Stier) entstand die Legende, das Elixier werde aus Stierhoden gewonnen. Nichts von all dem ist wahr. Taurin ist eine homogene Aminosäure, die erstmals bei Rindern nachgewiesen wurde – daher der Name. Und der Koffeingehalt einer Dose Red Bull entspricht dem einer Tasse schwachen Bohnenkaffees. Weder fällt Red Bull unter das Betäubungsmittelgesetz, noch besteht Suchtgefahr. Doch die Gerüchte waren stärker. Kistenweise schleppten Wundergläubige den süßen Schlabbertrank über die österreichisch-deutsche Grenze. Auch noch, als es in Deutschland Red Bull schon lange legal zu kaufen gab – die Konzentration der Wirkstoffe wurde im Herkunftsland für stärker gehalten. Ein weiterer Mythos, denn weltweit steht derselbe im Voralberg gebraute Muntermacher zum Verkauf.

Als Mateschitz Red Bull in Großbritannien einführte, kam es, da in diesem Fall EU-Recht über deutschem Recht steht, zu einer Umkehr der Beweislast. Die deutschen Lebensmittelbehörden hätten nachweisen müssen, daß der Energy-Drink schädlich ist, um ihn verbieten zu können. Und da ihnen das nicht gelang, rissen sich Kids und Erwachsene um den silberblauen Viertelliter. Nach 100 Tagen waren 35 Millionen Red Bulls weggeräumt, und es wären noch mehr geworden, wären nicht für zwei Monate die Dosen ausgegangen.

Die Idee zu den Strichmännchen stammt von Johannes Kastner, Inhaber der Agentur Kastner & Partner in Frankfurt. Zwei Jahre lang ließ sich der Werbemann, der auch schon an der Milka-Kuh mitgearbeitet hatte, unzählige Texte und Konzepte einfallen, mit denen er nach seinen Worten die gesamte Getränkeindustrie mit Werbekampagnen und dazu passenden Verpackungen hätte versorgen können. Mateschitz war mit keiner dieser Ideen zufrieden. Kastner wollte bereits das Handtuch werfen. Mateschitz bat ihn, die Angelegenheit noch eine weitere Nacht zu überarbeiten. Der Legende nach wurden in dieser Nacht der Satz »Red Bull verleiht Flüüügel« und die Strichmännchen-Stories geboren. Kastner selbst knackte in kreativen Hochphasen schon mal fünf bis sechs Dosen pro Tag.

Reyno-Liebespärchen
Häschen im Grünen

Pfefferminz statt Nikotin sollte 1961 deutsche Raucherlungen teeren. Camel-Produzent Reynolds hatte sich entschlossen, seine amerikanische Menthol-Zigarette »Salem« unter dem Namen »Reyno« auf den deutschen Markt zu hieven. In Amerika hielt die Salem seit Jahren den vierten Platz, und Reynolds vermutete ein ähnliches Bedürfnis in deutschen Raucherseelen.

Vier Jahre lang durchstreifte das von der Agentur Young & Rubicam erfundene Reyno-Liebespärchen händchenhaltend durch Wald und Flur, lehnte an Baumstämmen, pflückte Blumen, schaute sich lieb an und spielte Häschen im Grünen. Nach Schätzungen gab Reynolds an die 50 Millionen Mark aus, ohne daß die Zigarette ein Erfolg wurde. Spätere Marktuntersuchungen zeigten, daß es hierzulande eine Menthol-Barriere gibt. Die deutschen Raucher wollten Tabak- und keinen Pfefferminzgeschmack. Laut Werbeleiter Paegelow schmeckten die ersten zehn Reyno vielleicht zu sehr nach Menthol und zu wenig nach Tabak, erst dann legte sich der Überlagerungseffekt. Doch leider hielten die meisten Probierer nicht bis zur elften durch. Zudem galt die Zigarette als ausgesprochen feminin, ein Umstand, der für eine Zigarettenmarke tödlich sein kann.

Rexona-Sibylle
Das Mauerblümchen

In der Reklame hat das Mauerblümchen immer selbst schuld, wenn die Herren nicht mit ihm flirten oder tanzen. Regelmäßig ist jedoch die gute Freundin da, die sie beiseite nimmt (»Einer muß es ihr sagen...«) und auf die einschlägigen Mittel gegen Mund- und Körpergeruch aufmerksam macht. Am Schluß tanzen die Verehrer dann wie toll mit der frisch gewonnenen Kosmetikkundin. Rexona-Sibylle, Fotomodell und Achselschweißträgerin, kam in den Genuß solch praktischer Nachbarschaftshilfe:

Lächeln, Sibylle, lächeln!
Fotograf: »Was ist heut' nur mit Sibylle los?«
Sibylle (denkt): »Immer lächeln! Und dabei ist mir heute zum Heulen zumute!«
Und Sibylle kann doch so bezaubernd lächeln. Gerade ihr Lächeln war es, das sie zu einem so begehrten Fotomodell machte. Aber heute ...
Sibylle (beim Abschminken): »Ach, Frau Lehrke – nicht mal gestern zu meinem Geburtstag hat Fred von sich hören lassen.«
Frau Lehrke (Maskenbildnerin): »Wissen Sie was, ich koche uns einen Kaffee, und dann sprechen wir in Ruhe darüber.«
Frau Lehrke kocht einen Kaffee.

Sibylle (niedergeschlagen): »Wenn ich nur den Grund wüßte...«
Frau Lehrke (mitfühlend): »Vielleicht kann ich Ihnen helfen. Ich weiß genau, wieviel Sie für Ihre Pflege tun. Aber ob es genügt? Wenn Sie immer frisch sein wollen, wirklich frisch von Kopf bis Fuß, gibt's nur eins...«
Später – Sibylle (in der Badewanne, strahlend): »Das war ein guter Tip von Frau Lehrke. Herrlich, immer ganz frisch zu sein – und frei von Körpergeruch. Rexona ist eine wundervolle Seife – und dieser Duft!«
Einige Tage später im Zug-Restaurant. Sibylle trifft Fred.
Fred: »Sibylle, Du? Was für ein Zufall!«
Sibylle: »Fred! Fährst Du auch zum Presseball nach Köln?«
Auf dem Presseball in Köln.
Fred: »... bitte, die nächsten drei Tänze für mich reservieren, Sibylle!«
Fred: »Was für ein Glück, daß ich Dich wiedergefunden habe!«
Sibylle (denkt): »Es ist schöner denn je! – Und das habe ich Rexona zu verdanken!«

Sarotti-Mohr
Der Schokoladen-Prinz

Noch heute kennen 9 von 10 Deutschen den Sarotti-Mohr, obwohl er seit langem nur noch auf dem Einwickelpapier der Schokolade präsent ist. Seine exotische Kleidung und die dunkle Hautfarbe machten ihn zu einer Märchenfigur aus 1001 Nacht und die Sarotti-Schokolade über Jahrzehnte zum Marktführer.

Alles begann im Zentrum des aufstrebenden Berlin. Dort hatte 1852 die Confiseur-Waaren-Handlung Felix & Sarotti eröffnet, die sich durch ein erlesenes Angebot und vornehme Eleganz schnell einen guten Ruf erwarb. Zu jener Zeit kamen die besonders feinen Kreationen der Zuckerbäcker und Chocoladiers für das anspruchsvolle Publikum vornehmlich aus Paris.

Rechtzeitig vor dem kriegsbedingten Versiegen dieser Bezugsquellen hatte 1868 der Konditor Hugo Hoffmann damit begonnen, Pralinen, Fondants und ähnliche Erzeugnisse in »französischer Qualität« herzustellen. Der beste Abnehmer war Felix & Sarotti, und 1881 erwarb Hoffmann das Geschäft seines Kunden. 1893 ließ er Sarotti als Bild- und Wortzeichen eintragen und gründete 1903 die Sarotti Chocoladen- und Cacao-Industrie AG.

Der Sarotti-Mohr entstand 15 Jahre später. Zunächst erschien er als Drilling: »3 Mohren mit einem Tablett« hieß das Bildzeichen, das am 27. August 1918 angemeldet wurde. Aus diesem Bildzeichen entwickelte Prof. Gipkens, ein bekannter Werbefachmann und Grafiker dieser Jahre, 1922 seine bis heute gültige Form. Der dem Märchenhaften zugeneigte Zeitgeist und die Sehnsucht nach fremden Ländern, nach Exotik und Luxus standen Pate.

Zur Legende wurden Sarotti-Mohrs Werbefilme, wie ein

Sarotti-Mohr 255

Kino-Spot von 1954: »Sarotti-Mohr pfeift die Serenade – und alle träumen von Sarotti-Schokolade.«

Aus dem Jahre 1959 stammt der berühmte Sarotti-Chor:
»Tipp, tipp, tipp, ein langer Brief.
Tipp, tipp, tipp, ein kurzer Brief.
Tipp, tipp, tipp, wer ist dabei?
Guten Tag, Sarotti-Mohr.
Hier ein Stückchen, da ein Stückchen.
Dir ein Stückchen, mir ein Stückchen.
Vielen Dank, singt man im Chor.
Vielen Dank, Sarotti-Mohr.«

Ein anderer Geniestreich gelang Sarotti bereits zu Beginn des Jahrhunderts. Die türkische Armee wurde als Großabnehmer gewonnen, indem man den Harem des letzten türkischen Sultans gratis mit Schokolade der Marke Gala Peter belieferte.

Tchibo-Kaffee-Experte
Der Dicke neben dem Massai

Er ist einer der legendären Werbehelden aus den sechziger Jahren, der Dicke von Tchibo, besser bekannt als Tchibo-Kaffee-Experte. In aller Herren Länder fahndete er nach den besten Bohnen fürs heimische Kaffeekränzchen und verbreitete im Namen des deutschen Kaffeetrinkers Glück und Wohlstand auf der ganzen Welt. Ungeachtet tropischer Temperaturen durchquerte er im kleinem Börsenanzug die Dschungel dieser Erde. Auf seinen Expeditionen trug der Experte stets vollen Downing-Street-Ornat: nachtblauer Einreiher, Homburg, schwarze Aktentasche und ein Bärtchen, wie sie britische Kolonialoffiziere a. D. mit Vorliebe tragen. Gemeinsam mit dem Camel-Mann und anderen Werbehelden hat der füllige Kaffeeonkel seinen Platz im Frankfurter Werbemuseum gefunden.

»Häuptling Matayo gibt ein Fest. Zu Ehren des Tchibo-Kaffee-Experten. Weil der eine ganze Ernte aufgekauft hat. Zu einem guten Preis. Aus Dankbarkeit ernennt ihn Matayo zum Ehrenhäuptling auf Lebenszeit. Eine hohe Ehre. Aber unser Experte ist solche Ehrungen langsam gewohnt.«

»Der Tchibo-Kaffee-Experte lacht zuletzt. Wie zum Beispiel neulich in Nairobi, Kenia. Dort hatten sich Kaffeekenner aus aller Welt versammelt. Eine besonders gute Partie sollte versteigert werden. Von Anfang an wurde heiß geboten. Heiß und hartnäckig. Sollte unser Experte diesen Kaffee nicht bekommen? Fast sah es so aus. Aber zum Schluß war es dann doch wieder so wie bei vielen Kaffeeversteigerungen: Wer bietet mehr? Der Tchibo-Kaffee-Experte.«

»Kwaheri, Bwana Tchibo. Kwaheri heißt in Kenia Auf Wiedersehen. Man wird den Tchibo-Kaffee-Experten dort noch oft wiedersehen. Denn in Kenia wächst gewöhnlich guter Kaffee. Und wo der wächst, da ist auch unser Experte. Immer wieder durchstreift er die größten Kaffee-Anbaugebiete der Welt. In Afrika. In Mittelamerika. In Südamerika. Per Bahn. Per Auto. Per Flugzeug. Zur Not auch per Kanu. Er sucht nach besten Kaffees. Und er findet sie. Wir in Hamburg machen daraus Tchibo Gold-Mocca.«

»Der Tchibo-Kaffee-Experte hat Don Alfredo (einen Papagei/ d. A.) vor einigen Jahren in Guatemala kennengelernt. Immer, wenn er hier nach gutem Kaffee schaut, nimmt er sich Zeit für ein Schwätzchen mit Don Alfredo. Don Alfredo bringt ihm spanische Schimpfwörter bei. Und er lehrt Don Alfredo beliebte deutsche Vokabeln. ›Tchibo‹ zum Beispiel. Oder ›Gold-Mocca‹. Oder ›siebenmarkneunzig‹«.

Während eines New-York-Aufenthalts hatten Tchibo-Seniorchef Günter Herz 1964 die amerikanischen VW-Käfer-Anzeigen (»Er läuft und läuft und läuft ...«) so sehr beeindruckt, daß er die VW-Agentur Doyle, Dane, Bernbach bat, den Tchibo-Etat zu übernehmen. DDB wiederum hatte kurz zuvor für die kolumbianische Bohnenindustrie einen Experten namens

Tchibo-Kaffee-Experte

Señor Valdez kreiert, einen einheimischen Plantagenarbeiter mit einem Esel als Kennzeichen: »Auf dem 1800 Meter hoch gelegenen Hang eines Berges in Kolumbien, Südamerika, arbeitet Señor Valdez. Für eine gute Tasse Kaffee müßte er eigentlich nach Deutschland fahren. Dorthin werden die besten Bohnen des kolumbianischen Kaffees geschickt.«

DDB schlug vor, daß auch Tchibo seinen Fachmann bekommen sollte, und Hertz willigte ein. Die Suche nach dem passenden Kaffeeonkel dauerte lange, denn die Idealbesetzung mußte strenge Vorgaben erfüllen. Seriös und glaubwürdig, sollte der Tchibo-Experte eine Vertrauensperson für die deutsche Hausfrau sein. Zudem sollte er den Typ »honoriger hanseatischer Kaufmann« verkörpern und durfte in Deutschland nicht bekannt sein.

Der englische Schauspieler Wensley Ivan William Frederick Pithey hatte die richtige Ausstrahlung. Pithey, ein vielbeschäftigter Darsteller in englischen TV-Krimis, hatte mit großem Erfolg in einem Bühnenstück Winston Churchill gespielt. Ein DDB-Texter: »Ein soignierter Herr mittleren Alters mit Embonpoint und der unauffälligen Physiognomie, wie man sie häufig bei stillen Genießern findet.« Pithey, in Kapstadt geboren, siedelte als Jugendlicher nach England über und hatte 1964 die 50 bereits weit überschritten.

Weit gingen die Kaffee-Expeditionen des Dicken von Tchibo. Obwohl später auf den Anzeigen nicht viel von charakteristischer Landschaft zu sehen war, wurden auf drei mehrwöchigen Safaris die Kaffeeländer Kenia, Tanganjika, Guatemala und Brasilien durchstreift. Pithey: »Es war mörderisch heiß. Ich mußte mir den Homburg mit saugfähigem Papier ausstopfen, und mein blauer Anzug wurde alle Augenblicke abgebürstet. Sie glauben nicht, wieviel Staub es dort gibt. Dennoch war es für einen Schauspieler, der dick und faul aussieht, ein wundervoller Job.« Die Pithey-Fans wunderten sich dagegen in Zuschriften an das Hamburger Kaffee-Versandhaus, warum der »arme Dicke« noch keinen Hitzschlag erlitten habe, und plädierten wenigstens für ein Buschhemd.

Im Oktober 1965 flog man für drei Wochen nach Nairobi, Kenia. Texter Claus Harden: »Dort, in der Nähe von Arusha am Kilimandscharo, fand ich mich wieder, irgendwo im Busch in einem ausgetrockneten Flußbett, über mir die Schimpansen in den Lianen, vor mir die Olivetti auf einem Findling, Texte schreibend; die dann abends mit dem Kunden besprochen und genehmigt wurden; und dann, nachdem man die entsprechende Location gefunden hatte, in Film umgesetzt wurden.«

Der Dicke mußte sich im afrikanischen Busch den Weg mit einer Machete freikämpfen – »Der Tchibo-Kaffee-Experte kommt.« Oder mit einem Regenschirm bewaffnet, neben einem ebenfalls beschirmten Säckchen mit Kaffeebohnen, posieren – »Gutes Wetter, gut für Tchibo«. Als das Team eine Open-Air-Schule entdeckte, stellten sie den Tchibo-Mann unter freien Himmel an die Tafel und ließ ihn den Kindern erklären, wie Kaffee angebaut wird. Die Kids waren begeistert. Als die Crew eine Szene in einem Jeep drehte, drohte der ansonsten gemütliche Pithey die Contenance zu verlieren. Der Kameramann hatte ihn immer und immer wieder die gleiche Szene spielen lassen, weil die Bilder unscharf seien. Erst als der Kameramann plötzlich in Ohnmacht fiel, wurde klar, daß er einen Magen-Darm-Virus erwischt hatte, der unter anderem auch das Sehvermögen trübt. Die Bilder waren nämlich gestochen scharf.

In Guatemala drehte man mitten im Urwald in Tikal, wo Archäologen gerade eine Maya-Kultstätte ausgruben. In Tikal angekommen, wurde der Kaffee-Onkel inmitten der Tempel-Anlagen gefilmt, was dem Team zwar nicht den Zorn der Götter, dafür aber immerhin ein mitleidiges Lächeln der Archäologen eintrug. Ein anderer Spot führte nach Chichicastenango, berühmt durch seine spanische Barockkirche, die das Wallfahrtsziel Tausender Indios ist.

Pithey's Afrika-Trip kostete die damals gigantische Summe von 100.000 DM. Der heimischen Zielgruppe wurde aus dem Urwald stets Lob zuteil: Vom Besitzer einer großen Hazienda, Don Miguel, habe er gehört, die liebe deutsche Hausfrau würde den besten Kaffee der Welt kochen.

Ein *Spiegel*-Interview dürfte Tchibos PR-Managern allerdings schwer im Magen gelegen haben. Auf die Frage, was er privat am liebsten trinke, antwortete der ausgewiesene Kaffee-Experte: »Mosel-Wein«. Und auf die Frage nach seinem Lieblingskaffee antwortete er zwar anfangs pflichtgemäß mit »Tchibo-Gold-Mokka«, schränkte dann aber ein: »Wenn ich auf dem Kontinent bin.« Und outete das Konkurrenzprodukt Maxwell als seinen Lieblingskaffee. Zur Krönung beichtete der Kaffee-Experte, daß ihm sein Arzt eigentlich das Kaffeetrinken verboten habe, wegen der Leber.

Pithey wurde als Kaffee-Onkel nicht nur berühmt und wohlhabend, er fand bei Tchibo auch sein privates Glück. Er heiratete die Tchibo-Chefsekretärin Ingrid Rosengarten. Nur Konkurrent Jacobs mochte ihn nicht. Die zogen den liebenswerten Dicken vor den Kadi, weil er gar kein echter Experte, sondern Schauspieler sei. (Bei Frau Karin Sommer, der vermeintlichen Jacobs-Hausfrau, war man nicht so kleinkariert.)

Wensley Pithey starb Ende der siebziger Jahre und mit ihm die Kampagne. Das Kolonialherren-Gehabe war nicht mehr gesellschaftsfähig. Die Pappfigur stand als freundlicher Portier aber noch jahrelang vor vielen Tchibo-Filialen.

Telegate- und Spinat-Frau Verona Feldbusch
Die Frau mit dem Blubb

»Hallöchen, hier ist Verona.« Im Dschungel der Telefonwelt weiß die Frau mit dem Dativ-Problem und der Piepsstimme, wo's langgeht: »Wählen Sie 11 88 0 – da werden Sie geholfen.« Aber nicht nur im Telefonmarkt gibt Verona Orientierung; auch bei Spinat weist sie die Richtung: »Wo ist denn der Blubb?« Geholfen hat's vor allem der abgebrochenen Handelsschülerin, der Miß Germany 1993 und ehemaligen »Peep«-Moderatorin Verona Feldbusch. Eine Million Mark soll sie allein für drei Iglo-Rahmspinat-Spots bekommen haben. Da kann sie leicht auf »Peep« verzichten (von Dauerrivalin Naddel übernommen).

Die Iglo-Rahmspinat-Spots mit Verona starteten 1998. Mit dem Image der Ware stand es nicht zum besten – als altbacken und spießig galt die Marke. Gerade zweimal pro Jahr griffen die Konsumenten zum Blubb-Spinat. Ein Fall für Verona. Mal im Bademantel, mal tief dekolletiert, rührte die »Ingrid Steeger des Privatfernsehens« *(Spiegel)* versonnen in Iglos grüner Pampe. Veronas Rendezvous mit dem Blubb zeigte, was sich aus dem guten alten Rahmspinat alles machen läßt: »Komm, mach noch mal Blubb ...!« Und der gewann mit Hilfe von Verona neue Freunde für Popeye & Konsorten. Ein Manager der Iglo-Agentur McCann-Erickson: »In unserer kurzlebigen Zeit suchen die Verbraucher nach Persönlichkeiten, an denen sie sich orientieren können.« Peep, Peep.

Die Kultfigur des deutschen Fernsehens entwaffnet mit ihrer kultivierten Nonchalance nicht nur Publikum und Kritiker, sie ergründete für Iglo auch »fremde«, sprich bayrische Kochkulturen. Mit der Kreation »Reiberdatschi« – auf hochdeutsch

Kartoffelpuffer – zeigte sie uns im Dirndl und mit Schuhplatteln, daß man auch ohne große Kochkünste aus Iglo-Rahmspinat eine ausgefallene Köstlichkeit zaubern kann: »a' paar zünft'ge Kartoffelpuffer und a' g'scheitn Rahmspinat«. Seit Oktober 99 beglückt uns Verona auch mit einem Spinat-Kochbuch: »Kochen mit dem Blubb«.

Die Ergebnisse des Spinat-Feldzugs übertrafen die kühnsten Erwartungen, die Imagewerte und Umsatzzahlen zogen aufwärts, und die Spots lösten eine wahre PR-Lawine aus. Blieb nur die Frage: Spricht sie jetzt gerade über Spinat oder Telegate?

Rivalin Naddel lockt seit 1999 die Biertrinker. Die schöne Halb-Sudanesin Nadja Abdel Farrag, genannt Naddel, hält neuerdings ein Gläschen Henninger Kaiser Pilsener ins Bild. Slogans wie »Frisch verlieben kann man sich immer wieder« spielen auf jene Promi-Posse an, die die Freundin von Dieter Bohlen einst berühmt machte. Die Figur der Verlassenen, die ihrem Mann den Fehltritt verzeiht, sei positiv besetzt, loben die Werber.

Der Dritte im flotten Dreier, Modern-Talking-Mime Dieter Bohlen, ist nur schwer unter die Haube zu bekommen. Er hatte einst seiner Exfrau Verona mangelnde Kochkunst vorgeworfen – und ihr so indirekt zum Iglo-Vertrag verholfen. Für ihn konnte sein Agent von der Agentur XXL Media Company bislang keinen Werbepartner finden.

Telekom-Aktionär Manfred Krug
Liebling Telekom

Als kritischer »Liebling Kreuzberg« und unbestechlicher »Tatort«-Kommissar Stoever war Manfred Krug den Deutschen schon lange vertraut, als er ihnen 1996 sogar zum Ratgeber wurde. Eine beispiellose Werbekampagne sollte dafür sorgen, daß die T-Emission, eines der größten europäischen Finanzereignisse, möglichst viele Deutsche zu Aktionären der Telekom machte. Auf fast allen Kanälen trommelte Krug für die Aktien des Telefonriesen, um die T-Aktie als erste »Marken-Aktie« an der deutschen Börse zu profilieren. Aus Liebling Kreuzberg wurde Liebling Telekom.

Wann immer er abends im Fernsehen mit Sprüchen wie »Wenn die Telekom an die Börse geht, gehe ich mit« für die Aktienemission warb, liefen in den Call-Centern der Telekom die Telefone heiß. Bis zu 70.000 Menschen riefen nach den Werbespots an, um sich beim Aktien-Informationsforum registrieren zu lassen.

Die Resonanz auf die Telekom-Kampagne überraschte selbst Profis, die Plazierung hatte hierzulande den gleichen Bekanntheitsgrad wie Coca-Cola. 96 Prozent aller Deutschen wußten, daß die Telekom an die Börse geht. Und der Exbehörde gelang ein sensationeller Imagewandel. Galt die Telekom zu Jahresbeginn als eher unsozial, arrogant und unsympathisch, sorgte der Werberummel dafür, daß das Unternehmen sieben Monate später als eher sozial, sympathisch und entgegenkommend eingestuft wurde. Normalerweise dauert so eine Imageverbesserung mehrere Jahre. Dabei hatte sich im Unternehmen selbst kaum etwas geändert.

Eine ganze Armada von Werbeprofis brachte den Börsengang auf Vordermann, 80 Millionen Werbemark halfen. Damit lag die Telekom in der Hitliste der Nielsen-Werbeforscher von Schmidt + Pohlmann auf Platz zwei – direkt hinter Procter & Gamble und noch vor Markenartiklern wie Ferrero, Kraft Jacobs Suchard oder Henkel. Am 21. März fiel der Startschuß zum Angriff auf Otto Normalverbrauchers Spargroschen. »1996 im Zeichen der T-Aktie«, war das Motto. Ende Mai hatten sich bereits über eine Million Deutsche ködern lassen. Am 21. August waren 1,5 Millionen Deutsche registriert, als die Werbestrategen noch eins draufsetzten und ihre Geheimwaffe Manfred Krug ins Rennen schickten. Die Anmeldungen verdoppelten sich innerhalb der folgenden sieben Wochen. Ein wahres Aktienfieber erfaßte die Deutschen. Zwölf Prozent der Bundesbürger – fast zehn Millionen Menschen – hatten ein Interesse an T-Aktien.

In 15 verschiedenen Spots pries Manfred Krug die T-Aktie als eine Art Geheimtip an. Der TV-Serienheld hatte zuvor Solinger Schneiderwaren, Persil-Megaperls, Jacobs-Kaffee, Nestlé-Mousse und Rechtsschutzversicherungen erfolgreich unters Volk gebracht. Krug tat hochprozentigen Dienst im »Malteser«-Hilfswerk: »Man gönnt sich ja sonst nichts«, pries Biere und Sparkassen an – nun machte er die Telekom-Aktie zum Stammtischthema.

Die Agentur Spiess, Ermisch & Andere (kein Schreibfehler) hatte Krug ausgewählt. Ewald Spiess über das Anforderungsprofil an seinen Werbestar: »Es mußte ein Typ sein, der erstens immer sich selbst spielt, zweitens eine gewisse Distanz entwickeln kann, weil die Spots auf eine Art Dreiecksverhältnis ausgelegt waren: Produkt, Kunde – und dazwischen ein zentraler Mittler, dem eine gewisse Distanz zugetraut wird.«

Mit Krugs Hilfe hatte der Telefonriese mehr Kapital aufgesaugt, als die fast 220 Aktien-Neueinführungen in Deutschland seit 1983 zusammen eingebracht hatten. Nur der japanische Fernmeldegigant NTT hatte Mitte der Achtziger schon einmal mehr Geld eingenommen.

Tilly
Geschwätzige Maniküre

Spülhände – o Graus. Sechsundzwanzig Jahre lang war sie die Schönheitsexpertin der Nation und Volkes Stimme rund um verkrustete Pfannen und rissige Fingerspitzen: Palmolive-Tilly, geschwätzige Maniküre, Hobby-Dermatologin und Schutzpatronin aller Vielspülerinnen. Eine Frau, die mit beiden Händen im Spülbecken steht. Als Leiterin eines Schönheitssalons tunkte sie immer die Hände ihrer Kundschaft in ein Schälchen mit Geschirrspülmittel. Wenn die vor Schreck die Fingerchen aus der Schale zogen, konterte Tilly mit sanfter Penetranz:

> Kundin: »Hallo Tilly, ich komm wohl zu früh?«
> Tilly: »Eher zu spät, wenn man Ihre Hände ansieht.«
> Kundin: »Oh das ist unfair, wo ich jeden Tag so viel zu spülen hab!«
> Tilly: »Da hilft Palmolive, Sie baden gerade Ihre Hände drin.«
> Kundin: »In Geschirrspülmittel???«
> Tilly: »In Palmolive ...«
>
> Tilly: »Huch, Sie haben wohl Bäume gefällt?«
> Kundin: »Ja, ich mach mir noch die Hände kaputt mit dem ewigen Geschirrspülen.«
> Tilly: »Da weiß ich ein Rezept für Sie, eine Sensation. Hier – Palmolive-Geschirrspülmittel. Das Schönheitsrezept für Hände, die täglich Geschirr spülen.«

Heerscharen von Werbern bemühen sich Tag für Tag aufs neue darum, daß ihr Produkt vielleicht doch noch einen »USP« offenbare. Eine »Unique Selling Proposition«, eine besondere Fähigkeit, mit der nur meine Pickelcreme aufwarten kann und die meine Pickelcreme von herkömmlichen Pickelcremes unterscheidet. In New Yorks Madison Avenue hatten kluge Köpfe zu Beginn der sechziger Jahre den entscheidenden Zusatznutzen beim Pfannenschrubben aufgetan: ein Spülwunder, das nicht nur die Pfanne, sondern auch die Hände pflegt.

Als Leitbild kreierte man »Madge«, Leiterin eines Schönheitssalons, Expertin für gepflegte Hände und Freundin der Hausfrau. Dargestellt wurde sie von der Schauspielerin Jane Minor. Die Wirkung von Palmolive demonstrierte sie mit einem überraschenden Beweis: Sie badete die Hände ihrer Kundinnen in einem kleinen Schälchen, gefüllt mit Palmolive. Zwei Jahre später war Palmolive die Nr. 1 auf dem Markt.

Nach Deutschland kam die Spülexpertin 1966. Marktstudien hatten, wie gewünscht, herausgefunden, daß auch »die deutsche Hausfrau eine Freundin und kompetente Beraterin braucht«. Man ließ sich nicht zweimal bitten. Die Hamburger Agentur MWI verwandelte Madge in »Tilly«, machte Jane Minor zur bekanntesten Maniküre Deutschlands und Palmolive auch bei uns zur Nr. 1 im Spülbecken. Sogar übersinnliche Fähigkeiten entwickelte Tilly im Laufe der Jahre. Eine Kundin stürmt den Schönheitssalon:

Kundin: »Tilly, eine Wahrsagerin hat mir aus der Hand gelesen...«
Tilly (nimmt ihre Hand): »Das kann ich auch. Sie benützen das falsche Geschirrspülmittel.«

1992 war Schluß mit der Spülerei. Aus Altersgründen wurde die mittlerweile sechzigjährige Tilly ausgemustert. In den USA versuchte man zwar noch, Tilly's Tochter als Thronfolgerin aufzubauen – aber ohne Erfolg.

Tony, der Tiger
Kellog's Animal

Seit 1952 weckt Tony, der Tiger, das Raubtier im Kind. Tony ist das berühmteste der sogenannten Kellog's Animals. Gemeinsam mit Katy, dem Kängeruh, Newt, dem Gnu, und Elmo, dem Elefanten, trommelt er für »Kellogs Frosted Flakes«. Gezeichnet hat die Tierfiguren der Illustrator Don Tennant von der Agentur Leo Burnett in Chicago. Dieselbe Agentur, die zwei Jahre später dem →Marlboro-Cowboy aufs Pferd half. Auch mit Tony's Karriere ging es schnell bergauf. Nach einem Jahr wurde er zum alleinigen Werbeträger der Frosted Flakes (Frosties) befördert.

Im Gegensatz zu seiner Persönlichkeit hat sich Tony's Aussehen stark verändert. Anfangs lief er wie jeder gewöhnliche Feld-, Wald- und Wiesentiger auf allen vieren herum, erlernte aber noch in den 50ern das aufrechte Stehen. Auch am Outfit wurde gestrickt: Aus dem anfänglich kunterbunten Halstuch wurde ein roter Designer-Schal, signiert mit »Tony«. Seine Augenfarbe hat sich von einem dunklen Grün in Goldfarben verwandelt, seine Vorderpfoten benutzt er mittlerweile wie Hände.

Von der anfänglichen Schachtelgröße ist Tony auf stattliche 1,90 Meter Größe gewachsen, im Laufe der Jahre wurde er immer menschlicher. So bekam Tony eine Tiger-Familie an die Seite gestellt. Bereits 1952 wurde in unbefleckter Empfängnis Tony Jr. geboren. Mutter Mrs. Tony erblickte 20 Jahre später das Licht der Welt, Tochter Antoinette kam 1974 hinzu. Alle Familienmitglieder starben Mitte der 70er Jahre den Werbetod. Tony überlebte.

Toyota-Affen
Die Werbestars der Neunziger

Die Toyota-Affen waren die Werbestars der Neunziger. Wenn sie ihr Großmaul rundeten und schauerlich schön »Nichts ist unmöööglich ... Toyoooota« intonierten, waren die Fans begeistert. Tausende von Zuschauern riefen nach den Spots bei der Autofirma an und erkundigten sich nach den nächsten Sendeterminen. Stammtische nahmen die Werbefilme zum Anlaß für feuchtfröhliche Wetten, Fahrschulen setzten sie als Video-Clips während des Unterrichts ein. Neben den Affen entwickelte sich auch das Erdhörnchen zum Publikumsliebling. Sein Ausruf »Hey Gottfried« wurde bei Jugendlichen schnell zum geflügelten Wort. Die Story des legendären Spots:

Aufregung im Urwald. Die Tierwelt beäugt den neuen Toyota Corolla Compact. Während das Erdhörnchen mit Kennermiene auf die Vorzüge des Seitenaufprallschutzes hinweist und ein Nashornpärchen – ohne Seitenaufprallschutz – ins Straucheln gerät, preist das Auto seinen sparsamen 16-Ventil-Motor. Schließlich schmettert das musikalische Affen-Duo den allseits geläufigen Toyota-Slogan von der Möglichkeit des Unmöglichen.

Im Spot für den Corolla Liftback hatte ein Frosch einen lapidaren Kommentar zum Thema Airbag: »Hab ich auch«, und zeigte stolz seine aufgeblähten Pausbacken. Ein Kakadu hob die Ausstattung hervor: »Auch mit Airbag, Airbag!«
    Die Kampagne räumte Kreativ-Preise in Serie ab. Unter anderem eine »Goldene Europa« vom Saarländischen Rundfunk,

den »Edgar in Gold« der Zeitschrift *TV-Spielfilm*, eine »Goldene Kamera« der *Hörzu*, das »Sieger-Megaphon« vom Jahrbuch der Werbung und Edelmetall vom Art Directors Club.

Angefangen hatte das tierische Treiben im August 1992. Als Toyota ein neues Modell auf den Markt brachte, kam die Düsseldorfer Agentur Baums, Mang, Zimmermann auf den Löwen – genauer gesagt auf ein Löwenbaby: »Der neue Corolla hat vieles, was nur große Tiere haben«, so der Slogan zur Anzeigenkampagne. Der Gedanke war geboren, mit Bildern und Vergleichen aus der Tierwelt die Vorzüge des Autos anzupreisen. Blieb noch die Frage, wie man die Tiere in den TV-Spots unterbringt.

Da erinnerte sich der Creativ-Director der Agentur, Thomas Wulfes, an einen Familienurlaub auf den französischen Antillen. Beim Zappen durch das Fernsehprogramm hatten die Sprößlinge eine Tierserie entdeckt, die sie sogleich zu ihrer Lieblingssendung erkoren: »La vie privée des animaux« – Das Privatleben der Tiere. Eine Folge von dokumentarischen Tierfilmen, witzig geschnitten und mit Ton unterlegt, in der in bester Slapstick-Manier die Tiere wild drauflos diskutierten. Dort plauderten Giraffen mit Zebras, Krokodile mit Nilpferden, und ein Papagei gab Volksweisheiten zum besten – in französischer Sprache, versteht sich. Der Nachwuchs ruhte nicht eher, bis sie auch die Eltern vor die Mattscheibe gezerrt hatten.

Wulfes besorgte sich ein Kaufvideo der Serie und schnitt daraus einen Probefilm für Toyota zusammen. Dort war man sofort von der Idee begeistert. Wulfes setzte sich mit dem Macher der TV-Serie, Patrick Bouchitey, in Verbindung. Bouchitey kramte aus seinem Archiv geeignete Aufnahmen heraus, und bei Deutschlands größter Werbefilm-Produktionsfirma, der Markenfilm in Wedel bei Hamburg, wurden die ersten Toyota-Spots produziert; Regie führten Patrick Bouchitey und Ray Cook. Die Tierszenen unterlegte man mit Synchrontext und mixte dieses Material mit Aufnahmen von dem neuen Corolla. Zig Stunden Archivmaterial wurden gesichtet, bis Tieraufnahmen, Autobilder und Ton harmonierten. Mit der Herstellung der Spots waren rund 40 Fachleute zwei Monate lang beschäftigt. Die Kosten pro Film lagen zwischen 200.000 und 400.000 DM. Preise, die eher zur unteren Kategorie bei TV-Spots gehören.

Der berühmte Slogan »Nichts ist unmöglich« entstand allerdings nicht parallel zu den Tierspots. 1992 war er bereits 7 Jahre in Gebrauch und sollte »japanischen Unternehmensgeist« zum Ausdruck bringen. Die erste Version lautete »Alles ist möglich«, bevor man auf die prägnantere Formel umschwenkte. Die Spots mit den Affen liefen bis 1995, Nachfolger war der RTL-Samstag-Nacht-Komiker Wigald Boning.

Uncle Ben
Reisonkel

Die Firma Converted Rice Inc. hatte im Zweiten Weltkrieg die amerikanische Army mit Reis versorgt und damit gute Geschäfte gemacht. Nach Kriegsende und dem Verlust dieser Abnehmerschaft sollte dann auch der amerikanische Normalverbraucher auf den Reisgeschmack gebracht werden. Während eines Abendessens in seinem Lieblingsrestaurant entwickelte Mr. Harwell, Präsident der Gesellschaft, die Idee, seinen Reis Uncle Ben's und die Firma »Uncle Ben's Converted Brand Rice« zu nennen. Er erinnerte sich dabei an einen einige Jahre zuvor verstorbenen schwarzen Reisbauern, der unter dem Spitznamen Uncle Ben eine lokale Berühmtheit war. Uncle Ben lebte in der Nähe von Houston und war für seine exzellente Reisqualität in der ganzen Gegend bekannt. Andere Reisbauern wiesen stolz darauf hin, daß ihr Reis »so gut wie der von Uncle Ben« sei. Der Maitre des Restaurants, Frank Brown, stellte sich als Uncle Ben für das Porträtfoto zur Verfügung und ziert seitdem Millionen von Reispackungen.

Heute wird Uncle Ben's Reis in über 100 Ländern weltweit vertrieben.

Vielfliegerin von Drei Wetter Taft
Die fliegende Fön-Frisur

»Hamburg, 8 Uhr 30, wieder mal Regen. Perfekter Halt fürs Haar – Drei Wetter Taft. Zwischenstopp München, es ist ziemlich windig. Perfekter Sitz – Drei Wetter Taft. Weiterflug nach Rom, die Sonne brennt. Perfekter Schutz – Drei Wetter Taft.«

Ihre Coloration ist in Gefahr! Die natürlichen Feinde der Lockenpracht sind Wind, Sonne und Regen. Und zu Deutschlands wenn schon nicht beliebtesten, so doch bekanntesten Reklamegestalten gehört die Vielfliegerin von Drei Wetter Taft. Stets steigt sie wie frisch gefönt aus dem Flieger, wobei sie sich bevorzugt auf der bei allen Fön-Frisuren-Trägerinnen berüchtigten Strecke von Hambug via London nach New York herumtreibt.

Der erste Spot der »Concorde-Story« flimmerte 1988 über den Bildschirm, ersonnen in der Kreativ-Schmiede von Team/ BBDO. Die hatten Wind, Sonne und Regen als natürlichen Feind der Lockenpracht und Drei Wetter Taft als Halt und Hilfe bei allen Frisurproblemen ausgemacht. Anfangs repräsentierten drei verschiedene Frauen die unterschiedlichen Wetterphasen, später mußte eine einzige Frisur dem Klimawechsel standhalten. Das Gesicht und die Frisur der Darstellerin Tammy Hopkins – die 8 Jahre den Blondschopf in den Wind hielt – war den Bundesbürgern jahrelang so vertraut wie das Lächeln von Kaffeetante →Karin Sommer, wenn sie vor der Verwandtschaft drohend das Verwöhnaroma pries. Entdeckt wurde es im Katalog einer Model-Agentur.

Seit November 96 fliegt eine neue Dame für Drei Wetter Taft. Wie Tammy Hopkins ist sie blond, wetterfest und auf der bekannten Route unterwegs. Sie heißt Shawn Huff, eine Kalifornierin, das Gesicht stammt aus der Kartei der Agentur Commercial Performers Cooperation. Für wettertauglich haben es die Werber von TBWA befunden.

Villariba und Villabajo
Der Spülwettstreit

Zu einer bis dahin unbekannten Disziplin luden die Werber im Herbst 1992 ein: Wettputzen der beiden spanischen Dörfer Villariba und Villabajo. Während Villariba noch mit dem falschen Spülmittel die riesige Paellapfanne schrubbt, feiert Villabajo bereits: Sie hatten Fairy Ultra benutzt. Der Spot nannte sich »Paella«, wurde erstmals während der Olympischen Spiele in Barcelona gesendet und machte die beiden Dörfer sogleich zum Kult. Fans pilgerten in die Reisebüros, um Trips nach Villariba und Villabajo zu buchen. Die Damen am Schalter konnten aber nur mit den Schultern zucken, es handelte sich natürlich um reine Phantasieorte, ersonnen von der Agentur Grey aus Düsseldorf.

Aus Villariba und Villabajo wurden ein knappes Jahr später die bayrischen Flecken Altkirch und Neukirch, die schon immer um das größte und schönste Haxenfest rivalisierten. Wie wir erfuhren. Statt Paellapfannen rückten fettverkrustete Pfannen mit knusprigen Schweinshaxen ins Bild. Neukirch machte dank Fairy Ultra das Rennen und durfte schon feiern, während Altkirch mit dem falschen Spülmittel am Schrubber noch bis in die Nacht beschäftigt war. Den Zuschauern gefiel's. Fairy Ultra schloß bei einem Marktanteil von 15 Prozent zu den Spitzenreitern Pril und Palmolive auf.

Waschbär Felix
Der sozialistische Reklameheld

Waschbär Felix war das wohl bekannteste (gezeichnete) Reklametier der ehemaligen DDR. Es warb von 1957 bis 1990 im sozialistischen und nichtsozialistischen Ausland für die Textilwaren der (Außen-)Handelsgesellschaft Textil Comerz. Und obwohl ihm eine Rolle als Verkaufsförderer im Export zugewiesen, er also nicht auf heimischen sozialistischen Bildschirmen zu bewundern war, fand Waschbär Felix mit seinen drolligen Kugelaugen und dem buschigen, helldunkel geringelten Schwanz schnell viele große und kleine Freunde im Land.

Auf illustrierten Anzeigen, Einladungskarten, Kalendern und Angebotskatalogen erzählte Felix immer neue Geschichten. Da wurden Dramen der Weltliteratur, wie Romeo und Julia, für schnöden Kommerz ebenso ausgeschlachtet wie Grimms Märchen. Natürlich saß Felix auch im Trabbi, wurde in Meißner Porzellan gebrannt, auf Malimo-Tücher gedruckt und im Skatblatt variiert.

Gezeichnet wurde Felix von den Grafikerinnen Helga Barsch und Hilde Brehm. Sie entwickelten einen lustigen Kleinbären mit weißem Gesicht und spitzer Schnauze. Als Arbeitstitel erhielt der Zögling erst einmal den Namen »Otto« und nach längerem Wortspiel mit dem Begriff »Textil« seinen endgültigen Namen. In der Hoffnung, er möge so populär werden wie »Felix, der Kater«.

Waschmaschinen-Fachmann
Die Seifenschlacht

»Na, Sie Ärmste haben wohl wieder große Wäsche« – war eine beliebte Begrüßung unter Hausfrauen in den fünfzigern Jahren. Aber frische Wäsche macht Freude, und unter den nicht alltäglichen Geschichten, die die Werbung erzählt, ist die Waschmittel-Reklame seit jeher ein Glanzlicht bundesdeutscher Fernsehunterhaltung. Um dem Konsumenten den rechten Weg zu weisen, türmten sich schon damals die Schaumberge in der Seifenschlacht. Für außergewöhnlichen Wascherfolg standen unter anderem:

Der Waschmaschinen-Fachmann von dixan (Henkel) sagte stets nur: »... und jetzt nehmen Sie dixan! Der gebremste Schaum ist das besondere Kennzeichen dieses Spezialwaschmittels. (...) Mit dixan gibt's kein Überschäumen mehr, denn dixan wäscht schaumgebremst (...) Ja, Ihre Waschmaschine und dixan gehören zusammen.«

Die **Wipp-Wäscherin** (von Henkel) wurde nicht müde, dem Gatten tiefe Zuneigung zu versichern, indem sie ihm ausgiebig schilderte, wie perfekt und tüchtig sie in allen Arbeiten sei: »Für Dich wasch ich perfekt!« Und präsentierte dem beeindruckten Vati stolz ihre weißen Laken: »Ja, und darauf bin ich stolz!«

Für Pre (ebenfalls Henkel) stand die **Pre-Frau**: »Ein Lob für die fleißige Hausfrau, ein Lob für ihre Pre-frische Wäsche.« Diese ebenso große wie schöne Aufgabe löste sie strahlend:

»Hier strahlt alles: Mutti strahlt, Helga strahlt und nicht zuletzt – die saubere Wäsche. Mit Pre zu waschen – das macht Freude.«

Marktführer Persil, mit dem »schneeweißen Persil-Schaum«, hielt ebenfalls mit in dem Dämmerstunden-Potpourri all der winzigen Seifen-Opern-Arien und Weißwäscher-Mirakel. Eine Persil-Frau: »Wenn Sie Persil verlangen – gelten Sie gleich als gute Hausfrau. Jeder weiß: Sie waschen nicht nur ... Sie pflegen Ihre Wäsche!«
Auch der Gatte war begeistert – hatte er doch seine Ruhe: »Ich merke gar nicht, wenn meine Frau wäscht! Sie teilt sich die Arbeit ein – den großen ungemütlichen Waschtag gibt es nicht. Aber unsere Wäsche ... die reinste Pracht. So sauber und so weich! Da ist nichts verfärbt!« Sie sagt: »Das liegt nur an Persil – jede gute Hausfrau weiß das!«

Eine weitere Persil-Dame im Kino-Spot: »Oh, da sind Sie ja schon. Ich weiß, Sie warten auf den Hauptfilm. Soll übrigens recht gut sein. Na, ich will Sie auch gar nicht lange stören. Ich bin nämlich dabei, meine Wäsche einzuräumen, und die muß ich Ihnen mal schnell zeigen. Wie wunderbar – Persil-gepflegt. Aber – was sage ich Ihnen da, das wissen Sie ja, Sie waschen ja auch mit Persil. – Oder? Oder sollten hier wirklich Frauen sein, die noch nicht mit Persil waschen? Also, nun hören Sie mal! Wenn hier tatsächlich noch Frauen sein sollten, die nicht mit Persil waschen – tja, dann versuchen Sie mal das andere Persil. Persil D! Sie wissen ja, es gibt Persil und Persil D! (...) Sehen Sie, das war's schon, was ich Ihnen sagen wollte. Und nun der Hauptfilm – den sehe ich mir natürlich auch an. Auf Wiedersehen, die Damen – und natürlich die Herren auch.«

Weiße Persil-Dame
Persils berühmteste Werbefigur

1907 waren die Zeiten von Waschrumpel, Scheuerbrett und Bürste endgültig vorbei. Am 6. Juni kündigte eine geheimnisvolle Anzeige in der *Düsseldorfer Zeitung* an: »In allernächster Zeit kommt das neue Waschmittel Persil auf den Markt, mit dem man durch einmaliges Kochen, ohne Mühe, ohne Reiben, blendend weiße Wäsche erzielt.« Jahrhundertelang war Wäschewaschen körperliche Schwerstarbeit gewesen, die Stunden, ja Tage dauern konnte. Der durch den Bleichstoff Perborat fein aufperlende Sauerstoff in Persil übernahm erstmals diese anstrengenden Arbeiten. Der Erfolg übertraf alle Erwartungen: 1 Million Mark investierte Fritz Henkel 1908 in die Werbung. Im ersten Jahr produzierte er 660 Tonnen Persil, im zweiten Jahr bereits 4.700 Tonnen, und 1915 gingen 32.446 Tonnen Persil über die Ladentische.

Wie bei jedem Waschmittel war auch bei Persil Weiß von Beginn an der Mittelpunkt der Reklame. Zuerst spukte ein weißes Schloßgespenst umher, das sein weißes Laken Persil verdankte. Später zog eine mollige Waschfrau ein mit Persil weiß gewordenes Tuch aus einem Waschbottich. 1922 erschuf dann der Berliner Künstler Kurt Heiligenstaedt die berühmteste Persil-Werbefigur, die Weiße Dame. Bis in die sechziger Jahre hinein lächelte sie strahlend weiß von Plakaten, Blechschildern, Hausgiebeln oder den Normaluhren im Stadtzentrum, dem beliebten Treffpunkt verliebter Paare.

Heiligenstaedt, ein bekannter Karikaturist und Mitarbeiter der Zeitschrift *Simplicissimus*, erhielt von der Glogauer Firma Fleming & Wiskott den Auftrag, ein Persil-Plakat zu gestalten. Mit seiner Freundin Erna Muchow ging Heiligenstaedt in ein Modehaus am Alexanderplatz und erstand ein weißes Kleid von der Stange. Mit einem Florentiner-Hut auf dem Kopf und einem Persil-Päckchen in der Hand stand die 18jährige Siemens-Arbeiterin dem Maler Modell. Die Weiße Dame war geboren.

Im Laufe der Jahre machte die Weiße Dame Mode und Zeitgeist mit. Mal war sie blond, mal braun, mal zart und zerbrechlich, mal robust und kräftig. 1925 war sie Mutter von weißgekleideten Zwillingen. Und als 1950 – Persil kam nach 12jähriger kriegsbedingter Pause wieder in die Regale – in Düsseldorf 15 Normaluhren aufgestellt werden, lächelte eine nicht mehr geheimnisvolle, sondern aktive, energische junge Frau von der Plakatfläche.

Erst zu Beginn der sechziger Jahre kam die mittlerweile vierzigjährige Persil-Dame langsam in die Wechseljahre. Das Unilever-Waschmittel Sunil ließ damals den Marktanteil erstmals unter 20 Prozent sinken, und mit der Einführung des neuen »Persil 59« (»Das beste Persil, das es je gab«) verschwand sie langsam von den Plakatwänden. Zu besonderen Anlässen, wie zum Beispiel dem 90jährigen Persil-Jubiläum 1997, wird sie jedoch immer wieder frisch geliftet aus den Archiven geholt.

Werbefiguren haben bei Persil eine lange Tradition. 1908 flanierten erstmals weiß gekleidete Männer mit weißen Persil-Sonnenschirmen durch belebte Geschäftsstraßen. Das war so ungewöhnlich für die damalige Zeit, daß sogar die Zeitungen darüber berichteten: »Wir nehmen von dieser Reklame Notiz, einmal weil sie originell ist, und zum anderen, weil unsere Hausfrauen sich gewiß für das Waschmittel interessieren werden.«

Als am 1. September 1916 die Produktion kriegsbedingt eingestellt wurde, kam ein qualitativ minderwertiges »Kriegs-Persil« auf den Markt. 1920 erschien dann ein »Inflations-Persil«, von dem auf dem Höhepunkt der Inflation ein 250-Gramm-Paket 1.250 Milliarden Mark kostete. Ein **Persil-Teufel** versprach der Hausfrau die Ersparnis von Kohle, Arbeit, Zeit und Geld. In den 20er Jahren prägten die **Persil-Werberinnen** die Werbung. 700 junge Damen, die quer durchs Land reisten und die Hausfrauen über Waschmethoden und Waschmittel aufklärten. Von der Bevölkerung wurden sie spöttisch Wanderlehrerinnen getauft. Unterstützt wurden sie von einem Pappaufsteller, dem **Persil-Professor**. 1928 wurden die ersten »Persil-Schulen« – volkstümlich »Schule der Weißheit« genannt – in Berlin eröffnet. Es folgten Frankfurt 1933, Hamburg 1935 und München 1956. In den Persil-Schulen lernten Hausfrauen nicht nur Wäsche waschen, sondern vom Kochen bis zum Strümpfestopfen alles über den perfekten Haushalt.

Weisser Riese
Der freundliche Helfer der Hausfrau

Die sechziger Jahre. Was dem Vater seine Black & Decker, war der Mutter ihr Waschmittel. Als Dutschke und Genossen die Republik erschütterten, setzte die Werbung auf Waschzwang. Unvergessen bleiben bis heute die Triumphe des Weissen Riesen, die Feste der strahlenden Bleiche, die Putz- und Scheuerorgien einer Zeit, als Waschmittel noch in 15-Kilo-Eimern verkauft wurde. Während der promiskuitive Kommunarde sich in schmuddeligen Laken lümmelte, füllte der Weisse Riese die Wäscheleinen quer durch die Republik mit strahlender Weißwäsche. Der Rumpf in Form einer Waschmittelpackung, auf dem blütenweißen Kopf eine goldene Krone, so marschierte er in den Sechzigern energisch in deutsche Haushalte ein.

Eine Verbraucherbefragung des Persil-Herstellers Henkel hatte 1965 die erstaunliche Tatsache zu Tage gefördert, daß 83 % der Frauen vor allem ein strahlendes Weiß von ihrem Waschmittel verlangen. Um dieses strahlende Weiß tief im Bewußtsein der Waschfrauen zu verankern, hatten die Seifensieder sich schon damals einiges einfallen lassen. Jedes Waschmittel, das etwas auf sich hielt, hatte irgendeine Art von weißem Lebewesen. Da gab es einen **Weissen Waschbären** (Henkel), einen **Weissen Schornsteinfeger** (Omo), einen **Weissen Dash-Mann** (Dash), einen **Weißen Ritter** (Colgate-Palmolive) und einen **Weißen Bergmann** (Omo).

Die Aufzählung ist zwar repräsentativ, aber bei weitem nicht vollständig.

Da konnte Henkel natürlich nicht zurückstehen. Und wer kann Riesenwaschkraft besser symbolisieren als ein Riese, ein sympathischer, starker und hilfsbereiter Freund der Hausfrau? Ein »Weisser Riese« eben: Der neue Verkaufshelfer wurde in der Stunde einer US-amerikanischen Attacke durch den »Weißen Ritter« von Colgate geboren und mit einer kräftigen, Rübezahl-gutmütigen Seele behaucht. Sein voller Name: »Sator Weisser Riese« – ein Riesen-Kobold, den man zu Hilfe rufen konnte, wenn anderen Waschmitteln die Puste ausging. Mit donnernden Tritten stampfte er den Grauschleier erbarmungslos in den Boden.

Auszubaden hatten es Henkels Vertreter. Die mußten auf ihrer Verkaufstour einen lebensgroßen Weissen Riesen aus Pappe mitschleppen. In die Werbefigur war ein Tonbandgerät eingebaut, das dem erfreuten Händler detailliert erklärte, daß von nun an »graues, stumpfes, müdes Weiß« der Vergangenheit angehöre. Zur Gesprächsauflockerung hatten die Männer vom Außendienst eine Flasche Rheinhessen-Wein, Marke WEISSER RIESEling sowie Naturalrabatt in Form von Zigaretten, Streichhölzern und Bleistiften dabei. Alles selbstredend im Riesenformat. Der Händler bekam im Gegenzug die Bitte mit auf den Weg, das neue Waschmittel zwischen die Konkurrenzprodukte Amba und Omo zu plazieren. Die Schlepperei zahlte sich aus, über 10 Prozent Marktanteil waren Ende 66 erreicht.

Auch die Zielgruppe definierten die Marktforscher Kotelmann und Mikos. Die »Hausfrau Land«: »Eine sehr gefestigte Identität, die mit beiden Beinen auf dem Boden steht. Ihr Selbstverständnis wird in erster Linie vom Haushalt und den darin bestehenden Problemen bestimmt, und die sichere Bewältigung dieser Hausarbeit verleiht dieser Frau Selbstbewußtsein.«

Von 1966 bis 1970 lief die Kampagne »Der freundliche Helfer«. Als die Marktanteile 1972 langsam, aber sicher zusammenschrumpften, war eine neue Werbeidee fällig. Und die war, wie nicht anders zu erwarten, wieder riesengroß: »Das größte Wäschestück der Welt«. Ein 600 qm großes Wäschestück wurde deutschlandweit an berüchtigten Schmutzecken eingesaut. Im Münchner Olympiastadion, auf einem Bauernhof oder einem Binnenfrachtschiff. War es richtig verdreckt, wurde das »Riesenschnupftuch« (ein *Spiegel*-Kritiker) in einem Riesenswimmingpool gründlich vor- und hauptgewaschen. Anschließend wurde das nun wieder strahlend weiße Tuch von einem Hubschrauber aus der »phosphathaltigen Brühe« (der Mann vom *Spiegel*) gezogen und am Fernsehturm zum Trocknen aufgehängt. Die Umweltschutzorganisationen schrien zwar Zeter und Mordio, aber den Hausfrauen gefiel's. Die Marktanteile schnellten wieder nach oben.

1976 wurde aus dem Wäschelaken eine Wäscheleine. Eine 250 Meter lange Leine, vollbehängt mit porentief reiner Koch- und Weißwäsche, die trefflich die riesigen Mengen symbolisierte, die man dank des Weissen Riesen in der Waschtrommel unterbekam. Titel: »Die lange Wäscheleine«. Drei Jahre später wurde man umweltbewußter, von 1979 bis 1988 hieß die Kampagne »Die lange Wäscheleine im Grünen«. In der Umgebung von saftig-grünen Wiesen, in der sogenannten »grünen Phase«, sollte natürlich weiterhin die Ergiebigkeit im Vordergrund stehen, insbesondere aber die »von der modernen Hausfrau geforderte Frische« (der Wäsche) angesprochen werden.

Es folgte eine kurze Phase des Entzugs. In der »Kraft und Dynamik«-Kampagne 1988 bis 1992 wurde die Präsenz des Weissen Riesen zurückgefahren. Seit 1992 hing dann wieder »Die lange Wäscheleine im Grünen« und heute – den Megaperls sei es gedankt – lautet der Leitspruch: »Der starke Freund gegen starke Flecken«.

West-Trucker
Der größte Werbeflop der Nachkriegsgeschichte

Der Zigarettenmarkt steckt voller Rätsel und Risiken. Bis heute wissen die Zigaretten-Manager nicht, wann und weshalb eine Marke beim Publikum ankommt und wann nicht. In kaum einem anderen Industriezweig investieren Firmen soviel Geld und Geist in die Erkundung von Verbraucherwünschen wie an Deutschlands Nikotin- und Teerfront. Und dennoch müssen die Zigarettenfabrikanten mehr Niederlagen einstecken als andere Markenartikler – von 100 Zigarettennovitäten setzen sich höchstens fünf am Automaten durch.

Vor den Tücken des Marktes mußten selbst so gestandene Mannsbilder wie der sogenannte West-Trucker kapitulieren, der in den Achtzigern den wohl größten Werbeflop der Nachkriegsgeschichte hinlegte.

Der Cowboy der Landstraße sollte den mit Wild-West-Appeal zu Verkaufserfolgen gekommenen Cowboy von Marlboro vom hohen Roß holen. Reemtsma lancierte 1980 die West als »Marke der Lastwagenfahrer«. Die Idee: Cowboys und Trucker sind fast identisch. Das Pferd ist der Truck, die Prärie ist die Autobahn, und die Ladung Goldnuggets ist ein Auflieger voll mit Schweinehälften. Der Marlboro (14 Prozent Marktanteil) und der Camel (7 Prozent), so der Plan, sollten ein paar Punkte abgenommen und junge Neu-Raucher gleich auf den West-Trip gebracht werden.

Im Testmarkt Frankfurt hatte alles noch vielversprechend begonnen. Die West ereichte die 1-Prozent-Grenze, die in der Branche als Erfolgsnachweis angesehen wird, auch ein anschließender Test bei der Landbevölkerung verlief positiv.

Zwei Jahre hatte die New Yorker Dependance der Agentur GGK an dem Konzept zur Neueinführung gebastelt, und mit einem beispiellosen Reklamerummel wurde der Hoffnungsträger in die Automaten geschoben. Reemtsmas Verkaufsplaner waren von ihrem Vorhaben so begeistert, daß sie die Warnungen überhörten. War doch die Trucker-Kampagne zuvor von einer anderen deutschen Zigarettenfirma als »zu amerikanisch« abgelehnt worden. Reemtsma vertraute eigenen Marktuntersuchungen und klotzte kräftig ran: 60 Millionen Mark allein 1981 brachten den West-Trucker auf Touren – die aufwendigste Kampagne, die je in Deutschland gestartet wurde.

Das Leitbild, der entschlossen dreinblickende Fernfahrer, beherrschte die Litfaßsäulen und Plakatwände der Bundesrepublik wie einst →HB-Männchen Bruno die Bildschirme. Ein »Westman«-Walkman wurde mit der Country-Kassette »On The Road Again« angedient, und wer erriet, warum die West »eine so erfolgreiche Zigarette ist«, konnte 100.000 Dollar gewinnen. Die Verkäufe waren weniger erfolgreich. Gerade mal 800 Millionen Zigaretten im Monat wurden abgesetzt (entsprach 0,7 % Marktanteil).

Die Zigaretten-Strategen übersahen die Feinheiten der Marktforschung, der amerikanische Trucker-Mythos zog in deutschen Landen nicht. Lastwagenfahrer gelten bei uns nicht als Helden der Landstraße, sondern als arme Kerle. Schlechte Bezahlung, Knochenarbeit, Einsamkeit. Die verklärte Freiheit der Asphalt-Prärie ging knallhart am deutschen Raucher vorbei. Das Ende der Träume: Bei Reemtsma rollten die Köpfe, Trucker und Agentur wurden gefeuert.

West-Zigarettentester
Ibiza – Pauschaltouristen und Pantoffelhelden

»Wer seine Informationen nur aus den Werbeblöcken bezieht, könnte meinen, daß die Fluchtbewegung aus der DDR durch eine 1987 gestartete großangelegte Zigaretten-Kampagne ausgelöst wurde: Test the West!«, schrieb 1995 eine bekannte Frauenzeitschrift.

Nach dem Mega-Flop des →West-Truckers gelang es Reemtsma 1987 doch noch, ihren Glimmstengel hinter der Marlboro auf Platz 2 der Zigaretten-Charts zu hieven. Keine einsamen Brummi-Kapitäne schluckten länger den Staub der Landstraßen, sondern durchgeknallte Typen machten den West-Test. Sogar Marlboro-Raucher wurden regelmäßig zum Fremdgehen verführt.

In Anzeigen und Spots sah das so aus: »Dicki« will gerade seine streng um den Bauch liegende Gummi-Schwimmente ins Wasser führen. Auf dem Weg dorthin bekommt das altgewordene Kind eine West angeboten. »Baby«, ein blondes Gift mit blau-violett konturierten Lippen, bekommt ihren Glimmstengel mitten im Stoßverkehr von Los Angeles kredenzt. Genau wie »Mimi«, eine steptanztrainierte 86jährige Dame im mondänen Abendkleid mit Nerz, die eine faustgroße rosa Kaugummiblase platzen läßt.

»Gazelle«, eine Dicke in geblümten Florida-Outfit, kommt ebenso in den Genuß einer Probeverköstigung wie ein übergewichtiger Elvis-Imitator, ein grünhäutiger Außerirdischer, ein russischer General oder ein durchgeknallter Transvestit.

Ein Motiv mit einer peitschenschwingenden Domina war zwar geplant, wurde aber nach gutem Zureden des Werberats wieder abgesetzt, da man dem vorprogrammierten Ärger mit »emanzipatorisch orientierten Frauengruppen« aus dem Weg gehen wollte. Die einzigen, die in der West-Werbung normal waren, waren diejenigen, die den Exzentrikern die West anboten.

Die Idee zu der abgedrehten Kampagne stammt von der Agentur Scholz & Friends. Die definierte die Kippe als Zigarette, die es ermöglichte, »gesellschaftliche Grenzen zu überwinden«. Indem der West-Anbieter auf eine schrille Person zugeht, zeigt er laut Marketingstrategie, stellvertretend für die Konsumenten, das Selbstbewußtsein und den Mut, die eigenen Normen zu überschreiten. Die Zigarette ist dabei das Mittel zum Dialog. Die Botschaft: »Mit der West kannst du mal eben aus dem Alltag aussteigen, ohne den sozial akzeptierten Bereich zu verlassen.« Schon praktisch.

Der wagemutige Grenzüberschreiter und typische West-Raucher hieß in der (internen) Zielgruppen-Definition Dieter, malochte als Druckerlehrling, fuhr einen gebrauchten Opel-Kadett, war Ibiza-Pauschaltourist und ansonsten ein Pantoffelheld. Das Konzept ging auf, Dieter gefiel sein neues Image. Er schlüpfte in seine Filzlatschen, schlurfte brav zum Kippenautomaten und zog fleißig West.

Die Test-Kampagne machte die Zigarette, bei 10 Prozent Marktanteilen, zur Nummer zwei in den Top ten, gleich hinter der Marlboro. Am besten kam die Kampagne natürlich bei jüngeren Menschen an. Wie die Agentur berichtete, wußten die das Schrille an den vorgestellten Typen am besten zu schätzen, und der Griff zur West wurde ihnen zum Akt des Lifestyles. Wie auch häufige Anfragen belegten, ob es die Plakat-Motive als Poster gebe.

Die Fotoproduktionen fanden nicht von ungefähr in Los Angeles statt. Neben dem chronisch guten Wetter bot die Stadt ein Überangebot an skurrilen Typen, die bei mehr als 40 Agenturen zu buchen waren. Und die Stadt mit ihren überdimensionalen Leuchtschriften und jeder Menge Action auf den Straßen war die ideale Hintergrundkulisse für das propagierte West-Lebensgefühl. Der Spot mit der 86jährigen Mimi wurde zum Hit des Werbefilm-Festivals 1989 in Cannes. Obwohl alle Experten vorher gewarnt hatten, daß diese »Moorleiche« so aussehe, »als würde sie gleich in die Kiste springen«.

Zoff gab es mit dem Bildnis eines Exhibitionisten, der nur einen Straßenmantel über einem abgeschnittenem Hemd trug. Die pikante Stelle wurde zwar vorsorglich mit »Zensiert« beklebt, trotzdem bekam die Agentur massig Beschwerdebriefe, in denen sie als gewissenlose Schweine, als Werbesäue, die sich auf Kosten anderer auf die Schenkel klopfen, beschimpft wurde. Mütter setzten die Staatsanwaltschaft unter Druck und den Werberat in Gang. Der rügte dann auch das Motiv als geschmacklos und abstoßend. Was wohl ganz im Sinne des West-Exhibitionisten war, der mochte seine Rolle nämlich nie und schreibt in der Freizeit mit Vorliebe Gedichte.

Es sollte nicht der einzige Ärger bleiben. Beim »Schwulen-Motiv« wurden die Lesben rabiat. Das Motiv »Ordensschwester« war Hauptthema einer Sitzung der Schwesternverbände, und wegen der Lockenwickler auf einem Hausfrauenkopf gingen gleich mehrere Gruppen feministischer Frontkämpferinnen auf die Barrikaden.

Probleme gab's auch einmal mehr im Freistaat. Die nackte Brust der Revuetänzerin Suzanne Givens auf einem West-Plakat erregte die Münchner Stadtwerke. Die Verkehrsbetriebe wollten das Poster nicht auf anständigen münchnerischen Bahnhöfen sehen und untersagten die Klebeaktion. In der Begründung hieß es, das Poster verstoße gegen Sitte und Moral. Schließlich gab man sich aber doch noch münchnerisch-liberal, die obszönen Bilder durften in den Zwischengeschossen aufgehängt werden.

Der beliebteste West-Tester war »Dicki« mit der Gummiente. Der rosa Zwergpudel, mit dem Dicki im Spot »Rettungsschwimmer« auftrat, kostete 500 Dollar Miete am Tag. Die Hundelocken wurden mit rosa Lebensmittelfarbe getönt und frisch geföhnt, die Fußnägel rot lackiert. Dicki-Darsteller Sammy Lee machte neben seinem Job als Werbedarsteller in Süßigkeiten in der Automatenbranche. Die übergroße Gummiente, eine Spezialanfertigung, wurde ihm mit Pattex auf den Leib geschweißt. Weitere Motive waren: »Bo« (eine Karikatur von Hollywood-Sternchen Bo Derek), die »Kuchenlady« (die mollige Dame sollte vom Dickmacher Torte auf die schlanke Zigarette umsteigen), »Leoparden-Lilly«, »Al Pacino«, »Mr. Walkman« und »Old Rapper«. Zur Silvesterfeier 1990 gab es ein festliches Gruppenfoto mit allen West-Exzentrikern.

Selbst vor heiligen Theaterhallen machte Reemtsma nicht halt. 1992 wurde in den Hamburger Kammerspielen, vor der Aufführung des Stückes »Heimatlos« (Untertitel: »Wirtshausoper in einem Rausch«), ein Spot mit den West-Testern aufgeführt. Exakt 60 Sekunden lang setzten zwei Schauspieler ein von den Plakaten bekanntes Motiv in Szene, in der ein junger Mann versucht, einem Außerirdischen die Erden-Zigarette schmackhaft zu machen. Das Leipziger Stadtmagazin *Kreuzer* startete 1991 die Kampagne »Kost the Ost!«. Die alternativen Ossis wollten die Marktchancen einheimischer Produkte ankurbeln. Inhalt: Eine freundliche Ossi-Frau bietet einem muffig-mißtrauischen Wessi eine Wurst im Brötchen an. Stadtmagazine in Dresden und Chemnitz schlossen sich an, und sogar das (Bonner) Bundeswirtschaftsministerium ließ die Förderungswürdigkeit der Idee prüfen. Ohne Erfolg.

Zigarrenmann
Ein Mann, der etwas gilt

Krisenstimmung herrschte in Deutschlands Zigarren- und Stumpen-Industrie zu Beginn der sechziger Jahre. Die Zahl der angestammten Zigarrenraucher in den Altersgruppen um 60 Jahre nahm naturgemäß schnell ab und führte zu einem fortschreitenden Konsumverfall. Bei den nachgewachsenen Jahrgängen der 40- bis 50jährigen sah es nicht besser aus. Sie waren durch den Geburtenrückgang während der Inflations- und Weltwirtschaftskrise, vor allem aber durch Kriegsverluste, stark dezimiert. Was die Branche in eine ernste Absatzkrise führte und einen Verlust von jährlich 410 Millionen Stück weniger verkaufter Zigarren bescherte. Der Branche war klar: Gelang es nicht, die Senior-Twens unter 30 Jahren für die Zigarre zu entflammen, mußte zwangsläufig der Absatz weiter zurückgehen. Zu diesem Zweck rafften sich Industrie und Handel zu einer Gemeinschaftswerbung zusammen.

In den Fünfzigern konnte der Slogan »Immer mit der Ruhe und 'ner guten Zigarre« zwar Literaturkritiker begeistern, dem Zigarren-Konsum half er nicht. Was vielleicht an den Argumenten für den Zigarren-Nebel lag: »Die Frau von heute macht keinen Hehl daraus, daß sie den Rauch der Zigarre als etwas betont Männliches zu schätzen weiß.« Besonders in der frischen Wäsche wahrscheinlich. Auch die Vorbildfunktion von Bundeswirtschaftsminister Ludwig Erhard, der als Zigarrenfreund bekannt war und dem das Verbandsorgan 1956 bescheinigte, daß er bisher mindestens so viele Zigarren geraucht habe wie Winston Churchill (153.000 Stück) konnte nichts bewegen. Die Raucher wanderten in Scharen zur Zigarette ab.

Erst 1964 keimte in der Branche wieder so etwas wie Hoffnung auf. Ein amerikanisches Forscherteam hatte unter der Führung von Luther L. Terry einen kausalen Zusammenhang zwischen Zigarettenrauchen und Lungenkrebs nachgewiesen. Die Bundesbürger beäugten plötzlich ihren Glimmstengel mißtrauisch, und selbst routinierte Lungenzugführer, die jahrein, jahraus dem Raucherhusten hartnäckig die Bronchien dargeboten hatten, waren nervös geworden. In Scharen zogen sie in die Fachläden, um sich Pfeifen zu kaufen oder in Zigarrenkisten zu stöbern. Denn, so hieß es im Terry-Report, Pfeifen- und Zigarren-Raucher leben länger.

Die Zunft witterte Morgenluft. Die neue Erkenntnis mußte, wenn die Zigarre nicht zu einer kuriosen Reminiszenz wie die Schnupftabaksprise oder der Kautabakpriem werden sollte, nachhaltig unter die Leute gebracht werden. Man heuerte die Agentur Team an, die durch Bilder zigarrenfroher Upper-Twens, dem ermunternden Spruch »Denn Zigarren raucht der Mann« und dem Zigarrenmann (»Der Mann mit der ruhigen, sicheren Hand«) die Branche aus der Absatzkrise herausführen wollte:

»Sind Sie ein geselliger Typ? ... dann sind Sie ein Zigarrenmann!
Ein schlankes Zigarillo finden viele Frauen besonders chic. Zigarillo – das ist Zug um Zug ein männlicher Genuß!

Rauche männlich, rauch Zigarillo!«
»Sind Sie was geworden? ... dann sind Sie ein Zigarrenmann!
Männer, die etwas gelten, rauchen gern Zigarre. Sie lieben das Aroma und den typischen Duft. Sie auch? Es paßt zu Ihnen ...
... denn Zigarren raucht der Mann!«

Das deutsche Zigarren-Institut Bad Godesberg unterstützte den Absatz mit einem Werbebrief: »Die Herren- und Damenmode ist um ein wertvolles Requisit reicher geworden. Hörte sie bislang am Halse auf, um erst beim Haaransatz wieder anzufangen, so hat sie diese Lücke zwischen Kinn und Augenbrauen nun geschlossen. Der Modetip für die kommende Saison: Man trägt Zigarre.«

Das Reklamefeuerwerk zündete nicht. Als die Kunde vom Terry-Report die Raucher erreichte, sank zwar der Zigaretten-Konsum um bis zu acht Prozent innerhalb weniger Tage (die Pfeifen-Fabrikanten bedankten sich mit einer 40prozentigen Preiserhöhung), und der Zigarrenverbrauch wuchs um 25 Prozent. Zwei Monate später – Lungenkrebs hin, Lungenkrebs her – hatte das Raucherkollektiv die Verluste der Kippe aber bereits wieder eingefahren und die statistische Schlappe getilgt. Bei den Zigarren wurde die rückläufige Konjunktur immerhin wertmäßig abgefangen. Der Zigarren-Verbrauch ging zwar weiterhin Jahr für Jahr zurück, aber zumindest wurden bessere (gleich teurere) Zigarren geraucht.

Register

Fette Ziffern verweisen auf einen eigenen Artikel, Nennungen auf den Folgeseiten sind dann nicht extra aufgeführt. Reale Personen sind unter dem Nachnamen sortiert, Werbefiguren nicht; also: Sommer, Elke; aber Karin Sommer.

ADO-Gardinen-Frau 17, **21**, 192
Afri-Cola-Nonnen **23**, 241
Almsick, Franziska von 183, 209
Amourette-Mädchen **27**
Anna (von Katja und Anna) **159**
Andy, der Schmutzkiller **29**
Angelo 18, **30**
Antoinette 267
Aral-Kanistermann **33**
Avon-Beraterin **34**
Axe-Mann **35**

Bac-Deo-Expertin Inge **38**
Bärenmarke-Bär 16, **40**, 101
Bananenexperte Juan **43**
Bausparfuchs **46**
Beckenbauer, Franz 166
Bello von Dual **48**
Berger, Senta 191
Bernhardiner Bruno **49**
Bertis Handymen **50**

Biobauer Hipp **51**
Bismarck 22
Blauband-Mädchen 246
Bohlen, Dieter 262
Boning, Wigald 270
Brem, Beppo 16, **238**
Brisk-Mann 212
Browne, Ethan 178
Brühl, Heidi 191
Butler Tommy **52**

Calgonit-Nachbarin 18, **54**
Camel-Kamel(e) 18, **56**
Camel-Mann 17, 56, 58, 60, **60**, 131
Campari-Paar 17, **66**
Care-Mann 17, **68**
Charly Pinguin 146
Chlorodont-Familie 88
City-Men 38
Clarin, Hans 47
Cliff-Klippenspringer 17, **71**
Coca-Cola-Eisbären **73**
Corinna 163
Corny-Mann 34
Crocker, Betty 194

Darmol-Männchen **74**
Dash-Reporter 16, 23, **75**
Dentagard-Biber **80**
Derrick 83, 88
Die bei DEA 18, **81**
Dietrich, Marlene 191
Diplona-Mann 213
Dogge Fido **84**
Dolores **85**
Don Pacco 43
Dotson, Matt 178
Dr. Best 17, 52, **89**, 205
Dr.-Oetker-Werberinnen 117
Dr. Propre 204

Elmu, der Elefant 267
Emmerich, Lothar 166
Erdal-Frosch **91**
Erfahrenen Hausfrauen, Die 119
Erfolgsmänner 213
Esso-Tiger 17, **93**

Falk, Peter 23
Familie Saubermann 228
Feiler, Herta 191
Feldbusch, Verona 18, **261**
Fernet-Branca-Vampire **97**
Fewa-Johanna **100**
Filtra-Mann 223
Flash 204
Flat Eric 18, **102**
Frank S. Thorn **103**

Frau Antje 17, **108**, 120
Frauengold-Frauen **110**
Frau Middelstädt **112**
Frau Mühsam **114**
Frau Noack 43
Frau Renate **115**
Froboes, Conny 191
Fünf unbestechliche Hausfrauen **118**
Fuji-color-Frosch 172
Fuji-Dicke **119**

Gammon-Mann 38
Gans Inge 172
Gard-Haarstudio **120**
Generalin, Die 17, **122**
Goethe 22
Gold-Dollar-Seemann **124**
Gummsky-Komplott **125**
Gunsch, Elmar 50

Haller, Helmut 166
Hattric-Mann 212
Hayworth, Rita 191
HB-Männchen 15, 16, 58, **128**, 138, 147 f., 205, 283
He-Man (Dynamic-Tension) **132**
Henne Berta **134**
Hepburn, Audrey 191
Herr Darboven **136**
Herr Kaiser 17, 136, **137**

Herr Ohnemichel **142**
Herr Unrentabel **143**
Hipp, Claus s. u. Biobauer Hipp
Hörzu-Mecki **145**, 190
Hopps, der Frosch 190
Hubert von Kaffee Swing 158
Huhn, das goldene Eier legt 135
Hush-Puppies 49
Hustinetten-Bär 129, **147**

Igelmann 190
Igor Gummsky 125 f.
Ikea-Elch **148**
IMI-Männer **150**

Johnnie Walker 15, **152**

Kamen, Nick 177
Käpt'n Iglo 17, **154**
Karin Sommer 15, 17, 21, 115, 136, **155**, 260, 272
Karlstadt, Liesl 238 f.
Kater Arthur 172
Katja (von Katja und Anna) **159**
Katy, das Kängeruh 267
Katze Minka 172
Kessler-Zwillinge 22
KKB-Zoo 47
Klementine 15, 17, 21, 55, 112, 138, 155, **160**

Knef, Hildegard 191
Knorr-Familie 17, **164**
Knorr-Fußballer **166**
Koch, Marianne s. u. ADO-Gardinen-Frau
Kohlenklau 143
Krawatten-Muffel 16, **167**
Kröte Unkerich 190
Krug, Manfred **263**
Kuh Hilde **171**
Kukident-Männer 113
Kulenkampff, Hans-Joachim 23, 162

Lenor-Gewissen 16, **174**
Lenor-Mann 18, **176**
Levis-501-Hintern **177**
Lila-Kuh 15, 40, 61, **179**
Loren, Sophia 190
Loriots Knollenmännchen 129
Lüpi **185**
Luigi Candidi 126
Lurchi 40, **187**
Lux-Filmstars **190**

Männer, denen wir Vertrauen schenken 213
Mäusepiep 190
Maggi-Kochstudio **193**
Mainzelmännchen 148, **195**
Malden, Karl 23

Mann, der Lincoln raucht 212
Mann, der sich auskennt 212
Marianne Berger 194
Marlboro-Cowboy 16, 56, 63, 131, 153, **197**, 267
Mastro Lindo 204
Meister Proper 15, 17, 122, **202**
Melitta-Mann 18, 135, **204**
men-Mann 213
Meteor-Raucher 223
Michelin-Männchen 15, **207**
Miele-Inspekteur 118
Milka-Alm-Öhi 184, **209**
Mister L. **211**
Mon-Chérie-Kirschexpertin **214**
Monroe, Marilyn 191
Monsieur Hennessy **216**
Mrs. Tony 267

Naddel 261 f.
Napoleon 22
Nena 215
Newt, der Gnu 267
Nivea-Jungen **220**
North-State-Mann **222**

Obstgarten-Deckenkracher **224**
Ohrner, Thomas 247

Olga Lakritzowa 126
OMO-Reporter 16, 78, **227**
Onkel Dittmeyer 17, 52, 136, 138, **230**
Onkel Tuca 43

Palmer, Lilli 191
Peck, Gregory 23
Pedro 43
Pepsi-Affen **233**
Persil-Mann 17, **235**
Persil-Professor 278
Persil-Teufel 278
Persil-Werberinnen 278
Pfeifen-Männer 213
Phantomwäscher 16
Pirelli-Mädchen **240**
Pitralon-Männer 212
Pitt, Brad 177
Pre-Frau 274
Pril-Ente **242**
Pril-Mutti 54
Pulver, Liselotte 191
Puschkin-Bär 25, **103**, 167, 241

Rama-Mädchen **245**
Red-Bull-Strichmännchen **248**
Rexona-Sibylle **252**
Reyno-Liebespärchen **251**
Rita Marshmallow 126
Rökk, Marika 192
Royal-Star-Junge 223

Register 295

Russell, Jane 190 f.
Ryzi-Ryski, Sonja 192
Sarotti-Mohr 15, **254**
Savalas, Telly 23
Schenk, Franziska 73
Schiesser-Mann 213
Schönherr, Dietmar 23, 79
Schrat 146
Schürmann, Petra 192
Schwein Knut **171**
Senor Valdez 43, 258
Sohn Ben 206
Sommer, Elke 191, 240

Taylor, Elisabeth 190 f.
Tchibo-Kaffee-Experte 16, 43, 215, **256**
Teddy Gum 126
Thomalla, Georg s. u. Butler Tommy
Tilly 16, **265**
Tilly's Tochter 266
Tony, der Tiger **267**
Tony Jr. 267
Toyota-Affen 18, 47, 205, **268**
Tschechowa, Vera 192
Turner, Lana 191

Uncle Ben **270**

Vater Roland 206
Versini, Marie 192

Vielfliegerin von Drei Wetter Taft **271**
Vier Keksexperten, Die 119
Villabajo **272**
Villariba **272**
Völz, Wolfgang 154

Waschbär Felix **273**
Waschmaschinen-Fachmann **274**
Weis, Heidelinde 192
Weiße Persil-Dame 78, **276**
Weißer Bergmann 228, 279
Weißer Dash-Mann 228, 279
Weisser Riese 16, 228, **279**
Weißer Ritter 279
Weißer Schornsteinfeger 228, 279
Weisser Waschbär 279
Welch, Raquel 191
West-Trucker **282**, 284
West-Zigarettentester **284**
Wipp-Wäscherin 274
Woll-Männchen 100

Ziemann, Sonja 191 f.
Zigarrenmann **288**
Zwerg Pipping 190